装备科技译著出版基金

Fratricide in Battle
-（Un）Friendly Fire

# 战场误伤

［英］查尔斯·柯克　著
郑志东　袁红刚　李　琨　译
修小林　校

国防工业出版社

·北京·

著作权合同登记　图字:军-2021-034

**图书在版编目(CIP)数据**

战场误伤/(英)查尔斯·柯克(Charles Kirke)著;郑志东,袁红刚,李琨译.—北京:国防工业出版社,2022.3

书名原文:Fratricide in Battle:(Un)Friendly Fire

ISBN 978-7-118-12475-0

Ⅰ.①战… Ⅱ.①查… ②郑… ③袁… ④李… Ⅲ.①作战指挥—研究 Ⅳ.①E141.1

中国版本图书馆 CIP 数据核字(2021)第 276952 号

Selection and editorial matter © Charles Kirke, 2012 together with the following acknowledgment: This translation of *Fratricide in Battle* is published by arrangement with Bloomsbury Publishing Plc.

本书简体中文版由 Bloomsbury Publishing Plc. 授权国防工业出版社发行。

版权所有,侵权必究

※

国防工业出版社出版发行
(北京市海淀区紫竹院南路23号　邮政编码100048)
三河市腾飞印务有限公司印刷
新华书店经销

\*

开本 710×1000　1/16　印张 18　字数 275 千字
2022 年 3 月第 1 版第 1 次印刷　印数 1—2000 册　定价 128.00 元

**(本书如有印装错误,我社负责调换)**

国防书店:(010)88540777　　书店传真:(010)88540776
发行业务:(010)88540717　　发行传真:(010)88540762

# 编者致谢

本书萌芽于何时呢？我不确定。或许是在1981年，那时我刚从参谋学院毕业，职业生涯中的第一次派驻，其中一项职责是当时所谓的"战场敌我识别"；或许是在1991年的海湾战争后，我频繁参与战斗识别的研究工作期间，当时我还在马尔文皇家信号与雷达研究所供职；也或许是在1995年，那时我受邀参与皇家军事科学院的一项研究工作——开发一套关于避免战场误伤的军事教案。当然，截至2000年，我曾参与国防评估与研究局的人为因素研究工作，当我在研究方面小有成就时，就迫切地渴望告诉所有愿意倾听的人，战场误伤极其复杂，最好加以广泛、系统的研究。在我担任独立顾问以及后续在克兰菲尔德大学担任讲师期间，这个课题便成为我那时的研究方向。在每个阶段，通过听取同仁的看法、与他们探讨辩论、听他们在会议上发言以及在会议交流期间与同仁长谈，我学到很多，增进了对这一课题的认识。我对所有同仁在这个重要课题上投入的时间、耐心和精力表示感激。另外，我想感谢自己现在的工作单位克兰菲尔德大学，这些年来让我能够在校任职期间研究战场误伤这个课题。感谢丹纳特勋爵将军为本书慷慨作序。

或许在此不宜个别致谢，但是我仍要特别感谢阿伯泰大学的马尔科姆·库克（Malcolm Cook）博士给予我莫大灵感。是他最早提出编撰本书的想法——要不是他在这个项目即将成型之时身患重病、不得不与白血病抗争，他也会成为本书编者。我可以肯定地说，我俩携手编写的成果一定会比我一人做得更好。还好，他现在已经康复并且重返工作岗位，真是谢天谢地。

当然，本书离不开诸位特约作者的辛劳。对于大家为各章内容投入的时间和专业知识，我万分感激。正是各位的守时态度和及时响应成就了本书。在最开始的时候，有位同事提醒我说"编书如放猫"——我必然会面临"拖稿"问题，因为总有一些撰稿人对催稿毫无回应。不过，在本书编辑过程中，这群"猫"的表现全都好极了。中途确实发生一些延误，不过全是我的错，不关他们的事。我在此向诸位作者表示诚挚的敬意。

此外，我一定要感谢负责从军方和国防部的视角审视本书的各位朋友，感谢大家耗费大量精力提出意见，帮我绕开陷阱或纠正各章草稿中的错误之处。在这一方面，我非常感谢国防部媒体中心、空军历史分部、空战中心、英国皇家装甲兵团（英国皇家装甲兵团，原文为"Royal Armored Corps"，这是英国陆军的一种行政编制和荣誉称谓，不是指陆军部队的作战编制。后文"皇家苏格兰龙骑兵卫队"（Royal Scots Dragoon Guards）亦同。——译者注）司令部，并在此对皇家苏格兰龙骑兵卫队的爱德华·奥布赖恩（Ed O'Brien）少校表示由衷感谢。

最后，我要感谢自己的家人，特别是我的妻子玛德莲（Madelaine）和其他朋友们。在本应陪伴他们的时间里，我却与电脑和纸堆为伴。感谢大家的耐心支持。

# 序

伤亡是战争中无法避免的后果。当战士们穿上军装奔赴战场、穿行于枪林弹雨之中时,战士本身和他们的家人都明白所要面临的风险。"打胜仗"是战斗目标,而个人牺牲则是必然的风险——这也是士兵们的宿命。但是,假如战友的牺牲并非死于敌人之手,而是死于战友之手呢?恐怕世界上最可怕、最令人痛心的事情莫过于此。那一刻的无助、空茫和绝望才是真正的悲剧,这种悲剧事件被称为"战场误伤"。本书有一个明确的宗旨——帮助读者更好地理解这类悲剧事件的本质,从而降低误伤事件发生的概率,以期开辟一条最终消除战场误伤这一可怕现象的途径。

查尔斯·柯克将本书分为三大部分,将多位作者见解独到的文章汇集成册,以期全面探讨如何解决"误伤"这一难题。作者按照严格的逻辑顺序,从历史分析入手,研究历史上产生误伤问题的多方面因素,同时还探讨了各种误伤事件的解决方案,两者均涉及人为因素和技术因素。诚然,不断发展的高新技术为解决误伤问题提供了诸多可能性,但随之而来的必然是高昂的成本。在财政资源紧缺之际,经费往往会优先分配给花费更高的项目,而可用来降低误伤概率的"战斗识别"项目却常常无法获得充足的经费,迫使战场指挥官只能诉诸于作战规程保障措施。不过,本书有一个突出的观点,虽然的确需要在技术上不断发展推动,但误伤问题或许本质上存在人为因素。与士兵性命攸关的问题永远不可能是一个完全自动化的过程:众所周知,在任何系统或环路中,人始终是重要一环。

本书后半部分中(第11章)最具有说服力的章节之一,是由安德鲁·吉莱斯皮撰写的《士兵的两难抉择——从英国人的视角来看战斗识别》，文章很好地概括了当代英国人对这一问题的观点。吉莱斯皮认为，鉴于近几次战役中发生的"误伤"事件，在资源匮乏的情况下，低成本的快速制胜方案与长期研究都被置于更严格的媒体监督。尽管人们普遍认为，只要肯投入金钱，问题就一定会得到完美的解决。但是，从本书的内容可以看出，在先进技术上的投入可能并非一种百试百灵的有效解决方法。将技术与人类行为两者相结合的整体系统似乎才是最具前景的成功方案。

本书在展开过程中提出了一个临时性假设，即最高级别的态势感知是一个至关重要的因素，且为此目标识别必须达到最大的精度。在具备了这两点之后，指挥者还必须及时作出决策。这就引出了一个问题：这其中有多少涉及人类行为，又有多少是技术发展的产物？而这正是查尔斯·柯克试图通过本书引发的探讨主题。人类始终没能在解决战场误伤问题上取得实质性进展，悲剧一再重现，问题日益突出，因此本书也更加吸引读者阅读并参与探讨。在此，我祝贺查尔斯·柯克及其合著者所取得的成就。欲加入探讨，请继续阅读。

**丹纳特勋爵（Lord Dannatt）将军**
巴斯大十字勋章、大英帝国勋章及军功十字勋章获得者，副郡尉
2006—2009年任英国陆军总参谋长

# 特约作者

**约翰·艾什（John Ash，英国皇家海军退役少校，剑桥大学斯科特极地研究所研究员）**

约翰·艾什主要从两个角度探讨战斗识别（Combat ID）问题：一是他曾经身为皇家空军战机管制员的作战经验，二是他作为研究风险管理相关问题的科学工作者时所积累的专业知识。在担任战机管制员期间，他使用雷达指挥高性能飞机——通过这项任务熟知实时安全关键决策机制和飞机跟踪识别的现状。约翰的军旅生涯后期在皇家海军服役，在潜艇服役并担任海洋学家。他曾受命为海军部的环境管理系统进行初始设计工作，这是一项建立在风险控制基础上的任务。1998年，他从军队退役，潜心开展研究。此后，他曾在剑桥大学贾吉管理研究学院（现为贾吉商学院）担任英国安全委员会研究员，主要研究方向是作战环境中的动态风险管理。这项研究课题以剑桥消防救援队和国际救援队收集的一手数据为基础，旨在探讨救援队事故指挥员的过度压力倾向。约翰曾在克伦威尔皇家空军学院教授21世纪战场空间动态风险管理课程，并且还为剑桥消防救援队完成了另一项水上救援风险管理研究课题。他现为剑桥大学斯科特极地研究所的研究员。

**大卫·迪恩（David Dean，国防科技实验室理学硕士）**

大卫·迪恩于1986年通过国防工程与科学专业毕业生培训计划进入国防部。他于1991年从布鲁内尔大学毕业，获授电气电子工程学士学位。1992年，在完成国防部培训计划后，迪恩开始进入国防部水面舰艇总司采购办工作，担任"堡垒"号（Bulwark）和"海神之子"（Albion）级船坞登陆舰的需求干事。1998年,他获授英国工程理事会的特许资格,成为英国电子工程学会(现为英国工程技术学会)会员。1995年,迪恩进入国防评估与研究局,带领一个研究团队,研究如何利用统一建模语言来支持英国海上指挥控制系统的需求获取。2000年,他转职入奎奈蒂克(QinetiQ)公司,参与研究战舰通信与全周期能力管理,期间曾借调到位于阿贝伍德的国防采购局。2004年7月,他进入国防科技实验室陆战空间系统部工作,负责支持战斗识别计划采购活动和开发认知决策模型。在修完克兰菲尔德大学的在职理科硕士课程后,他获授国防系统工程硕士学位。迪恩现为国防科技实验室战斗识别专项课题顾问,负责协调战斗识别研究工作和作战分析,以及提供当前和未来技术建议。在美国和北约主导的2008年、2009年和2011年BOLD QUEST战斗识别技术演习期间,他担任英方分析组长。

**安德鲁·吉莱斯皮(Andrew Gillespie,英国陆军皇家炮兵退役中校)**

安德鲁·吉莱斯皮作为一名独立顾问,擅长军事理论和培训开发。他的第一份工作是在英国陆军皇家炮兵部队担任军官,2005年退役时官至中校。吉莱斯皮曾先后就读于陆军指挥参谋学院和克兰菲尔德大学,获授企业管理硕士学位。在第一次海湾战争中,吉莱斯皮担任第14/第20国王属骠骑兵团战斗群的联合火力协调官,亲眼见证美国A-10攻击机误袭英国第4装甲旅,然后友军坦克火力殃及两辆英国装甲车。他曾经误将自己人认作敌方,亲自下令英国炮兵向英国第7装甲旅的后勤车队开火。所幸,行动在最后一刻被制止了。此后,预防战场误伤便成为他个人的一项"远征"目标。吉莱斯皮从英国陆军退役时已成为地面部队战斗识别首席主题专家。之后,他一直持续全身心投入这一领域,在全球各地讲课,致力于与业内和军方合作解决战斗识别问题。

**西蒙·韩德森(Simon Henderson)**

西蒙·韩德森现为克兰菲尔德大学信息设计讲师(近期刚刚任职)。在此之前,他曾经在奎奈蒂克公司(及其前身)工作了24年,主要从事基于心理学的决策、团队合作、影响力和欺骗等相关研究。在职业生涯之初,他接触了组织建模和评估领域,之后加入了一个研究小组,致力于研究技术对团队合作与决策有何影响;该小组于1995年成为人类科学中心麾下一员。此后,他涉猎的领域主要包括广泛数据采集和知识启发工具与技术开发、实验性和实地团队合作与决策评估、团队任务报告和自学手段改进以及各种团队支持技术设计与评价。近期主要工作包括基于心理学的影响力和欺骗方面的研究,并为这些领域的业务操作人员提供指南等。韩德森的工作涉及多个领域,包括各军兵种和各军队层级、警察武装反应部队、软件工程师、外科团队、宇航员团队、油料设施管理人员、项目经理、作战分析师、指挥人员、情报人员和其他组织机构。韩德森曾经担任北约机构、技术合作计划(TTCP)机构以及其他国际组织在决策和团队合作方面的英国专家代表。他发表过多篇论文,也撰写过相关图书章节和期刊文章。另外,韩德森还与人合著了一本关于评估管理信息系统对组织绩效影响的著作,并于1993年由约翰·威利出版社出版。

**查尔斯·柯克(Charles Kirke,博士)**

查尔斯·柯克现为克兰菲尔德大学军事人类学与人因学讲师。他在英国陆军开始自己的职业生涯,2004年退役,官至中校。柯克曾经就读于威灵顿公学、剑桥大学、皇家军事科学院、参谋学院和克兰菲尔德大学,并且在克兰菲尔德大学取得博士学位。在服役期间,柯克参与过电子战、战斗识别、监视、太空军事应用和人为因素等领域的国防部政策制定、研究和教学工作。他最早接触战斗识别这个军事问题是在1981年,此后大部分时间或多或少都在从事这个领域相关的工作。具体包括:在皇家信号与雷达研究所任职,担任第一次海湾战争后英国战斗识别技术研究的军事协调官;在皇家军事科学院斯瑞文翰校区讲授战斗识别原理和实务;在国防评估与研究局从事战斗识别人为因素相关研究工作。他以独立顾问身份继续这一人为因素研究工作,并随后在克兰菲尔德大学工作。

**乔玛·乔玛卡(Jorma Jormakka,博士)**

乔玛·乔玛卡现为芬兰国防大学军事技术副教授和阿尔托大学电信学副教授。1988年,他取得赫尔辛基大学数学博士学位。1987年,他从数学转向电信学,此后曾在多家公司、研究中心和高校工作,广泛涉猎各个电信领域。2000年起,他担任芬兰国防大学军事技术系副教授,直至2010年开始专职写作。另外,他还是阿尔托大学和拉彭兰塔工业大学电信学副教授。乔玛卡的研究领域主要是软件问题和数学方法。他最初接触战斗识别问题是在参与"未来战士"课题项目并指导学生博士论文期间。2010年以后,他继续以博士生导师身份从事军事技术方面的研究工作。

**费恩·莫纳汉（Fin Monahan，英国皇家空军联队指挥官，杰出飞行十字勋章获得者，文理硕士）**

费恩·莫纳汉在斯特灵大学攻读法语与商业研究学位期间加入皇家空军，成为爱丁堡东部低地高校空军中队的见习飞行员。1992年，他在克伦威尔皇家空军学院服役，完成"巨嘴鸟"攻击机和"鹰"式教练机的飞行训练。1993年，莫纳汉就读诺丁汉大学，攻读国际关系硕士学位课程。1996年，他被派驻到"海鹞"作战改装部队，而后加入位于德国的英国皇家空军拉尔布鲁赫基地第4（陆军协同）中队。首次作战服役期间，他在波斯尼亚和科索沃地区执行作战飞行任务。2000年，莫纳汉被派往北威尔士皇家空军谷，成为一名"鹰"式教练机飞行资格教官。后来，莫纳汉被派驻到皇家新西兰空军奥哈基基地，担任交换军官，期间飞行过A4K"天鹰"攻击机，在皇家新西兰空军第75中队担任训练官和副中队长等职。2003年，莫纳汉回到英国，接受"海鹞"式飞机复飞训练，为担任比利时弗洛雷讷"战术领导力计划"教官一职做准备。在此职务上，莫纳汉担任空－地训练副班长，主要负责向海上作战提供近空支援（Close Air Support，CAS）、战斗救生救援和战术支持，同时也为第1（战斗机）中队执行"海鹞"飞行任务。2005年，莫纳汉开始常驻第1战斗机中队，担任副中队长。在2005年、2006年和2007年，他在阿富汗完成多次任务，从坎大哈机场执行飞行任务支援联军，凭借2006年军事行动中的表现获授"杰出飞行十字勋章"（DFC）。2007年，他担任剑桥大学空军中队长，负责在"格罗布"教练机上对大学学员进行飞行训练。在升至联队指挥官后，他被派担任皇家空军海威科姆基地空战司令部联合空海组织参谋长。2009年至2011期间，莫纳汉修完印度惠灵顿国防参谋学院的高级指挥参谋课程，取得国防研究硕士学位。2010年，他获得特伦查德（Trenchard）奖学金名额，攻读伯明翰大学空中力量研究博士学位课程，研究军事文化。莫纳汉现为英国皇家空军利明基地作战联队的作战官。

**阿尔·莫舍（Al Mosher，上校）**

阿尔·莫舍于2008年从美国陆军退役，官至装甲骑兵上校，在军中服役超过26年。1982年，他从美国纽约西点军校毕业，获授工程学士学位。莫舍还取得中密歇根大学行政管理理科硕士学位、美国陆军指挥与参谋学院高级军事研究院作战级战区行动专业的军事艺术与科学硕士学位,以及美国陆军指挥与参谋学院高级军事研究院战略级战区行动专业的军事艺术与科学硕士学位,获得高级作战艺术研究奖学金。莫舍接受过广博的军事教育,包括就读于指挥与参谋学院高级军事研究院、三军参谋学院和美国陆军战争学院高级军事研究院。他还担任过高级军事研究院研究生教官,教授和训练美国陆军与联合部队的未来战术规划师、作战规划师和战略规划师。在服役期间曾被派驻到装甲骑兵单位、步兵单位和坦克单位,担任各种指挥、计划和参谋军官职务,包括坦克营营长一职。莫舍曾在美国境内、韩国、德国、伊拉克和阿富汗等地服役。其所在营队属于美国陆军"21世纪部队"转型计划下的单位,是最早一批配备美国陆军旅及旅以下作战指挥(FBCB2)系统态势感知(SA)系统、指挥与控制($C^2$)系统和蓝军跟踪系统(BFT,"蓝军跟踪系统",即 Blue Force Tracking System,或 Blue Force Tracker,在美军军事术语中,"蓝军"即指"友军"。——译者注)的单位。由于他熟知 FBCB2/BFT 系统、数字化态势感知及其在指挥与控制和战斗识别中的应用,同时也是该系统的活跃用户,因此从2005年开始担任美国陆军训练与条令司令部平台作战指挥和战斗识别能力主管。担任此职期间,他发挥非常重要作用的方面包括塑造战斗识别需求和现行 FBCB2/BFT 计划,以及界定"联合作战指挥平台系统(JBC-P)"项目相关的美国陆军和联合部队下一代 SA/$C^2$ 与 BFT 能力,该项目首次纳入美国陆军和联合部队的战斗识别需求。他目前在一家向武装部队提供军事解决方案的全球领军企业担任国防承包工业高管,运用其广泛的军事经验和独特的用户视角,界定下一代战斗识别、SA 和 $C^2$ 战场数字化产品。

**克莱尔·奥特里奇(Claire Outteridge,奎奈蒂克公司专家)**

克莱尔·奥特里奇是奎奈蒂克公司在误伤"人为因素"研究方面的咨询专家,具有社会和认知心理学与人体工学教育背景。她的主要知识领域和技术研究方向包括:实验设计、观察性和知识启发技术、问卷设计和分析、可用性评估、工作区布局与设计、人机交互、组织学习与知识管理以及人类行为和任务行为评估。进入该公司的11年以来,她陆续参与过许多军事导向的人为因素研究项目,这些项目侧重态势感知、团队合作和决策领域。重大研究项目包括:军职人员在技术导向型分布式指挥环境中面临的领导力和团队合作挑战、不道德行为心理学、互联网在影响目标受众中的应用以及欺骗心理学。在为公司工作期间,克莱尔还开展过若干研究项目(英国国防部资助项目),调查研究误伤的人为因素和战斗识别课题。她是这个研究领域内公认的英国专家。2005年,在英国索尔兹伯里平原(Salisbury Plain)举行的著名大型联军试验——联军战斗识别先期概念技术演示(即"紧急搜寻"演习)中,她牵头进行了战斗识别技术人为因素评估,以降低误伤风险。另外,她还参与深入探索误伤事件根源的研究项目,这些项目的结论和成果已纳入英国军事政策和理论之中。

**拉斐尔·帕斯奎尔(Raphael Pascual,奎奈蒂克公司专家)**

拉斐尔·帕斯奎尔是奎奈蒂克公司的一名首席心理学家,在国防研究领域拥有20多年经验。在职业生涯早期,他主要负责前沿能力小组在军事指挥决策和团队合作流程方面的研究,引导这些小组发展成长。在这一阶段,他在实验设计、决策和团队合作评价与支持、战斗识别以及组织学习等领域积累了丰富的技术经验。随后,他相继担任各种运营职务,带领心理学家小组为广大防务和商业客户提供创新的组织效能解决方案。他目前承担霍尔丹-斯皮尔曼(Haldane–Spearman)集团影响人类行为(IHB)项目的技术组长。最近,拉斐尔在技术上牵头或参与下列课题的研究项目:建立网上信任的手段、应对敌对的恐惧心理利用、利用互联网投射影响力、谣言在军事影响力方面的作用以及目标受众群组分层策略识别等。此外,他现为网络和影响力安全可信网络空间(S&TC)信息交流论坛的成员,目前正在攻读圣安德鲁斯大学恐怖主义研究硕士学位。

**德尔莫特·鲁尼(Dermot Rooney,武器系统公司专家)**

德尔莫特·鲁尼是一名独立国防研究人员。他的研究工作重心是指挥系统、近距离作战和集训。他持有心理学学士学位和国防管理研究硕士学位。在为英国陆军人员研究所、奎奈蒂克公司以及国防分析中心和陆战中心工作期间,他密切接触过50个司令部,训练过成百上千名士兵并采访过数十名退伍老兵。德尔莫特的指挥系统研究工作将团队合作、计划、信息流、态势感知、工作量、干扰和错误分析等指标与战术效能指标相结合,为"幕后策划"与"地面部队"之间建立起更好的联系。他认为,"战斗识别"技术对于人为的组织问题来说,往往是一剂高风险的技术性药膏,这类问题最好通过集训和相对简单的指挥系统来解决。德尔莫特现为英国武器系统公司（www.wapentakes.com）董事。

**保罗·沙纳汗（Paul Shanahan，博士）**

保罗·沙纳汗是训练有素的心理学家，从事认知心理学相关研究。他担任顾问和研究员职务多年，擅长研究人为因素和组织因素。他与英国皇家海军、陆军和皇家空军均有广泛合作往来，合作领域颇广，包括指挥决策、团队合作、沟通交流、组织设计和误伤等。近年来，保罗还大量研究人类行为和铁路、航运及空中交通管制安全相关问题。他曾在格雷戈里·哈兰德有限公司担任董事一职多年，现为 GS 合作伙伴咨询公司董事。

**保罗·R. 西姆斯（Paul R. Syms，国防科技实验室博士）**

保罗·R. 西姆斯曾经在布鲁内尔大学学习应用生物学，并且在 1987 年取得伦敦大学玛丽皇后学院的昆虫学博士学位。不久后，他进入位于肯特郡霍尔斯特德要塞（Fort Halstead, Kent）的皇家武器装备研究与发展院，担任作战分析师，负责研究地面和联合采购与作战问题（皇家武器装备研究与发展院隶属于国防科技实验室）。此后，他一直广泛涉足地面作战问题研究，擅长评估有人和无人操作的情报、监视、目标捕获与侦察（ISTAR）平台和战术性指挥、控制和通信（$C^3$）系统，既为英国国防部工作，又与北约（NATO）其他成员国有合作关系。这使他对三大军事科学领域具有浓厚兴趣：了解伪装隐蔽和欺骗、研究环境干扰对 ISTAR 平台作战效能的影响，以及探寻友军误伤的历史分析和根源。2008 年，他当选为英国作战学会研究员。

# 目 录

第1章 绪论 /1

## 第一部分 误伤问题

第2章 误伤的历史分析 /7

    2.1 引言 ………………………………………………………………… 7
    2.2 史前 ………………………………………………………………… 8
    2.3 陆战误伤历史 ……………………………………………………… 9
    2.4 海战误伤史 ………………………………………………………… 14
    2.5 空战误伤史 ………………………………………………………… 15
    2.6 新技术的作用 ……………………………………………………… 17
    2.7 历史统计的部分误伤数据 ………………………………………… 19
    2.8 防止误伤措施的发展历程 ………………………………………… 22
    2.9 历史上误伤的相似性 ……………………………………………… 28
    2.10 误伤报告和研究的历史 …………………………………………… 31
        2.10.1 针对误伤的早期研究 ……………………………………… 31
        2.10.2 1991年后的误伤研究 ……………………………………… 33

        2.10.3 2003年后的误伤研究 ································ 34
    2.11 结论 ····················································· 36
    注释 ························································ 37

第3章 误伤问题及其潜在解决方案综述 /39

    3.1 引言 ····················································· 39
    3.2 误伤问题 ················································· 40
    3.3 潜在的解决方案框架 ····································· 42
        3.3.1 减少误伤的人为手段 ······························· 43
        3.3.2 技术解决方案 ······································ 45
        3.3.3 态势感知系统 ······································ 46
        3.3.4 点对点(定向)目标识别系统 ····················· 47
    3.4 评估 ····················································· 50
    注释 ························································ 51

第4章 从21世纪战场空间风险管理层面审视误伤 /52

    4.1 引言 ····················································· 52
    4.2 "风险"概念 ·············································· 52
    4.3 误伤影响估算 ············································ 54
    4.4 风险管理策略 ············································ 57
    4.5 风险承受力 ·············································· 59
    4.6 作战风险与收效 ·········································· 60
    4.7 误伤的因果因素 ·········································· 60
    4.8 误伤与风险管理 ·········································· 62
    4.9 技术设计与人类脆弱性的风险 ·························· 69
    4.10 未来巡逻任务的防误伤措施 ···························· 70
    4.11 结论 ····················································· 73
    注释 ························································ 74

XV

# 第二部分 从人的维度审视误伤

## 第 5 章 误伤背后的组织机制 /79

5.1 引言 ································································· 79
5.2 考察演习中的"误伤" ············································ 80
5.3 指挥系统设计 ····················································· 83
5.4 有效利用链网 ····················································· 88
5.5 演习中的 4 次误伤事件 ········································· 93
    5.5.1 旅属炮兵误伤事件 ········································· 93
    5.5.2 空中武器自由开火区误伤事件 ························· 97
    5.5.3 近空支援误伤事件 ········································· 99
    5.5.4 航空侦察误伤事件 ········································· 101
5.6 战术心理学 ························································ 103
    5.6.1 经验法则 ····················································· 104
    5.6.2 感知威胁 ····················································· 105
5.7 从组织机制上防范误伤 ········································· 106
5.8 结论 ································································· 109
注释 ····································································· 110

## 第 6 章 基于人为因素降低误伤风险的方法 /111

6.1 引言 ································································· 111
6.2 认识和描述误伤现象 ············································ 112
    6.2.1 从各种角度审视误伤 ····································· 113
    6.2.2 从组织角度认识误伤 ····································· 114
    6.2.3 从时序角度认识误伤 ····································· 115
    6.2.4 从心理角度认识误伤 ····································· 116

6.3 探究误伤的根源 ················································· 117
  6.3.1 从过往案例中增进对误伤事件发生机制和
     原因的认识 ············································ 120
  6.3.2 误伤原因分类 ········································· 121
  6.3.3 普遍原因和促成因素 ·································· 123
6.4 探讨降低误伤风险的人为因素 ···························· 127
6.5 结论 ······························································ 129

## 第7章　误伤因素建模　/131

7.1 引言 ······························································ 131
7.2 战斗识别建模分析解决的问题 ···························· 133
7.3 误伤发生的原因 ················································ 133
7.4 掌握误伤的多重成因 ········································· 135
7.5 抽象层级 ························································· 137
7.6 分析问题的层次 ················································ 139
7.7 交战过程的模型表征类型 ··································· 141
7.8 交战过程 ························································· 143
7.9 对交战过程和误伤建模 ······································ 145
7.10 案例分析——综合战斗识别实体关系模型 ··········· 147
7.11 结论 ······························································ 150
注释 ······································································· 151

## 第8章　装甲激战——开火决策　/153

8.1 引言 ······························································ 153
8.2 走进坦克内部 ··················································· 153
8.3 人为失误和人类行为 ········································· 156
8.4 减少错误的措施 ················································ 158
8.5 开火决策 ························································· 160

8.6 结论 ································································· 163
注释 ······································································ 163

# 第三部分 解决误伤问题

第 9 章 防止空对地误伤　　/167

9.1 引言 ································································· 167
9.2 空对地任务的复杂性 ············································· 168
9.3 目标瞄准的挑战 ··················································· 171
9.4 技术 ································································· 174
 9.4.1 可视化技术 ··················································· 175
 9.4.2 电子识别手段 ················································ 176
9.5 训练 ································································· 178
9.6 战场管理 ··························································· 179
9.7 互操作性 ··························································· 180
9.8 结论 ································································· 181
注释 ······································································ 182

第 10 章 美军战斗识别——提高作战效能和减少误伤的综合途径　　/183

10.1 引言 ································································ 183
10.2 安提塔姆(Antietam)案例 ····································· 183
10.3 20 世纪末和 21 世纪初的误伤案例统计 ···················· 187
10.4 美国陆军综合战斗识别方案——避免安提塔姆悲剧重演 ··· 197
10.5 结论 ································································ 203
注释 ······································································ 204

第 11 章 士兵的两难选择——从英国人的视角来看战斗识别　　/206

11.1 引言 ································································ 206

11.2 英国的经验 ············································· 207
11.3 截至2003年英国军方的反应 ······················ 211
11.4 "特里克"行动的经验 ································ 213
11.5 "特里克"行动后,英国军方的反应 ·············· 214
  11.5.1 快速部署 ····································· 217
  11.5.2 中短期技术方案 ·························· 220
11.6 现行作战行动——阿富汗 ·························· 223
11.7 结论 ······················································· 224
注释 ······························································· 225

# 第12章 怀疑论者的防误伤观点 /226

12.1 引言 ······················································· 226
12.2 目标识别系统的实例分析 ························· 228
12.3 芬兰配备目标识别系统的必要性分析 ········· 230
12.4 结论 ······················································· 234

# 第13章 总结与展望 /235

术语表 /242

参考文献 /250

# 第1章

# 绪　论

查尔斯·柯克

战斗是危险的。它的特点就是在充斥着噪声、混乱、紧张、恐惧、疲惫、兴奋和诸多其他干扰的环境中动用致命武器。这种情况下，由于失误而伤及无辜在所难免。这种事情一旦发生，总会酿成惨剧。子弹、炮弹和炸弹一旦误射或误投，就会覆水难收，谁也无法挽回。后果已经酿成，谁也无法纠正。误伤会给当事人留下一辈子的阴影。那么，对此应该做些什么呢？

这个问题至今尚未有人给出一个全面的答案，尽管不少人努力过，尝试用"战斗识别"来解决这一问题。战斗识别是一个广泛使用的通称，包罗可以应对误伤问题的一切可行措施。"战斗识别"本身的含义不言而喻，但它不仅是单纯的身份确认过程。实质上，战斗识别包含两种独立方式，即态势感知（SA）和目标识别（Target ID）。"态势感知"是一个稍显庞大的术语，但它涉及一项重要内容。从理论上讲，如果每个人都确切知晓战场上所有人和物的身份与位置，那么便不会有人误击目标。但实际上，这种理想状态显然不曾被验证过，因为绝无可能达到。不过，仍有一种观点坚持认为，应增强态势感知能力，让所有人实时掌握战场态势，这种能力越强，误伤概率就越小，而且在很长一段时间内，至少在增强态势感知方面，已经投入大量人力和技术资源。"目标识别"是即将射击或发射武器的人在打击前进行确认的最后一个环节，其目的就是去判定打击目标是敌方、友方还是中立方。为支持这两项活动，军事部队持续制定各种战术、技术和规程（TTP），以减少导致误伤事件发生的因素。

本书是一本著作合辑，撰稿人均是从事科技软硬件研究的业内人员，即致力于人为因素相关知识开发和应用的专业科技工作者和军方从业人员。这两种人员为我们审视战场误伤事件带来新的视角，不论是关于战场误伤的根源，还是减少发生这类事件概率的方法。这些不同思路包含两大主题：一是侧重从人为因素方面探讨误伤起因及其规避措施，二是一种历史感。误伤在很大程度上是一种具有极大负面后果的人类行为。几乎在每起误伤事件的背后，都存在因个人或团体产生致命错误的因素。从这个意义上说，"战场误伤史"可追溯到有文字记载之初，一直到近期的误伤事件。不论是公元前伯罗奔尼撒（Peloponnesian）战争中的误伤事件，还是1982年马尔维纳斯群岛、2003年伊拉克或2012年阿富汗发生的误伤事件，都与这一主题有关。

可是，何为"误伤"？这个问题在第3章中会有详细探讨，但在此应说明的是，这一术语可能有不同的含义，因此在讨论这一主题时，所使用的具体定义对论述误伤本身有至关重要的影响。当讨论双方使用不同的定义却试图就防止误伤的应对策略和措施达成一致时，可能会造成莫大的混淆。

不论使用哪种定义，误伤对军方来说都是一个严重的问题。本书中，军事界的相关代表是安德鲁·吉莱斯皮（前英国陆军军官）、费恩·莫纳汉（皇家空军军官）、阿尔·莫舍（前美国陆军军官）以及军人兼学者约翰·艾什（剑桥大学研究员和前皇家空军及皇家海军军官）和我本人（前英国陆军军官，现于克兰菲尔德大学执教）。这为本书带来一个实践视角——我们都曾经在某个时候无奈地直面战场误伤这个场景——但是这或许也带来另一个意想不到、并不乐见的见解和观点。近年来，军方人员（至少在西方国家）发现自己日常被淹没在"军事语言"的缩略词海洋里，而我们对此毫无察觉。本书附有篇幅不小的术语表，同时编辑过程也涉及对所有相关专业术语及其缩略词进行阐释或是删除。但是，部分术语可能贯穿全书都没有充分的解释，这是难以避免的。这是编者的责任，过错全在我这个主编身上。

学术界作者的贡献同样重要——事实上，本书的一个预期优势在于，将军方的想法、经验与人类科学技术研究成果相结合。保罗·西姆斯多年来一直致力于历史上误伤事件的研究工作，汇编出一个详尽细致的事件和分析数据库。德尔莫特·鲁尼针对指挥控制中的人为因素进行了一系列研究,包括探究司令部人员的行为与指挥控制装备演进。克莱尔·奥特里奇及其同事近十年来一直在应用其在人类科学方面的经验,来探索人为条件导致的误伤起因。大卫·迪恩将他的建模和系统工程知识运用到模型设计和构建中,通过该模型可以检测出在直接火力交战中引起误伤的错误环节。而乔玛·乔玛卡则从芬兰人的视角带来全然不同的观点。

在本书开始,必须明确一点,即本书中表达的观点仅代表各位作者个人观点,并不代表官方政策或想法。

本书有一条清晰的脉络。第一部分阐述误伤问题的方方面面。保罗·西姆斯从军事史上有文字记载的最早误伤事件开始,综述了陆战、海战和空战中的误伤(第2章)。他探讨了各个时期的误伤根源和采用的应对之策,研究了日益强大的杀伤性武器与更为有效的控制指挥系统对误伤概率的影响。在第3章中,我尝试探讨误伤定义中的变化因素及其在更大范围内的后果,然后提出一个可以纳入任何战斗识别系统或流程(人为因素和技术)的分析框架,并揭示其在实施过程中涉及的更广泛问题及潜在效果。紧接着是约翰·艾什撰写的内容,他将动态风险管理概念应用于潜在的误伤情景中,对负责直接火力打击和控制下属人员暴露风险的指挥官作战任务进行了分析和思考(第4章)。

第二部分包含四个章节,主要是探讨导致误伤的人为因素。首先是德尔莫特·鲁尼,他在第5章中论述了战斗中由于控制指挥过于复杂而可能导致的失误——随着司令部应用的技术日益增多,这将成为一个重要考虑因素。之后是克莱尔·奥特里奇及其同事撰写的第6章。这篇文章探讨了人类在引发意外误伤事件中所扮演的主要角色。作者揭示了这类事件可能是源于在此之前的某些人类行为,然后对导致误伤的各种因素进行了分类,并就如何消除此类事件给出了一些建议。大卫·迪恩对交战过程进行模拟,从中洞悉误伤发生的过程,然后介绍一种特定模型作为案例分析(第7章)。接下来是我自己的文章,主要是探讨在对目标交战过程中现代化坦克的内部操作流程,并且将从乘员的视角,将这一过程的复杂性和难度与学术界的人为失误研究进行对比(第8章)。

第三部分介绍应对误伤的现行或拟议措施。在第9章中,费恩·莫纳汉为我们介绍近空支援任务过程,阐述了为减少误伤概率而采取的一系列现有人为和技术措施。阿尔·莫舍的文章开篇介绍了 1862 年"安提坦战役"，研究了当时造成高误伤率的原因。然后，他结合当时的战役条件，探讨了近 20 年来美国陆军误伤事件的起因和应对情况（第 10 章）。在第 11 章中，安德鲁·吉莱斯皮从英国视角进行了类似分析，从马尔维纳斯群岛战争开始，追溯此后（尤其是第一次海湾战争之后）应对误伤的各种措施及其局限性。在这部分的最后一篇文章（第 12 章）中，乔玛·乔玛卡从芬兰人的视角探讨了应对误伤的备选措施，并对是否有必要采办专门的防误伤系统提出质疑。

最后，第 13 章中，在权衡那些仍将存在的共同问题、并考虑未来可能性的基础上，我对本书的关键问题进行了评估。这一评估可能会被视为先见之明，同样也可能会被摈弃。但是，有一点是肯定的：关于应该在防止误伤措施上投入多少时间和经费，或者说，如何在这些时间和经费与其他军事需求之间找到平衡，目前尚未达成明确共识。进一步说，在可预见的将来，还不太可能达成新的共识。正因如此，作为探讨中较有份量的专家之言，本书诸位作者的建言献策才显得极其重要。

第一部分

# 误伤问题

# 第 2 章

# 误伤的历史分析

保罗·西姆斯

## 2.1 引　言

为了更好地理解和认识战场误伤,必须追溯和研究它的历史。尽管武器装备日新月异迅猛发展,但使用武器的操控者却没有变化,而恰恰是这些操控者的失误造成了误伤事件的发生。本章介绍战场误伤的历史沿革,从最初起源到有文字记载的早期历史、近现代历史,直至21世纪。这种安排遵循三大主题:一是审视陆海空三个作战域,以及跨域作战发生的典型事件;二是探讨共性问题,即在引入某种新型武器系统之后会频繁发生的误伤事件,以及为避免此类事件发生所做的技术和规程改进;三是探讨历史上误伤事件之间的共同点以及误伤历史和机制的研究体系。

本章讨论的事例取材广泛。不过,历史上存在若干关于误伤的专门研究,其中最值得一提的是汤森德·比克斯(Townshend Bickers,1994)、肯普(Kemp,1995)和雷根(Regan,1995)的著作。另外,也有关于特定战争中的误伤研究,其中第一批相关文献包括佩尔辛(Percin,1921)关于第一次世界大战协约国军队误伤的著述和加里森(Garrison,1999)关于美国内战中误伤事件的著述。然而,大部分有记载的事件都零星散见于其他历史文献中,而更多的事件(事实上占多数)则没有被记录下来。

## 2.2 史　　前

"误伤"与战争相生相伴,它的历史与战争本身一样久远。近些年对类人猿的研究,比如简·古道尔(Jane Goodall,1986)对黑猩猩的研究表明,有组织的战事绝非仅限于人类本身。如果将战争定义为"在种族间进行的、一场群体对群体的持续侵略活动",那么我们现在知道,史前的大多类人猿或多或少存在这种行为。

我们无法断言战场误伤的最早起源。如果我们承认早期的原始人与其类人猿近亲之间存在共同的好战行为,那么随着工具制造(区别于简单的工具使用)发展起来,为狩猎制作的第一批工具(即长矛、刀具和专用抛石器等)极有可能也曾用于种族内部战争。我们可以推测,在第一批工具制成不久之后便发生了首例误伤事件,即群体成员在混战中用石头或长矛错误地攻击了群体内部成员。这种事情甚至可能发生在类人猿之间的"战争"中。事实上,在人类发明了简陋弓箭之后,这种可能性已被确证无疑。

直到人类发明出文字,我们才真正知晓军事史上最早的误伤事件。而到这个时期,我们现在认为理所当然的许多战争特点(比如指挥层级、常备军、侦察和通信手段)和身份识别规程(比如战场标志和暗号)都已经发展起来。

当前对此类事件的关注点并不全然在于历史维度,因为正如我们将要展示的那样,近年来发生的误伤事件与遥远的历史事件之间可能存在一些惊人的相似之处,这向我们昭示,误伤现象往往更多归咎于人脑在作战压力下的反应,而很少归咎于采用的技术。下文将对此进行阐述。很多人将误伤视为一种新的现象,特别是那些从未在部队服役的人。为何会如此呢?其中一个原因是,误伤在近年来才成为系统性学术研究的课题。这一点下文会有详细论述。表2.1汇总了历史上各个作战领域最著名的误伤事件(以造成伤亡的人数为衡量指标)。

## 2.3 陆战误伤历史

最早记录在案的战场误伤事件发生在公元前424年的第力安(Delion)之战,古希腊历史学家修昔底德(Thucydides)在《伯罗奔尼撒战争史》(Great Peloponnesian War)(第四卷)中[1]对此进行了描述。在这场战斗中,希腊步兵顺利围攻并击败彼奥提亚左翼的塞斯比阿同盟步兵部队。但是,他们在围城战斗中包围受困敌军时,陷入混乱状态,自相残杀。双方制服没有明显差别、难以区分,而且双方均说同一种语言,这导致局面雪上加霜(Regan,1995)。因此,再加上彼奥提亚骑兵突然从另一面侧攻,希腊一方在此役中溃不成军,反而落败。

历史上还有另一种更常见的误伤原因是使用大型密集阵形作战(比如长矛和长枪方阵),采用这种作战形式,往往会导致在溃败之时、逃离敌方追击过程中,发生内斗和踩踏。关于这种情况的相关记载较多。从艾皮波利战役(公元前413年)、阿德里安堡战役(公元378年)、蒙加顿战役(公元1315年)、阿金库尔战役(公元1415年)直至火药时代的热纳普战役(公元1815年,受普鲁士骑兵袭扰的法国士兵在恐慌中争抢渡过一个狭窄桥梁时发生内斗),等等,例子比比皆是(Regan,1995)。相对较近的此类误伤事件发生在1854年,在巴拉克拉瓦的一座桥上,溃败的哥萨克骑兵在拥挤中向俄罗斯轻骑兵开火(Brighton,2004)。此类误伤事件在现代军事史上已不常见,因为现代作战采用的是疏散队形的"小规模战线"作战模式,作战人员之间的距离分散,600人的营负责10千米的战线很常见。不过这一现象在观赏性盛会上群众逃离火灾现场等危险场景时仍有发生。

火器时代的到来伴随着新的误伤事件发生(火器使用者往往是许多缺乏训练的民兵和新兵),此时这一现象(首次)被准确称为"友军火力"。[2]在火药时代,使用武器的是大多数士兵,而不仅仅是少数训练有素的弓箭手。他们手中的武器能够击中远在目视识别范围外的目标,也更加容易走火误射自己人。弥漫的硝烟会加剧问题:在距离不足百米远的密集队列之间进行一两轮齐射交锋后,双方越发难以分辨制服和军旗,除非有剧烈的狂风吹过。然而,从积极一面来看,由于可以使用望远镜等便携式光学器材,指挥员至少能够在较远距离上分清敌我编队——当然这也有例外,当某个时期大多数军队都穿深蓝色外套和白色裤子,且行军过程中将旗帜收起来时,也很难分清敌我。

在这一时期,迄今有记载的最严重误伤事件发生在1788年特兰西瓦尼亚(Regan,1995)。当时,一支奥地利军队在土耳其军队威胁的情况下夜行军,在开进到卡兰塞贝什(Karansebes)镇附近时,有骑兵从当地人手里买酒,他们处于疲惫不堪的状态下很快就喝醉了。当步兵也想买酒的时候,骑兵试图阻止他们,于是双方发生打斗。有人向空中开枪,此时酒醉的士兵开玩笑地大喊:"土耳其人要打过来了"。尽管近旁的士兵知道这显然是句玩笑话,但后方士兵不明就里,听到之后信以为真,误以为出现了最坏的情况,于是便向着前方黑暗处开火。不久后,这支军队的行军序列陷入混乱和恐慌,沿路不断爆发小冲突。到黎明时,这支奥地利军队因自相残杀导致的伤亡人数多达一万人,而这时土耳其部队相距还很远。

历史上规模较小的误伤事件其实不计其数,但载入史料的为数不多,1815年著名的百日王朝战役便是其中之一。威廉·斯波恩(William Siborne)为他的滑铁卢(Waterloo)战役模型收集了700多条目击证人口述。得益于这一辛劳工作,我们才能一瞥骑兵加火枪晚期时代的误伤现象。没有理由相信滑铁卢战役中的联军经历是一个典型。滑铁卢战役是联军联合作战,而同时期的其他大型战役也多数如此。这类误伤事件的主要原因是,法国军队、普鲁士军队和大部分荷兰联军穿着蓝白两色制服,而代表滑铁卢战役联军的普遍装束是特色鲜明的红色服装,但仅有少数英国和汉诺威部队以及一个瑞士营(与法军并肩作战)采用这种着装。[3] 而更糟的是,个别士兵和下级军官未经训练,无法辨识友军的制服和旗帜。这种情况直至2003年依然存在。

表2.1 历史上部分最严重的误伤事件汇总表

| 日期 | 地点 | 发起方 | 受害方 | 事件概要 | 原因 | 伤亡 | 资料来源 |
|---|---|---|---|---|---|---|---|
| 1788.9.17 | 特兰西瓦尼亚卡兰塞贝什(Karansebes) | 奥地利军队 | 奥地利军队 | 夜间在小镇上误以为遭到土耳其部队袭击导致惊惶逃窜 | 预期;开始只是醉酒引起的恶作剧;混乱,在黑暗中难以识别敌我 | 死伤10000人以上 | Regan (1995) |

# 第2章 误伤的历史分析

续表

| 日期 | 地点 | 发起方 | 受害方 | 事件概要 | 原因 | 伤亡 | 资料来源 |
|---|---|---|---|---|---|---|---|
| 1801.7.12 | 地中海卡巴雷塔角(Cabareta)海岸外 | 西班牙海军 | 西班牙海军 | "皇家卡洛斯"号和"圣-埃梅内希尔多"号战舰(112炮战舰)误击致双双沉没 | 交战中与皇家海军"壮丽"号战舰(74炮)混淆;难以识别身份、烟雾 | 1700人死亡 | Gardiner(1997) |
| 1862.12.7 | 美国阿肯色州普雷里格罗夫(Prairie Grove) | 美国联邦军 | 美国联邦军 | 炮兵团炮轰有联邦军伤员的果园 | 观察员与炮兵之间的指挥控制不善(无直接视线) | 约200人死亡、更多人受伤 | Garrison(1999) |
| 1914.8.22 | 比利时罗西尼奥勒(Bois de Rossignol) | 法国殖民地部队 | 法国殖民地部队 | 在森林中,2个殖民地炮兵团(75毫米炮)的直瞄火力击中1个殖民地步兵团 | 步兵团和炮兵团之间无直接联络;敌方逼近 | 666人死亡、334人受伤 | Percin(1921) |
| 1914.12.20 | 法国东部博塞茹尔(Beausejour) | 法军 | 法国殖民地部队 | 75毫米炮误击导致第33和第38殖民地步兵团的攻击中断 | 指挥、控制和通信不良;无炮兵联络,也无观察员在场;阵线之间距离较近 | 死伤约1000人 | Percin(1921) |
| 1915.9.25 | 法国北部卢斯(Loos) | 英军 | 英军 | 释放出的毒气飘回己方步兵阵地 | 经验缺乏(英国首次使用毒气);指挥控制不当;天气变化 | 毒气导致7人死亡、2632人受伤 | Richter(1992) |
| 1916.4.9 | 法国北部阿尔芒蒂耶尔(Armentieres) | 英军 | 葡萄牙军队 | 机关枪误击一个撤退中的葡萄牙营 | 计划和侧翼沟通联络不佳;错认灰色的葡萄牙制服 | 死伤数百人 | Townshend Bickers(1994) |

续表

| 日期 | 地点 | 发起方 | 受害方 | 事件概要 | 原因 | 伤亡 | 资料来源 |
|---|---|---|---|---|---|---|---|
| 1940.2.22 | 北海黑尔戈兰湾（Heligoland Bight） | 德军 | 德军 | 1架He-111轰炸机击沉"莱伯雷希特·马斯"驱逐舰，也可能导致"马克斯·舒尔茨"号驱逐舰沉没 | 指挥、控制和通信不良；海军未被通知己方飞机已启用；识别差 | 270人或600人（若失去两艘船）死亡 | Kemp(1995) |
| 1940.2.28 | 芬兰科伊维斯托（Koivisto）附近 | 苏军 | 苏军 | 重型列车炮在袭击之前误击步兵营 | 未知；炮击未射中目标，距离短1000米 | 400人死亡、400人受伤 | Trotter(1991) |
| 1942.1.31 | 大西洋波尔多（Bordeaux, Atlantic Ocean）海岸外 | 德军 | 德军 | U-333潜艇击沉"施普雷瓦尔德"号封锁突破船 | 指挥、控制和通信不善；糟糕但情有可原的战场识别失误——"施普雷瓦尔德"号伪装成英国商船 | 约400人死亡 | Kemp(1995) |
| 1944.7.25 | 法国诺曼底圣洛（Saint Lo, Normandy） | 美国陆航部队 | 美国陆军 | "眼镜蛇"行动中，12架B-24轰炸机向第30步兵师投掷470枚炸弹 | 识别太差；领航员在武器演练时出现失误 | 171人死亡、654人受伤 | Shrader(1982);Regan(1995) |
| 1944.12.12 | 波罗的海塔林（Tallinn, Baltic Sea）海岸外 | 德军 | 德军 | Z-35和Z-36驱逐舰被炸沉在己方布雷区 | 在恶劣天气下尝试加密己有布雷区 | 626人死亡 | Brown(1995) |
| 1988.7.3 | 波斯湾霍尔木兹海峡（Strait of Hormuz Persian Gulf） | 美国海军 | 伊朗平民 | 美国海军"文森斯"号巡洋舰击落伊朗航空IR655号空客A-300班机 | 各方指挥、控制和通信不善；敌我识别软件漏洞；雷达识别和交战规则皆差；惊惶开火 | 290人死亡 | Regan(1995);Cannon-Bowers,(1988) |

# 第 2 章
## 误伤的历史分析

从误伤角度来看,直至 19 世纪 50 年代,火枪、火炮和马刀的作战形式持续未变。但是,在美国内战期间,作战样式发生了若干变化。首先,线膛枪逐渐取代滑膛枪,增加了有效交战射程,不过依旧会产生黑火药烟雾。再者,采用更加疏散的"散兵线"和普遍偏暗的制服颜色也加大了敌我识别难度:在这个时期,作战人员的任务是隔着 200 米的距离、透过层层硝烟和时常产生的雨幕,辨别同样褪色暗淡的蓝色制服与灰色制服,毕竟防水的弹药筒和雷管使得在这些条件下的作战更加容易。而火炮变革同样意义重大。射程更远的步枪与枪炮之外观察员控制的间瞄火力配合使用,从而增加了作战误伤事故发生的概率。

韦伯·加里森(Webb Garrison)对美国内战期间误伤事件潜心研究后,撰写了专著,并论述了 130 多起友军交战或误伤未遂事件。其中最著名的几起发生在第一次马纳萨斯战役或布尔河之战(1861 年,当时双方还在适应步枪时代的步兵作战),以及托马斯·J. 杰克逊将军(绰号"石墙杰克逊")在钱斯勒斯维尔战役中被己方哨兵误杀(1863 年)。对于探究现代化工业时代战争中误伤根源的读者来说,加里森的著作是必读物。

这种作战方式不断演变,并在第一次世界大战期间达到顶峰。1914 年以后,间瞄火炮成为常规武器。间接控制火炮带来了各种指挥控制问题,因为当时极少使用无线电,且操作起来比较麻烦,而电话线又容易遭到武器攻击。制服颜色朝着更加单调的方向演变,而且陆战中越来越少使用国旗和军旗。除此之外,还新增了毒气、飞机和坦克这三种重要新型武器,这些武器装备全都迅速在误伤史上留下了各自的印记。然而,第一次世界大战期间误伤的最大诱因是武器系统向间瞄炮火的转变,这带来指挥、控制和通信(C3)的协同问题,以及计算弹道与维持战场武器精度和一致性的技术问题。1921 年,法国亚历山大·佩尔辛(Alexandre Percin)将军在其关于误伤的首部著作中探讨了这一主题。下文将详述佩尔辛的研究成果。

随着 20 世纪机动作战的不断发展,部队开始越来越依赖于无线电进行视距外远距离通信,以便及时获得士兵的准确位置。同时,利用飞机执行监视和对地攻击的任务也日益增多,由此引发一系列全新的误伤问题。这些问题大多与决策速度有关,即飞机需要快速决定打击目标在哪里,以及是否实施攻击；而地面部队要在一分钟或更短时间内判定出现在视野内的飞机是属于"我方"还是"敌方"。地对地和空对空环境固然重要，但鉴于空勤人员数量远少于地面作战人员数量，因此在空对地和地对空"交叉作战样式"下，误伤事件占有更大比例。

20 世纪后半叶，战争向"传感与信息时代"转型，由此也带来不少发展变化。雷达、图像增强器和热成像仪等新型传感器呈现给决策者的目标信息在许多情况下远达不到"准确识别"水平，导致决策者只能根据目标位置和行为推测目标的身份。另外，这些目标信息与通过望远镜看到的直观画面相差甚远。

21 世纪，随着技术成本越来越低，军队纷纷探索为单个装甲战车、甚至徒步士兵配装电子敌我识别设备的可能性，而反观 50 年之前，这种技术设备仅仅应用于战舰和飞机等单项价值较高的大型作战平台。不过，地面部队仍然首先依赖基本的指挥、控制和通信规程来避免态势模糊不清，而且偶尔仍会在地面设备上使用古老的纹章标识。对此，下文将予以详述。

## 2.4　海战误伤史

不论在火药时代之前还是之后，海战的误伤事件都比较罕见。这是因为相对而言海上目标较大且特征明显，当时海军武器装备射程短，且战旗醒目可辨。不过，这类事件仍时有发生。比如，1591 年西班牙战舰在攻击英国"复仇"号战列舰时发生误击，1801 年两艘西班牙战舰在卡巴雷塔角（Cabareta Point）附近发生误击（Gardiner，1997），但是这都是近距离作战中由于硝烟密布而导致的失误。因此，在 19 世纪末、20 世纪初，当交战射程范围迅速扩大，夜间遭遇战更加普遍时，发生误伤的概率就成倍上升。例如，在 1942 年瓜达尔卡纳尔岛（Guadalcanal）附近的海战中，由于交战射程非常远，美国海军"朱诺"号（Juneau）巡洋舰认错了目标，最后两轮齐射打出的炮弹还在天上时，甚至还有充足的时间向友舰道歉。

潜艇和飞机在第二次世界大战中投入使用后，海战的现代误伤模式随之诞生。大多误伤源于在潜艇战、反潜战以及水面舰艇防空作战的过程中难分敌我。由于水下潜行的技术设计要求，特定年代的大多潜艇往往造型非常相似,所以在浮出水面时缺少辨识特征。这导致海战不得不主要依赖于地理信息和作战规程来区分敌我,而当这些措施失效后,后果会很严重。据估计,第一次世界大战期间至少有 8 艘潜艇遭到误伤,第二次世界大战期间有近 20 艘潜艇遭到误伤。由于这类潜艇的特殊环境,大多数情况下所属人员和装备都会全部随艇沉没。

海战中飞机相关的部分问题详见后文。读者如欲进一步了解海战中的误伤事件,建议阅读保罗·肯普(Paul Kemp)在 1995 年出版的著作《是敌是友》(Friend or Foe)。

## 2.5 空战误伤史

虽然空军是为陆战和海战提供作战支援,但空战的性质使其呈现出不同的误伤情形,也相应地需要采取特殊防范措施。

战场上首次使用重于空气的飞行器是用于侦察和炮兵观测,所以 1914 年协约国军队和德军的飞机毫不意外地开始遭到敌我双方的地面火力攻击。布罗姆(Bloem,1916)和特莱因(Terraine,1960)均描述过这方面的案例。对此,法国空军的应对之策是为飞机设计醒目的圆形机徽作为识别标志。很快,各国空军皆采用这些标识(或类似标识)来防止己方地面部队的枪林弹雨。飞机进行常规武装之后,空对空误伤就随之而来;随着空对地武器发展起来,近空支援也开始发生这类事故。同样,海战也开始发生与飞机相关的误伤事件。不论在哪种情况下,从过去到现在,这类事件的主导因素均是速度,即攻击飞机以及防御被攻击的任何目标,都需要迅速决定是否开火。再者,空战的特殊性质决定了飞机出现的光线环境比较模糊,通常靠近地面或海上,或正面迎敌,俯冲"奇袭"。所以,频频失误也不足为奇。

单座飞机的另一个共同因素是,飞行员通常需要在不熟悉的空域快速确定航向,同时还需要执行多项其他任务。飞行管制员也需及时准确地掌握地面形势,以降低误导飞机攻击己方或友军位置的概率。如果的确未能及时获得地面态势信息,那么飞行员的猜测会轻而易举地推翻自己看到的情况,就如同 1944 年西北欧战场误伤以及两次海湾战争的地面攻击机(美军 A-10 攻击机袭击英军装甲车)发生的误伤事件一样。

两次世界大战之间,大型远程轰炸机的发展在导航领域带来新的挑战。虽然攻击目标普遍与友军地面部队相距较远,但轰炸机需要远距离飞往目标,而且飞行往往是在夜间或借助航线推算法飞越云端。因此,有些轰炸机由于导航误差太大而轰炸非交战国也就不足为奇:英国皇家空军误炸过丹麦;纳粹德国空军误炸过都柏林;德俄两国均误炸过瑞典;还有一个最著名的例子,即美国陆军航空兵在不同情况下轰炸过瑞士至少十几次……其中一次竟然发生在执行为前一次误袭道歉的外交交涉期间![4] 在其中一次误炸中,美国陆军航空兵第392轰炸大队的部分B-24"解放者"轰炸机向瑞士沙夫豪森误投1184枚百磅级(45千克)炸弹,而实际目标却是德国弗莱堡(Granholm,2000),美方发生209千米的导航误差。

在第二次世界大战期间,截击机也开始发生袭击之前始终无法弄清识别目标的情况。夜间战斗机主要依赖地面管制员指示航向、飞往目标区域,然后依赖原始的机载雷达指示目标,而这些雷达仅有探测功能,没有精确识别目标属性的能力。所以,不少友军飞机被己方夜间战斗机击落。这类案例可参见霍布森(Hobson,1999)的记述。机载敌我识别系统有助于避免误伤,但与所有其他措施一样,它并不完美。

在20世纪五六十年代,导弹出现在战场上,包括地空导弹和空空导弹,能够摧毁远在视距之外的飞机。在越南战争期间,美国空军有多架飞机被己方的"麻雀"空空导弹击落。1960年苏联空军在追逐弗朗西斯·加里·鲍尔斯(Francis Gary Powers)驾驶的U-2侦察机时,用SAM-2导弹击落了自己的一架米格-19战斗机。这起事故是由一连串事件引起的:截击机和地空导弹连之间协调不力、必须击落U-2的巨大政治压力、预期猜测等因素,均导致导弹连在无法目视识别的情况下攻击了由雷达探测到的目标。

最后,值得注意的是,涉及直升机的误伤事件较少,不论作为攻击方还是被攻击方。其中一起著名误伤事件发生在1994年,当时两架美国UH-60"黑鹰"直升机在伊拉克北部被美国空军F-15战斗机击落(Snook,2002)。还有一起发生在1982年,英国皇家海军"加的夫"号驱逐舰在马尔维纳斯群岛击落一架"小羚羊"通用直升机(Kemp,1995)。在这之后,伊拉克和阿富汗境内发生过几起直升机误袭事件,但比预计的要少。

因此,相对于以其他新技术为特征的骇人战场的"误伤之门",武装直升机有幸避免,这背后或许有充分理由。首先,直升机能够适应地势、盘旋徘徊和灵活着陆,因而大多可以避开专门设计用于摧毁固定翼飞机的友军武器。其次,直升机可以徘徊检查地面形势,从而减轻攻击决策面临的时间和命中压力。再者,直升机往往属于支援型武器,在组织中附属于偏低层级,因而能够更好地了解执行支援任务的环境。

对空战误伤史感兴趣的读者可以选择阅读霍布森在《英国皇家空军空中力量评论》(*RAF Air Power Review*)中关于误伤的文章(Hobson,1999)。理查德·汤森德·比克斯(Richard Townshend Bickers)在其1994年关于误伤的著作中也多处论及空战误伤。

## 2.6 新技术的作用

新型武器的使用很快带来了新的误伤风险,因为技术复杂性的增加导致新武器越来越难以控制,再加上作战理念和战术尚不成熟,为事故的发生提供更多途径。在一些著名的例子中,在新武器首次部署期间,甚至尚未与敌交战之前,就会引发误伤事件。本节侧重介绍陆战中的新型武器,但应注意海战中也存在类似趋势。

最早记载的新技术是文艺复兴早期传入西方、得到广泛应用的火药。新型火药武器操作更为复杂且容易走火。这些武器开火需要较长操作时间,因而需要火枪手排列成多排方阵,而不久后,军方就意识到,前排士兵面临的主要危险是被背后的士兵射中。虽然严格来说,这种情况未被纳入"误伤"范畴,因为后排没有将前排作为射击目标的意图,但是要降低这类事件的发生概率,仍然需要经过严格训练并执行多段射击战术。

热兵器应用的质变始于美国内战,源于支援炮兵间瞄火力的发展。主要变化有两点:第一,炮兵部署在被支援步兵后方的做法更为常见。这样,炮兵超越步兵射击,使得武器的可靠性、装药量的计算和引信精确控制变得更加重要。第二,炮手与观察员不再处于同一位置,这就带来了一系列射程沟通的问题。1862年,在美国阿肯色州普雷里格罗夫(Prairie Grove)发生的一起"间瞄火力"事件,导致200人死亡以及更多人受伤。两种机制导致的许多事故案例参见加里森(Garrison,1999)的著述。

这些误伤事件中的发展最终在亚历山大·佩尔辛1921年记述的第一次世界大战真实案例中达到顶峰。炮兵间瞄火力成为主要交战模式，甚至在目标仅离友军阵地几百米远、甚至更近距离的情况下也是如此。这一时期，炮手距离前线几千米远，依赖不可靠的电话线、火箭信号弹甚至信鸽进行联络沟通。佩尔辛有一段著名的论述提到，一名亲历凡尔登战役的法国士兵告诉他，"落在我们战壕里的每10发炮弹中，3发来自法军，7发来自德军。"随着20世纪间瞄火力控制技术的不断改善，这类事件在第二次世界大战时已经相对罕见。如今，炮兵引发的误伤已经不那么常见。

令人惊讶的是，第一例空对地误伤事件发生在1849年，比首例飞机误伤还要早50多年。在1849年6月奥地利军队围困威尼斯期间，奥军想出利用无人气球进行作战的绝妙点子——无人气球载着装有延时引信的炸弹攻城。但由于没有任何准确的气象学知识（这门学科直至第二次世界大战期间才算"成熟"），不可避免的恶果发生了：要么因为风向变化，要么因为地面与高空的风向不同，结果到规定时间后，气球反而在围城军队的上空爆炸。对此，建筑历史学家至今仍心存感激。

早在1914年8月，法国军队就开始尝试利用飞机袭击敌军。这次尝试同样结果惨烈。飞机误将箭形散弹投向一个法军"祖阿夫"分遣队，造成恐怖的伤亡，最终导致这种武器停用。这个早期的例子证明，移动中的飞机要核实地面目标的身份是多么不易。

坦克进入西线战场三大协约国的军队序列后，几乎立即导致各军发生误伤事件。可以预料，坦克的发明者英国陆军是第一个承受苦果的，但没想到来得这么快。据雷根（Regan, 1995）记述，1916年9月15日，在索姆河布罗森林（Bouleaux Wood, Somme），一辆原型坦克使用车载6磅炮向英国邮局来福步枪团团部开火，而后另一辆坦克开火又殃及文职来福步枪团的团部。两辆坦克均在前往进攻出发阵地的途中迷路，而且都没有意识到从这个新式武器内部识别敌我步兵的难度。而讽刺的是，这次误击是坦克在战场上打响的第一炮，它们当天刚刚投入使用，且尚未与敌方交锋。所幸，未见文献记载有任何伤亡。但是，截至当日日终时，这些坦克用机枪扫射了隆格瓦勒（Longueval）附近的伦敦团和弗莱尔（Flers）的第9诺福克团的几十名英军士兵。

而根据佩尔辛1921年的记述,1917年5月5日凌晨3:00后,法国"圣沙蒙"重型坦克的75毫米口径炮开炮射击,结果击中的是法国第1骑兵师第3胸甲骑兵团(步行作战)刚刚攻占的战壕,该战壕位于埃纳省拉斐磨坊(Moulin de Laffaux)附近。15分钟后,法军步兵才用步枪挑起头盔以示身份,但这时误击已造成大约百名士兵伤亡。当然,这次事故的发生却也情有可原,毕竟凌晨时的光线太差。

等到德国将少量自行研发的坦克投入战场后,也经历了类似问题。而这次的情况是,德军炮兵在弗雷米库尔向本国的A7V坦克开火,结果造成2辆毁坏、1辆损伤。这时双方都已投用了坦克,所以德国炮手把所有坦克均认定为敌方的做法已经不再安全。在这种情况下的问题关乎保密——新型武器往往都是这样,新型武器的出现往往出于保密原因,并非所有人都知道它们的存在,更不用说了解德军坦克在外观和类型上与协约国有何差异。

随着武器射程的增加,目标探测难度加大,交战决策对新技术和使用者的依赖程度越来越大。另外,随着作战模式向全天时、全天候发展,更多的战斗识别决策是在雷达和热成像仪等传感器基础上作出的,而这些设备无法直观地呈现目标。在1991年海湾战争之后,这些问题随即突显出来。在这场战争中,由于射手只能通过热感器材远距离识别目标,导致几辆联军装甲车被毁——夜晚或白天均有发生。虽然使用者受过热成像仪训练,但联军没有意识到,在一个混乱不堪的机动战场上通过热感器材识别装甲车与在训练场上完全不同,且难度更大。再者,战场地形为目标提供了躲避机会,这是欧洲训练场上所不能及的。

鉴于这些失误,英美两国研发出装甲车识别训练工具,向观察员呈现潜在目标的热感视图。学习分辨这些视图是一项新的技能,存在质的不同,因为诊断特征包括各种细节,比如传动轮(在运动时会发热)是在战车前部还是后部、热排气口的位置以及发动机会加热哪些部件等。相反,在可见光谱中的明显特征,如储物箱等,对热成像仪来说可能信号并不明显。

## 2.7 历史统计的部分误伤数据

英国国防科技实验室(DSTL)已尝试量化海陆空三个主要作战域内部和

跨域的误伤风险，比如战机袭击友军地面部队（称为"跨域误伤事件"）。虽然国防科技实验室的误伤事件类别并非完整无遗，而且存在固有偏误，偏向英语国家，但它的案例数量足够大（目前已纳入 2000 多起事件），可视为具有代表性。此条目中各作战域的误伤事件细分情况详见表 2.2（请注意，"海域"包括了潜艇）。

地对地事件在误伤事件中占据主导地位，这一情况在意料之中，但也有相当一部分误伤事件涉及海战和空战。空对地事件数目之多却令人惊讶，毕竟各国投入近空支援的资源较少，在战争总投入中仅占一小部分。

研究者的一项重大发现是，跨域环境导致的误伤事件频率较高，在目前整个类别中高达 32%。这表明空地之间联络难度较大，尤其是未在战区级或武装部队最高层合成司令部编入独立航空兵部队的情况下。另外，跨域环境也加大了技术难度：如果真正问题是战机击毁友军装甲车，或是地面火力击落友军战机，那么防止坦克与装甲车之间、战机与战机之间发生友军误伤的技术方案只能解决部分问题。因此，敌我识别技术需要适应所有类型的平台，而这一点很难实现。

在跨域环境误伤事件规避训练中还存在文化难题。这是因为如果目标识别学员对某个主题不感兴趣，那么他们学习并记住信息的能力似乎就会下降。例如，对航空兵来说，识别飞机与识别坦克或舰艇相比，前者似乎要容易一些，因为航空兵对飞机的了解多于坦克或舰艇，而且与飞机的情感牵系也更大。所以，更低层级的联合训练对减少误伤至关重要。

误伤事件的重大性最好是以发生的损失来衡量。尽管最易比较的统计数据是事件平均伤亡数，但必须谨记，在每种情况下，这是一个分布跨度很大的平均数：大多数事件并未导致伤亡，许多事件造成的损失较少，极少数事件（极端例子如表 2.2 所列）造成的损失相当大。

表 2.2　1900—2006 年各作战域误伤事件数目与比例

| 跨域作战环境（射击方-目标） | 误伤事件数目 | 误伤事件比例 |
|---|---|---|
| 海对海 | 213 | 9% |
| 海对地 | 18 | 1% |
| 海对空 | 43 | 2% |

续表

| 跨域作战环境(射击方-目标) | 误伤事件数目 | 误伤事件比例 |
|---|---|---|
| 地对海 | 13 | 1% |
| 地对地 | 1132 | 50% |
| 地对空 | 99 | 4% |
| 空对海 | 110 | 5% |
| 空对地 | 435 | 19% |
| 空对空 | 215 | 9% |
| 合计 | 2278 | |

另外,事件是否被记录下来也会导致统计偏差:死伤数字较少的事件可能并未上报,而相对严重的事件被遗漏的概率要小得多。

基于上述考虑,如表2.3所列为两类损失统计数据:记载了所有误伤事件导致的伤亡比例,以及已知事件的平均伤亡数[5]。

如果这些数据中存在着重要的趋势,那么这涉及攻击武器的效力与目标区域和目标平台内的人员数量。例如,这些趋势可以解释,为什么每次海对海误伤事件似乎都会导致较大伤亡,而飞机遭到误伤时伤亡却较小:舰艇往往人员拥挤,而相比之下,飞机上的机组人数极少。

尽管这些统计数据是1900年至2006年这段期间的平均值,但有证据显示,在一百多年里,已知误伤事件的平均伤亡数呈下降趋势。例如,第一次世界大战中的已知地对地误伤事件平均伤亡数为25人,第二次世界大战中为7.1人,而第二次世界大战结束后至今的平均伤亡数为3.6人。这或许是战场人员密度下降的直接结果,但也受到事件统计更加全面彻底的影响。

这些事件对作战效能的影响同样在变化。据佩尔辛记载(Percin,1921),在第一次世界大战中,有许多团级规模的攻击被友军火力所阻止,甚至被摧毁,还有些事件导致阵地在敌方攻击下失守。在第二次世界大战中,某些误伤事件同样具有破坏性。然而,在第二次世界大战后的冲突中,每次事件的伤亡人数有所减少,伴随的影响力也在减小。自1982年马尔维纳斯群岛海战以来,英军就没有再出现过任何扰乱营级以上单位作战的误伤事件了。不过,吉莱斯皮在2001年(Gillespie,2001)记述了1991年"格兰比行动"(Operation Granby)的一起惊险事件:要不是在最后关头发生逆转,这次事件会导致一个旅级部队的行动终止。但是,应该认识到,即使轻微的误伤事件也可能打乱行动节奏,而提高战斗识别则有助于提高作战效能,减少误伤事件(Percin,1921;Shrader,1982)。

表 2.3 1900—2006 年各作战域误伤事件导致的伤亡

| 跨域作战环境(射击方-目标) | 伤亡比例 | 平均伤亡数 |
| --- | --- | --- |
| 海对海 | 56% | 44.3 |
| 海对地 | 79% | 26.6 |
| 海对空 | 61% | 17.4 |
| 地对海 | 63% | 1.5 |
| 地对地 | 84% | 12.7 |
| 地对空 | 53% | 5.0 |
| 空对海 | 37% | 17.0 |
| 空对地 | 69% | 14.9 |
| 空对空 | 54% | 3.7 |
| 均值 | 62% | 15.9 |

因此,虽然预防误伤现已成为西方国家军队工作的重中之重,但这在很大程度上是出于减少伤亡的政治需要,而不是因为这类事件对战果的影响。在调研历史事件的过程中可以发现,尽管千百年来这类事件已经导致成千上万甚至数百万伤亡,但误伤几乎从来不曾被作为军事失利的罪魁祸首。或许这也是军事历史学家至今仍忽略误伤的原因。

## 2.8 防止误伤措施的发展历程

本节探讨武装部队制定减少战场误伤措施的历史。首先介绍各种目视识别手段,然后是为避免较大规模区域作战时发生误伤而制定的战术、技术和规程,最后介绍为夜间或视距外敌我识别制定或研发的程序和设备。这些措施在预防误伤的过程中起到了积极有效的作用,但反过来,随着战场复杂度上升和新的意外情况不断出现,这些措施皆可能,或者是已经促使避免误伤的新机制的出现。

### 基于制服的目视识别

自古以来,正规武装部队在作战时都会穿着特色鲜明的制服,其目的之一是便于在一片混乱中辨别敌我。但是,在交战国普遍采用制服之前,战场上军队的通常做法,是在打仗当天选取现成的野战标志,比如在左臂系上一条彩色布条或在帽子上捆扎一束树枝。古代布料属于贵重商品,而且染料品种有限,相应地可选择颜色也很有限,所以对阵双方碰巧选取相同野战标志的情况其实很常见。这种情况在英国内战期间的若干战役中出现过,比如在公元 1645 年的克鲁克恩战役中。在 45 年后的博因河战役中(公元 1690 年),野战标志制度明显暴露出另外一个缺陷,当时国王威廉三世在混战中遗失身上的野战标志,结果险些被己方士兵射杀(O'Boyle,1990)。

甚至在各国普遍采用统一制服之后,敌我服装混淆不清仍旧是常见的误认原因。例如,1810 年,英国第 95 来复枪团在阿尔梅达被友军葡萄牙炮兵团误击。英军来复枪团身着绿色制服,与不远处法军轻骑兵团的制服差别不大。在滑铁卢战役期间,也多次出现过类似误认制服的情形。在美国内战期间,由于并非所有联邦军部队皆穿暗蓝制服,而且并非所有南方邦联部队皆穿灰色制服,也曾发生过几起友军误击事件。

在战斗中辨别制服需要进行训练,而这项工作一直以来并没有受到高度重视。在这方面有一个鲜明例子。1914 年,在比利时蒙斯(Mons)战役中,德军预备役军官沃特·布罗姆(Walter Bloem)初见一名执行侦察任务的英国军官时,因为这位军官穿着棕色制服而将他误认为高尔夫球手(双方仅隔 5 米远)。布罗姆仍然以为英国陆军的作战制服是红色,直到对方拔出左轮手枪,准备伺机撤退时,他才反应过来,意识到自己认错了(Bloem,1916)。

制服和装备识别在今天也同样重要,甚至可以说更加重要,因为作战单位不再以密集队形作战。不过,和诸多其他领域一样,这些制服和装备外观上正在趋同——因为在双方敌对的相同环境中它们有共同的任务,主要是伪装。为了在伪装需要与避免误伤之间找到平衡[1]发生过有趣的变化过程。扎洛加(Zaloga,1980)指出,在第二次世界大战前,德国坦克部队选用了一套整体灰色的涂装方案,至少其中一个原因是区别于敌方可能采用的制服(当时大部分国家的军队使用绿色和棕色制服)。但是,在战争后期,德军从进攻态势转为防御态势后,他们随即改用某些前所未见的、为伪装而优化的复杂涂装方案。同理,1944年美军弃用了在西北欧战场上使用的伪装作战服,因为这款伪装服让人联想到纳粹武装党卫军。

**旗帜和徽章**

纵观军事史,使用各种旗帜和徽章来区分作战双方的做法由来已久。从封建领主下辖兵团飘扬的复杂家族纹章开始,文艺复兴时期兴起的各国陆续采用相对简单的国旗,这些旗帜通常与相对复杂、有个性标志的团旗一并悬挂,或者高悬带有国别标志的团旗。当许多国家军队的制服变得几乎相同时(至少大多数线列步兵如此),就很有必要通过国旗和团旗的不同颜色来加以辨别。

各国及其武装部队需要不时变更这些徽章标志来避免误伤。1649年从西班牙独立出来之后,荷兰本来计划采用橙色徽章标志,而当时没有稳定的橙色染料供应,因此更改为红色,因为淡蓝和白色标志容易与其他国家相混淆。而其他国家军队在几起误伤事件发生后也采用了类似的更改措施。其中最著名的是在1861年马纳萨斯战役误伤事件之后,南方邦联军将与北方联邦军相似款式的战旗改为现在熟悉的X形十字旗(Garrison,1999)。再后来,在第二次世界大战中,太平洋战场的盟军航空兵剔除了飞机识别标记中的红心,因为在激烈战斗中,这种标识容易被误认作日军的"日之丸"。

尽管自第二次世界大战早期战役以来,很少有国家在战场上使用军旗,但最近的经验表明,能够目视识别的制服甚至旗帜在现代化战斗识别中仍然能够发挥其作用。在2003年的伊拉克战争中,潜在目标挥动国旗以证实身份,这种方式不只一次成功地避免了误伤事件。

**识别作战机器**

随着工业技术的不断发展,更加复杂的远距离交战装备投入使用,此时,能够在通过辨识旗帜或徽章之前识别出这些装备的显著特征,便显得尤为重要。由于光线条件通常不好,交战方只能辨别装备的大致轮廓,所以目标"辨识"(我们现在称之为"识别")技术就集中在单凭装备轮廓来判定它的类型。这也是迫不得已之举,毕竟装备标记通常很小,涂装方案也可能发生变化,目标通常背光,而且在大部分情况下色彩信息会迅速衰减,除非在最有利的环境下。

目标辨识技术始于海战领域。从20世纪初开始,弗雷德·T. 简(Fred

T. Jane)的《简氏战舰手册》(*All the World's Fighting Ships*)等出版物成为一切战舰(不论属于盟军、敌军还是中立国军队)舰桥上的标配。到第一次世界大战结束时,轮廓识别开始成为水兵、航空兵的重要作战技能,并且随着坦克和对地攻击机的出现,陆军士兵也要具备同样的技能。

战争结束后,随着对指挥和机动训练重视程度的增加,对于认知装备轮廓的课堂式艰苦训练渐渐被忽略,从而不可避免地出现了"技能衰退"(在重大冲突间隔期里,指挥控制措施通常被视为有效的误伤解决方案,因此对目标识别技能的需要总是被降低)。因此,像1939年9月巴金河战役(Battle of Barking Creek)这样的事件迟早会发生。在这次战役中,黎明时分,皇家空军第74中队的"喷火"式战斗机在位于泰晤士河口(Thames Estuary)的一部雷达引导下出动。由于无法利用雷达进行识别,"喷火"式战斗机误认目标可能会是德国战斗机,结果击落了2架第56中队的"飓风"式战斗机。然后,巴金河附近的一个高射炮台又击落1架返航的"喷火"式战斗机。新训人员再次领教了第一次世界大战中的教训,而严格的目标辨识训练也恢复如常。然而,不少战机仍然成为友军战斗机和高射炮的牺牲品,其中最频繁出事的是布里斯托公司的"布伦海姆"轻型轰炸机,因为它的外形不幸与德国容克斯-88轰炸机相似,而且偶尔还会被误认为意大利轰炸机。沃纳(Warner, 2005)在他关于战机的专著中列出了数字:55架"布伦海姆"式轰炸机被友军火力击落或击毁,其中大部分事件很可能是由于识别不当所致。

简氏防务等出版物的普及并不总是意味着这些出版物的内容会被消化吸收,在跨域交战环境中尤其如此。一个著名例子发生在1941年追踪德国"俾斯麦"号战列舰期间,英国皇家海军第820飞行中队的"剑鱼"攻击机误袭"谢菲尔德"号轻巡洋舰。"剑鱼"攻击机飞行员忘记辨别目标的烟囱数目(尽管当时天气条件确实糟糕),直接投放了6枚鱼雷。所幸,这些鱼雷的引爆装置失灵,这艘巡洋舰才幸免于难。而且更为幸运的是,"谢菲尔德"号的防空管制员实实在在地认出了攻击机的机翼,知晓大西洋战场上的所有双翼机皆是友军,没有开火(Kemp, 1995; Townshend Bickers, 1994)。

在整个冷战期间,欧洲的长久(但不稳定)和平期内再现昔日的技能衰退现象,因而在1991年海湾战争和2003年伊拉克战争期间,物理识别能力不足成为多起误伤事件的一大诱因。部分士兵对于目标识别训练缺乏热情，此外，不同设计机构的设计趋同，致使这项任务的难度加大：与民用汽车必须符合类似的物理学定律、接受同样的风洞测试一样，现代化坦克和战机也趋于在物理外观上相似。

### 战术、技术和规程

随着军队作战区域的不断扩大，在第一次世界大战期间，某些战区的前线连成一片，并且由于大多数炮兵火力纷纷采用间瞄射击方式，对部队实施更规范的时空控制需求愈加迫切。例如，在地图坐标系统研制成功后，航空测绘技术也随之问世，能够通过电话或无线电准确传达目标位置。起点线、计划时间表等都可与支援炮兵协同制定。从营级至集团军队，各级均确立了单位分界线，优化侧翼联络，同时尝试防范各单位之间的误伤。所有这些控制措施与交战规则一起，成为作战命令的标准附件。现今，战术、技术和规程与交战规则被视为防范误伤的第一道防线。

不过，战术、技术和规程要在战场上发挥有效作用，每个决策者都必须知晓各自在作战计划中扮演的角色、友军所在位置以及最重要的一点——我军所处位置。这些内容合称为"态势感知"，本书后文将详细探讨这一内容。在20世纪，大约10%的误伤事件是由于导航偏差所致，其中包括全球定位系统（GPS）广泛应用后发生的事件。在大多数情况下，人们认为出现误伤是由于目标失去导航而误入另一单位的目标区内。但是，在1991年发生一起这类事件后，调查结果显示，是攻击方单位的导航偏差导致误击。虽然这个单位的GPS正常运转，但他们没有查询GPS，因为没有理由认为自己越过了本单位作战分界线之外。这突出表明了一点——态势感知存在于人的大脑里，而不在电子设备中。

### 敌我识别规程面临的挑战

在夜间采用询问应答规程来进行敌我属性判别的做法，几乎可以肯定早于有文字记载的军事史。修昔底德在讲述艾皮波利战役（公元前413年）时，提到了使用暗号或口令的做法。这意味着这一做法由来已久。他还提到，部队在夜间行军的混乱状态下最容易犯错，导致出现致命后果。在古罗马帝国时期，口令或暗号的安全与变更是由各个百人团（即连队）队长的亲兵护卫负责。另外，亲兵护卫还负责巡逻和岗哨工作（Webster，1969）。

每一项规程均有可能失效，从而导致误伤。例如，暗号和其他信号需要在整个友军和盟友之间安全传达,而且要杜绝被敌方截获的可能性。失败的例子包括日德兰海战期间,英国皇家海军"狮"号战列舰一时忘记了"识别码",不得不请求以明文发送;不出意料,德军将其截获,借此在夜战中占据上风(Macintyre,1957)。在诺曼底登陆战时,德军也获悉了盟军用来阻止友军火力的有色烟雾信号,顺势利用这些信号防止盟军火力击中自己的阵地。

人类语言的多样性也不可避免会带来身份识别的问题,盟军之间需要避免由此导致的误伤。在滑铁卢战役中,反法联军很大一部分来自现今比利时南部,都讲法语,导致数次敌我混淆。同样地,在加里波利战役(1915年)中,英国士兵有时将苏格兰高地步兵团士兵所说的盖尔语误认为是土耳其语(Westlake,1996)。还有一些事件是由于色盲士兵无法分辨烟雾颜色而造成的,至少有一起事件是由于口吃士兵不能回应盘问而造成的。

最后,即使规程都得到正确执行,开火方是否注意到这些规程也是一个问题。佩尔辛列举了51次事件(在298次事件中占比17%),其中法国炮兵忽视停止向友军单位开火的预设火箭信号弹或电话通信,有时连续几小时不停轰炸友军[6],再到近些年的事件,2003年3月美国A-10地面攻击机误袭英国侦察车。据英国国防部(MoD)的调查结果表明,在第一次飞过侦察车上空后,飞行员看见了车上正确摆放的盟军敌我识别信号板,但将其误读为导弹,因为(在潜意识里)导弹更加符合美方飞行员之前做出的袭击决策(MoD,2004)。这些例子表明,在作战压力和不确定因素下,面对与预想或先入为主观念相矛盾的信息,采取行动是有多么困难。

随着作战范围的扩展及夜间作战行动的日益频繁,通过使用新兴电子设备,敌我识别技术实现了询问应答过程自动化,从而可在信号灯识别范围以外的距离进行更加隐蔽的询问。最初,这些电子设备既笨重又昂贵,所以最早仅限用于造价昂贵的大型平台上,主要是战舰和战机。然而,随着电子技术不断发展,敌我识别设备已经成为空战中战斗识别的主要手段。

虽然敌我识别技术成功避免了许多潜在的误伤,但是对它的依赖也会导致误伤事件。一旦使用者认为某个系统大多数时间能够正常运作,他们就会假定这个系统每时每刻皆在有效运作。这种观念曾经导致不少误伤事件,比如2003年美军一个"爱国者"导弹连击落英军一架"狂风"飞机。英国国防部飞机事故调查(MoD,2004)得出的结论是,这架"狂风"飞机的敌我识别系统发生故障,所以没有做出应有的反应,导致美军发射导弹,尽管在当时那个战役阶段并没有敌机升空飞行。

涉及复杂系统的误伤事件越来越多,可能是由于在敌我识别设备编程过程中所做的假设导致,这些假设可能并不被操作人员所充分理解。一个不幸的例子发生在1988年,当时美国海军"文森斯"号巡洋舰误击落一架伊朗空客飞机,因为这架班机是从一个军民两用基地起飞的,而那些军用飞机正确地响应了"文森斯"号巡洋舰的敌我识别系统,所以战术显示软件混淆了与敌我识别信号相对应的飞机航迹,将这客机标记为军用飞机。因为这个因素再加上其他故障(比如,巡洋舰反复在公开信道发出呼叫,要求班机表明身份,但该班机因故没有响应),导致"文森斯"号舰长实施了自认为是"自卫"性质的开火(Cannon-Bowers et al.,1988)。在近年的伊拉克战争中,至少有两起地对空事件是由软件工程师避免的,当时他们碰巧正在处理系统,发现了用户没有察觉到的错误,有幸避免了事故的发生。

## 2.9 历史上误伤的相似性

虽然军事史上发生过多次武器和战术革命,但纵观古今,误伤产生的机制存在着惊人的相似之处。这并非巧合,尽管方式方法已变,但武器和战术运用的决策者变化却没有那么大,甚至根本没变。这有力地表明,误伤问题的根源很大程度上在于信息、人类认知和社会范畴,而历史分析若解读得当,会让现代战争学员受益匪浅。下文将介绍若干例子证明这个论点。

前文已经述及公元前424年发生在第力安的误伤事件,当时在包围敌军后,进攻军队的两批人之间发生内斗。1708年奥登纳德战役也发生过类似情景:在围困一支法军部队后,荷兰和英国军队在黄昏时发生遭遇(Barnett,1974)。两场战斗中的关键要素在于,当友军双方绕过一个障碍时,彼此之间的视距联络中断,等到他们在障碍的另一边再度正面相遇时,双方均将对方误认为敌方,因为这正是他们预计或害怕自己会遇到的情况。据施雷德(Shrader,1982)所述,正是这个机制引发了1953年猪排山(Pork Chop Hill)战斗中,美国第31步兵团K连和L连之间的误会:两个连队分别从不同方向攻打猪排

## 第 2 章
## 误伤的历史分析

山顶,等到他们再次碰面时,在对方逼近过程中,误将对方视为敌军,于是交火随之而来。等到其中一个连队弹药用尽,这场自相残杀方才结束。这也验证了佩尔辛(Percin,1921)的看法——友军火力射击一旦开始,可能极难停止。

友军之间的正面遭遇还有其他方式会导致友军误伤事件。一种显而易见的明智战术方案是,一方应只从预期会遇到敌方路线的一侧展开伏击。然而,这种做法在很多场合会被抛诸脑后,导致友军彼此近距离交锋,或者至少陷入彼此的交叉火力之中。这个问题导致第二次世界大战期间以及后来在摩加迪沙(Mogadishu)之战中发生的几起误伤事件。在摩加迪沙之战中,索马里民兵组织多次从道路两侧同时袭击美军护卫部队。

在海战中也发生过类似机制导致的误伤事件。1801年,一艘英国战舰航行至两艘西班牙战舰之间时,导致西班牙两艘战舰相互摧毁了友舰(Gardiner,1997;参见表2.1)。后来,这一机制继续导致第二次世界大战中的若干误伤事件:在敌机(尤其是"神风特攻队"的飞机)飞过两艘战舰之间时,两艘战舰使用防空武器扫射对方(Kemp,1995)。已知的最近一次这类事件发生在1991年的波斯湾,当时在一轮导弹攻击中,美国海军"杰瑞特"号护卫舰发射的20毫米口径炮弹击中美国海军"密苏里"号战列舰。

巡逻后返程途中始终面临误伤的风险,阵地周边的步哨可能会误将巡逻队视为来袭敌军。第一个已知例子是法国元帅布莱斯·德·蒙吕克(Blaise de Monluc)。公元1536年,马赛围攻战期间,蒙吕克在突袭后返回时遭到己方炮兵炮击。加里森(Garrison,1999)记述过一个相同的案例,而这次事件导致"石墙杰克逊"在钱斯勒斯维尔(Chancellorsville)战役中丧命,成为最有名的误伤受害者之一。这个问题至今依旧实际存在。在马尔维纳斯群岛战争中,几乎相同的情形下,虽然并未发生任何伤亡,但发生过几次有惊无险的事件。根据弗洛斯特(Frost,1983)所述,英国伞兵团第2营在圣卡洛斯着陆后,在周边建立阵地。虽然这个营是当时世界上最训练有素的精英,但它尚未在高强度战争中作为一个作战单位与友军并肩战斗过,于是一开始难免要重新学习误伤的实战教训。弗洛斯特写道"夜访营部之行不应掉以轻心",并且记述了防御排在事先没有接到有人来访的情况下做出的反应。

# 战场误伤

近距离遭遇和短兵相接一直是误伤的原因之一。如今这是城区、林地和夜间作战的特征，而在历史上，它们也一直是武器射程有限导致的结果。对这类事件记载得比较少也不足为奇，因为参与者是唯一证人，当然不愿承认自己犯下这样的失误，除非迫不得已。已知的不同作战时期案例包括：布鲁图斯在罗马元老院行动（公元前44年）中刺杀凯撒时因混乱受伤、埃劳战役（1807年）中法国步兵的夜间交锋、圣安东尼奥阿拉莫战役（1835年）中德克萨斯步兵的街头交战以及圣纳泽尔战役（1942年）中突击队之间和德国守军之间的交火。夜间或黄昏作战尤其容易发生误伤。据已知记载，在整个20世纪，31%的地对地误伤事件都是因光线条件导致的。

决策者及其上级的性格也有影响，其轻率或谨慎的个性往往意味着误伤惨剧与"有惊无险"之间的差别。[7] 在近些年的作战行动中多次出现过这种情况，保持高强度的作战节奏，或因担心延误战机导致对手先发制人等，都会导致这类事件的发生。至于谨慎的指挥官按照交战规则执行任务、成功避免友军误伤的情况，文献记载更为罕见。根据隆美尔（Rommel，1937）记载，1914年，在夜晚丛林中撤退时，一位下级军官遇到本团另一支连队闯入本连的行进路线，他事先对此毫不知情，但最终侥幸避免了自相残杀。不过，最超乎寻常的克制体现在英国皇家海军"支持者"级潜艇的艇长身上。当时是1941年，在马耳他海域，这艘潜艇在夜间与不该出现在那片海域的皇家海军"懒惰"号潜艇相遇。"懒惰"号潜艇当时提前完成巡逻任务返回基地，但艇上的无线收发器发生故障，没办法通知基地。"支持者"号潜艇4次询问"懒惰"号，但由于"懒惰"号当时无人值守，没有给出任何回应。虽然"支持者"号潜艇已经准备击沉这艘误入歧途的潜艇，但它的艇长戴维·旺克林（M. D. Wanklyn）少校心怀疑虑，觉得这个目标很像英国"T"级潜艇，所以他下令靠近到1英里以内，同时准备必要时开火，而最终确认目标真的是英军潜艇（Kemp，1995）。这两个例子中，在分辨潜在目标物理特征时，对细节的注重让双方幸免于难。但凡指挥官不那么谨慎，尤其换成那些不注重目标识别训练的指挥官（或者根本没有接受过识别训练者），那么或许他们就交火了，因为他们心知自己是按交战规则行事，一旦出事，调查委员会将会想办法洗脱他们的罪责。

# 第 2 章
## 误伤的历史分析

## 2.10 误伤报告和研究的历史

在 20 世纪以前,战场事故问题并未进入探讨范围,至少没有引起军事界关注。军事理论家克劳塞维茨在 19 世纪最早设定这个话题的讨论场景(Carl von Clausewitz,1993),他论及真实战争的混乱状态,引入战场"阻力因素"这一概念。这个理念让非军事读者的幻想破灭,因为他们一度认为战斗是一种有序行为,而真实的战争却并不像当代画作和插图描绘的那样。不过,克劳塞维茨并未明确探讨我们今天所谓的"误伤"。

19 世纪开始出现记者从"超然观察者"的视角报道战事,这与以往高级将领(在 19 世纪以前,他们是大部分军事史书的作者)回忆录中讲述的角度全然不同,他们对战争的描述更加直接和现实。伦敦《泰晤士报》记者威廉·拉塞尔(William Russell)在报道克里米亚战争(1854—1856 年)时记述了发生在塞瓦斯托波尔(Sevastopol)战役中的两起阻力因素事件(Russell,1966)。对误伤研究来说,新闻报道至今依然是一个重要的信息来源。不过,研究人员必须始终警惕时常会有在报道事实的同时发表的主观意见。

纵观历史,报道误伤的动机有时并非出于挽救生命的愿望。第一次世界大战中的澳大利亚籍战地记者、后来的官方历史学家查尔斯·比恩(C. E. W. Bean)热衷于推进共和党议程,想方设法报道英国炮兵向澳大利亚和新西兰士兵开火的事件。他的动机或许带有党派色彩,但他确实也报道了出于各种原因没有载入官方历史的某些误伤事件。某些新闻媒体近些年来对误伤及其附带伤害比较关注,将其作为战地新闻报道的重大议题。这背后存在各种动机,比如揭露军方的无能,从而打击社会对军方的信心,或者企图煽风点火,加剧盟国之间出于政治原因的不信任等。

### 2.10.1 针对误伤的早期研究

1921 年,前法国炮兵总监亚历山大·佩尔辛(Alexandre Percin)对误伤这一主题进行了首次系统性专门研究。他目睹了法国陆军在第一次世界大战中一些原本完全可以避免的死伤事件,很是愤慨,于是通过访谈目击证人和书信往来,收集了近 300 份误伤事件口述。这些事件全部涉及陆战中炮兵的使用。佩尔辛估计,法国炮兵直接造成了法军2.2%的伤亡,总计75000名士兵,而且间接导致的伤亡更多。他还论述了己方误伤事件对作战效能、进攻速度和军中士气的不利影响。佩尔辛的研究至今仍是这一领域的里程碑。

佩尔辛的研究大多关乎确定误伤的根源。他指出的一些比较重要的研究结论如下:

(1) 步兵与炮兵之间缺乏联络;
(2) 炮兵在师级作战分界线行动方面缺乏射击纪律;
(3) 与步兵协调徐进弹幕时机的难度较大;
(4) 将法军撤退误认为德军进攻或反攻;
(5) 重炮远程射击时[8]的瞄准和散布误差问题。

最重要的是,佩尔辛认识到,特定误伤事件背后或许不只一个原因,因此通过多种手段或方式可以避免或阻止事件发生。他指出,如果当初步兵和炮兵遵循法国1910年参谋计划条例中的既定战术、技术和规程,那么许多误伤事件本来可以避免。如今,不论在误伤领域还是民用安全关键系统领域,比如航空和核武器行业,仍然可见类似的发现。

在美国卷入越南战争之前,关于这个课题的讨论和研究似乎极少。由于公众对伤亡日益敏感,对误伤分析感兴趣的军人和从事军事运筹研究这一新兴学科的分析人士,开始审视最近冲突中的误伤现象,并开始将趋势与过往历史进行比较,这同样很重要。许多研究项目使用了多种技术,包括事后访谈,查阅作战单位战斗日志的抽样内容,甚至提取伤亡人员留下的子弹和弹片痕迹,只为从数量上论述事件起因。1967年7月至1969年6月期间开展的战伤数据与弹药实效团队(WDMET)研究即是采用后一种方法。这个项目的初衷是研究美军武器在敌方士兵身上的效果,但由于可用的敌方尸体极少,转而侧重研究所有武器(不论是敌方还是己方武器)在美军士兵身上的效果。在此过程中,这项研究辨别出过去20年里发生的265起误伤事件(Visco,1995)。在研究团队考察的近8000例伤亡中,这些事件导致了490人伤亡,约占总数的6%。

查尔斯·施雷德(Charles Shrader)评述了这些研究,并记述了关于第二次世界大战、朝鲜战争以及更早冲突中发生的这类事件(Shrader,1982)。他收集了在陆-空作战中全部武器类型导致的270起误伤事件信息,得出的结论是,这类事件"在全部战场伤亡总数中所占比重不到2%"。他同意佩尔辛的观点,认为这些失误大多直接归咎于人为因素。另外,与佩尔辛一样,他也表示,要是当初遵循既定规程,那么许多误伤本可以避免发生。

虽然施雷德的论文(Shrader,1982)仍是近些年误伤研究的基础之一,但它存在一个缺陷,那就是试图将每起事件归咎于单一原因,使得其偶发频率之和为100%。这一极端简化的因果关系观点导致在确定事件的原因时采取隐蔽、武断的步骤,而这样却有可能掩盖重要的信息。例如,如果认定"起因"是在扣动扳机的前一刻误判目标身份,那么任何进一步的考虑(比如,关于这种特定情形的训练不足)则被排除在外。遗憾的是,施雷德虽然大量借鉴佩尔辛的研究成果,但他并未认识到,早前的研究思路更好地反映了交联复杂系统发生故障的现实状况。尽管如此,他的工作仍然是该领域内的一项关键研究成果。

"友军误伤"(friendly fire)一词最早出现在20世纪60年代的越南战争期间,这同样具有重要的研究意义。在普遍承认误伤是战争中的一种常见现象之前,人们一直倾向于在个人自述中略去某个特殊事件,将其视为"一次性"偶发事故,对后人没有任何意义。早期的军事术语,如"战斗事故""意外事故"和"后方走火"等,还包含由设备故障导致的"健康与安全"事故,而现代军语中误伤的定义大多将这类事故排除在外。语言学家会发现,在没有公认术语来界定这一现象之前,要进行探讨是十分困难的,这就使得佩尔辛的研究越发难能可贵。这还表明,加里森的成就,即找到一百多条关于美国内战中误伤事件的记述,为我们了解这一现象的历史做出了重大贡献。

## 2.10.2 1991年后的误伤研究

1991年海湾战争后,致力于减少和防止误伤方面的研究成为一项重点任务。海湾战争中发生了数起广为人知的误伤事件,它给(美英)联军造成的伤亡数几乎与抵抗贫弱的伊拉克军队所造成的伤亡数一样多(Visco,1995)。以英军部队为例,误伤导致的损失在作战损失中所占比重高达73%(Townshend Bickers,1994)。这些损失本身皆是悲剧,导致9人死亡。与过去规模类似的作战相比,这是个很小的伤亡数字。尽管如此,在媒体负面报道的推动下,公众意识使这些损失在政治上更受关注,使得寻求解决方案成为迫在眉睫的政治要务。英国国家审计署(NAO)报告于2002年评述了这一领域近十年来的研究情况,并指责国防部在给出误伤解决方案一事上进展缓慢。

近期研究的一个特点在于,人们认识到佩尔辛和施雷德两人均大大低估了误伤导致的伤亡比例。维斯科(Visco,1995)等人研究估计,在20世纪的高强度战争中,误伤导致的伤亡数占伤亡总数的10%~20%。有作者甚至表示,实际占比应该高达25%。正是在开展这项工作的过程中,研究人员下功夫通过历史研究了解误伤的发生频率和原因,着重汇编这类事件的量化数据,而不是将重心放在收集奇闻轶事上。

为提升身份识别能力,除了使用非光学传感器之外,联军还使用了其他措施。另外,各国军队还研发了电子定位报告工具,其中的显著例子是美国蓝军跟踪系统。在2003年海湾战争中,该系统在美军和英军均有配属。此外,英美两国均已开始研发在装甲车上配装电子"询问应答式"敌我识别系统,从而有效推动了第二次世界大战后为战舰和战机所开发的敌我识别系统的小型化进程。

### 2.10.3　2003年后的误伤研究

2003年伊拉克战争与1991年海湾战争的误伤情况类似,敌方行动导致的伤亡较少,这就再度将误伤导致的伤亡置于公众关注之下。表2.4中的伤亡数字以加德斯登和奥特里奇(Gadsden et al.,2006)提供的数据为依据,比较了英美两国在2003年3月和4月伊拉克战争中的伤亡情况。

在建立起对误伤现象的统计和历史认识基础上,人们认识到,战斗识别失败的根源在于"系统行为"这个大框架之下,研究重心转向深入认识复杂社会技术系统中事件的"去中心化因果关系"(Masys,2006)。这一认识证实了数十年的民用安全关键系统研究成果可以应用到误伤领域,从而关注平行民用领域中取得成功的干预措施。加德斯登和奥特里奇的论文(Gadsden et al.,2006)记述了这项研究,包括当前已知大多数误伤事件背后的复杂关系,表明单一事件背后通常有5个因果要素。

## 第 2 章
## 误伤的历史分析

表 2.4　美英两国 2003 年伊拉克战争中的作战行动死亡数据

| 死因 | 英国 | 占比 | 美国 | 占比 | 合计 | 占比 |
|---|---|---|---|---|---|---|
| 敌方行动 | 8 | 24% | 90 | 65% | 98 | 57% |
| 误伤 | 6 | 18% | 19 | 14% | 25 | 15% |
| 非战斗事故等 | 19 | 58% | 30 | 21% | 49 | 28% |
| 合计 | 33 | | 139 | | 172 | |

在对误伤事件相关战役进行了深入全面的研究后,英国研究人员能够计算出这些事件发生的误伤率。为比较不同规模和持续时长的作战行动或战役之间的误伤率,需要对数据进行标准化处理。[9] 选定的衡量标准是比较战斗记录的每天营、战斗群或同等单位(简称"营日")平均事件数。目前这项工作已经完成了 1944 年以来的 5 次行动和战役中英国部队的误伤率分析,得出的结果详见表 2.5。

鉴于这一时期的武器变革和战斗行为变化,误伤率出乎意料的稳定。误伤率最高的 2 次战斗均处在短暂、激烈的地面机动阶段——分别为 2 天和 6 天,而另外 3 次战斗激烈程度较低,在某些时间地面单位的行动极少。越南战争尤其如此:虽然误伤成为头版头条,备受关注,但由于部署了大量部队,且平均作战强度相对较低,使得误伤事件发生率低得出奇。

虽然很难统计更早时期的误伤事件,但从 1815 年滑铁卢战役以来,有相当数量的误伤事件,无论是严重还是轻微,都被记录并保存下来。采用同样的计算方法,国防科技实验室的误伤事件类目中包含四臂村(Quatre Bras)之战中发生的 5 起有记载事件,这次行动涉及大约 39 个联军营或同等单位,得出结论,营级作战单位的日平均事件数为 0.13 起。同理,该类目列出滑铁卢战役期间一场战斗,涉及大约 160 个联军营及 23 起事件,得出的结论是,营级作战单位的日平均事件数为 0.14 起。这两个比例均在为 20 世纪后半叶的误伤事件计算范围内,而这样的比例似乎一直持续到 21 世纪。

鉴于 1850 年至 1950 年这一百年的战争革命性的变化,这个比例显得出乎意料。该比例与近期作战行动的误伤事件比例相似,这可能是一个统计巧合,但还有另一种解释——误伤事件的主导因素是压力下的人类思维和决策模式,而非兵力密度或武器技术。同样,通信和传感器技术发展似乎提升了部队间的协同性,并增加了目标的识别距离,从而抵消了显著上升的与己方部队交火风险。

表 2.5　1944—2003 年英军误伤率比较

| 行动/战役 | 单位日 | 误伤事件数 | 单位日平均误伤率 |
| --- | --- | --- | --- |
| 1944 年诺曼底登陆战(样本) | 475 | 41 | 0.09% |
| 1956 年苏伊士运河危机 | 5 | 2 | 0.40% |
| 1982 年马岛战争 | 271 | 24 | 0.09% |
| 1991 年伊拉克战争 | 87 | 19 | 0.22% |
| 2003 年伊拉克战争 | 637 | 45 | 0.07% |

## 2.11　结　论

本章介绍误伤危险从史前就存在于战争之中,以及这一现象在陆海空作战领域的普遍性,它在战斗伤亡中一直占据的比例较小但影响重大。新型武器研发不可避免地带来新的误伤风险,而新型武器的战术使用也往往难以跟上技术变革步伐。

虽然武器装备不断发展变化,但产生误伤的机制基本上保持不变,即在很大程度上源于压力下的人类思维模式和决策。常见的共同因素包括战斗和行动前计划不当,作战单位之间的通信故障以及事件之前任何一方的导航错误(通常在夜晚或恶劣天气下);这些因素碰巧集中在一起,再加上会遭遇敌军这一心理预期,物理识别失败,敌我识别设备故障,或未遵守作战规程,都会注定误伤的命运。

误伤防范措施从单靠目视识别演变为依靠精心设计的战术、技术和规程与交战规则,到导航和态势识别技术进步,再到各种具体的敌我识别措施——从口头盘问到专为视距外作战设计的复杂精密设备。尽管敌我识别措施在不断完善,然而,试图解决的问题却变得难上加难:一方面射程增加,另一方面目标移动速度越来越快、更难截获。

# 第 2 章
## 误伤的历史分析

　　本章还提到,通过误伤的历史研究有助于认识问题的根源。关键在于,现有研究已经表明,误伤事件一般由多种原因导致,其中有潜在因素也有直接因素,而大部分属于人为因素。因此,如果我们想要使当前误伤发生率(客观上已经很低)不断持续降低,那么必须诉诸于人类科学。这并不是要否定通信、态势感知和敌我识别系统技术的进一步发展,而是提醒纯技术主义者,完善安全文化、训练与战术、技术和规程或许是更符合成本效益的做法。

## 注　释

[1] 参见克劳利的译本(Thucydides,1977)。

[2] 武器"开火"这一术语严格适用于利用燃烧推进的武器;对于弓箭手来说更多用"开弓"或"放箭"。

[3] 或者说,至少大多数如此——部分英国骑兵团和所有皇家炮兵团穿的是带红色镶边的蓝色制服,而许多法军部队也同样如此。

[4] 据杰克逊·格兰霍姆(Jackson Granholm)所述,1944 年 4 月 1 日,美国第 8 航空队第 392 轰炸大队的 B-24"解放者"轰炸机向瑞士沙夫豪森误投 1184 枚百磅级(45 千克)炸弹,而实际目标却是德国弗莱堡。美方发生了 209 千米(130 英里)的导航误差。

[5] 在偏态分布中,往往采用中值而非均值;然而,这些分布太过偏离,在大多数情况下,中值为 0 或 1,反而采用中值提供的信息量更大。

[6] 1916 年 7 月,在蒂欧蒙(凡尔登附近),第 130 步兵团发射 150 枚火箭信号弹,示意友军的 155 毫米火炮正在轰击他们的阵地。这种情况绝对算不上少见。有时甚至需要步兵上校亲自出面,1917 年 8 月在厄特比兹第 151 师师长不得已亲自造访炮兵团,劝说对方停止射击。这种造访通常会取得预期效果,不过有时也会遭到对方拒绝。顺便说一句,这证明在含糊不清的情况下,判定应该给予传来的信息权重多大时,军衔级别和面对面沟通具备一定的影响力:电话线另一端的下级军官或许提供的是

准确信息,但这一端赋予这个信息的权重或许小于炮兵团错误或过时地图显示的信息,或者这一端可能按照既有误解误读收到的信息。

[7] 惊险事件的定义是:一个作战单位处于与友军交战的边缘,但最终没有引发交战的场景。所以,它类似于民事系统中的险情。它并不包括开火后错失目标的射击——这类事件算作实际事件。

[8] 在谈及重型火炮时,佩尔辛提到小至 120 毫米,大至 240 毫米口径的火炮,但主要是 155 毫米炮;后者放到现在会被视为野战炮。他的一个主要论点是,重炮的射程越远,观察、联络和提供准确火力的难度也越大,这使得重炮更加容易误击友军,相比之下,使用野战炮(佩尔辛所说的是 75 毫米口径炮)无论是进行局部战术控制的支援机动还是在防御作战中误伤率更低。

[9] 由于每次作战行动的规模和持续时长不同,需要采用一个标准的事件频率指标,这个衡量指标仍在归一化处理中。对于作战行动,计算方法通常是观察到的事件数除以事件发生的"单位日"数,其中一个"单位日"指一个营级大小的作战单位参与战斗一天。作战单位大小各异:针对 1944 年诺曼底登陆战这样的较大规模行动,研究人员采用"师日",而针对低强度行动,通常采用"旅月",即大约 100 个"单位日"。

# 第3章

# 误伤问题及其潜在解决方案综述

查尔斯·柯克

## 3.1 引　　言

乍看之下,"误伤问题"的定义不言而喻:在战斗中,作战人员有时会攻击那些不该攻击的目标。但是,与众多清晰的问题一样,一旦细究,最初的清晰度会逐渐消失。我们需要解决误伤问题若干含糊不清的方面。

第一,"误伤"一词的范畴界限在哪? 它是仅适用于攻击己方部队,还是应该延伸至涵盖攻击盟友? 是否应纳入对非政府组织(如红十字会、红新月会等)或其他临时特设救援组织、媒体人员、当地平民和难民的攻击? 这些人员皆不是军事目标,但在战争地带全都面临风险,而且在若干场合都存在这些无辜人员惨遭横祸的案例。

第二,误伤是否一定带有伤害意图(不论是否已经正确识别目标)? 与武器相关的致命事故是否应算作误伤? 如果不算,是否能够划定一条清晰的界线将这类事故排除在外?

以上问题意义重大,因为相应的答案会影响我们对误伤的看法,从而对选择防范措施产生深远影响。譬如,如果一支部队将误伤单纯定义为己方部队交火(通常称为"蓝蓝误击/误袭"),那么应对措施无需考虑平民或盟友,而且这些措施可以完全是单方面的。而如果盟友也包括在内,那么应对措施需要是多边的,而且需要足够灵活,接受加入或退出短期联盟和长期联盟的力量。如果这些措施将囊括非战斗人员,那么或许需要全然不同的方法手段。

另一个重要可变因素是回答者的立场。军队指挥员或许最关注部队的伤亡代价和士气受挫;政客或许最关心国内媒体对服役士兵或难民伤亡的报道,或者关注大局上具有重要政治影响的目标瞄准失误,比如与暂时的盟友的部队交战,或殃及政治敏感目标。而媒体人员或许最关注揭露伤亡发生后任何形式的掩盖误伤(不论定义如何)行为。

在所有这些可变因素(军方优先要务、政治优先要务、联盟或联军优先要务、媒体插手等)的影响下,误伤这个主题要比最初看起来复杂得多,因而很难界定这个问题。在本章中,广义的定义看起来比狭义的定义更能体现构成"问题"的各种事项,所以本章如下定义"误伤"[1]:

一支军队(任何规模)向不在交战规则和指挥员指定目标优先级范围内的任何目标开火。

因此,上述定义涵盖在战争迷雾中所有错误行为,包括蓄意攻击、错失攻击,以及由武器系统等原因而引起的误伤事故,而且误伤问题还包含这类事件所产生的非常宽泛而多种多样的负面影响。

## 3.2 误伤问题

在1991年第一次海湾战争结束后,误伤首次上升为一个主要问题。引发这一关注的主要原因是美英联军伤亡总数(意外地少)中相当大一部分归咎于误伤。英美两国作战分析人士对未来作战行动预计的误伤数字进行了调研[2],如果对这个问题继续置之不理,友军误袭导致的伤亡比例将在10%至15%之间。[3]该数据是调查小组基于过往战役事实得出的结论,没有计入平民伤亡。不过,这方面的数据一直很难采集。虽然近年来的作战行动记载相对翔实,特别是在媒体极其关注这一主题的情况下,但并没有理由认为人们已经掌握了关于过往作战行动的全部误伤信息。有鉴于此,应将这个数字视为最佳猜测或合理估计。

考虑到10%~15%这个比例未计入平民伤亡,那么按上述定义(纳入平民伤亡)推算,还有未知的其他误伤伤亡数,我们可以用 $x$ 来表示这个额

# 第3章
## 误伤问题及其潜在解决方案综述

外数字。如此得出一个简约但完整的误伤水平估算公式:"军方 10% ~ 15% + 平民 $x$",简称"10% ~ 15% + $x$"。

甚至假设 10% ~ 15% + $x$ 的误伤率为当前可能的误伤率,除非能够拿出有效的应对之策,否则若干因素会导致 10% ~ 15% 和未知 $x$ 面临上行压力,特别是在未来"机动战"的混乱战局之中。在武器射程和目标捕获设备瞄准距离增加的情况下,武器系统指挥员追求更远距离的交战,而随着这些武器系统杀伤力的继续增加,交火致死的概率也随之增大。然而,众所周知,即使从现在起可以使用先进的监视和目标捕获设备,但要在如此之远的距离内识别目标是敌、是友还是中立方并非易事。再者,随着非对称冲突的日益增加(正规军对阵组织松散的身着便装的敌人),常规交战中危及中立方的情况也越来越多(特别是当地平民和参与援助的非作战方,他们的外表难以与敌方区分)。

如果未来战争中误伤事件的伤亡数真的上升,那么误伤的后果有多严重? 误伤的意义显然比数字本身所表明的更为显著。例如,就英国而言,在作战区域交通事故中死亡的军人数目远多于误伤导致的死亡,但后者却能通过媒体引起公众关注。后果表现在两个方面:军事后果和政治后果。对误伤的军事后果评估并不是直接的。一方面,可以说整体伤亡数字较小,所有参战方皆明白,伤亡是难免的,而其中一些伤亡来自误伤。所以,尽管本身是惨剧,但误伤在作战上并不算是重大问题。另一方面,随着军队规模继续削减,任何损失均会比以往显著,而且在不对称战事中,平民伤亡会招致明显的作战不利因素,即损害军方与当地人民的关系。同理,发生误伤的可能性会构成作战障碍,即阻止迅速及早投入交战(而新型作战技术正是起到这个作用),而且若在类似情形中最近发生过误伤事件,则这种恐惧心理尤其具有影响力。另外事实已经证明,误伤会削弱相互信任,进而挫伤作战部队的士气和信心,在发生跨组织(特别是国家级组织)边界误伤事件时尤其如此。

误伤的政治后果则显得相对明确。以英国的情况为例,只要英军部队内部曝出误伤,就会引发相当大的国内媒体关注[4];尽管一开始对外宣称是敌方火力导致的伤亡,但媒体人员还是有意深挖这些事件属于误伤的可能性。例如,2003 年 3 月 30 日,海军陆战队士兵麦迪逊(Maddison)在祖拜尔河(Khawr Az Zubayr)阵亡。初步报道将他的死亡归咎于"看不见的伊拉克部队"。但是,一部英国广播公司(BBC)纪录片后来揭示,麦迪逊之死很可能是误伤事件。皇家海军调查委员会的后续调查发现,BBC团队的猜想是对的(MoD,2006)。这样的媒体关注可能会产生政治后果,影响到国内的竞选。在其他国家也卷入袭击本国受害者的情况下,这种政治后果尤其明显。这种情况我们过去见过。譬如,2003年伊拉克战争中,美军A-10攻击机对英军侦察车队的致命误袭,媒体评论时就带有相当大的敌意(Anon,2007;Evans,2007;Payne,2007)。

因此,2003年伊拉克战争中发生的战场误伤事件,比如一辆英军"挑战者"坦克被英军己方火力误击、一架英国"狂风"战机被美军"爱国者"导弹系统击落以及英军"弯刀"装甲车被美军A-10攻击机袭击等,这些事件产生的政治后果远大于无辜殃及的人员和武器装备的数量。对于期望武装部队拿出更高表现水准的公众来说,这类事件令人在情感上和政治上均难以接受(不论特定误伤事件的作战后果多么微不足道),而且很有可能会对作战区域的服役人员产生不利影响。

从更广泛的角度来看,涉及平民或外国公民的误伤事件可能产生严重的政治后果,不论国内媒体对这类事件的报道态度如何。例如,1999年5月8日(北京时间),在北约针对南斯拉夫联盟共和国的政治和军事基础设施实施军事行动期间,中国驻南斯拉夫联盟共和国大使馆遭到轰炸。此事引发很大的国际外交反响,至少可能对整场作战行动产生了严重不利的影响。

总而言之,误伤(定义见本章)的后果远远超出了眼前作战局势,而误伤率极难降下来。那么,怎样才能减少误伤呢?

## 3.3 潜在的解决方案框架

许多为改善误伤局面提出的思路都在寻求技术解决方案。可是,误伤大多数,或者说几乎全部会涉及人为因素。即使在涉及纯自动系统的情况下也是如此,如2003年美国"爱国者"导弹系统向英军飞机开火,其中自动搜索、目标优先次序和开火的参数设置却都是人为决策的结果。因此,合乎逻辑的做法是,不论是在技术项目研发的各个阶段,还是在人员战备方面,

# 第 3 章
## 误伤问题及其潜在解决方案综述

都应当仔细考虑采取哪些措施来降低人为因素导致误伤的概率。解决误伤问题必然需要系统性的方法,人为因素和技术途径都必须包含在内,即使是最纯粹的技术手段也必须适当考虑使用技术时的人为因素。

本节构建了一个概念框架,以求获得从系统角度防范误伤的各种方案。这对本书来说有着重要意义,不仅提供了一种通过利用多个变量的方法来分析误伤问题的解决方案,还提供了一个引出本书其他内容和见解的框架。

构建这个框架的第一步是将应对误伤问题的措施分为人为因素和技术因素(图3.1)。图3.1"人为"与"技术"因素之间的实线表示,在一个整体误伤防范系统中,需要两者结合。

图 3.1 误伤应对措施概念框架(第一阶段)

### 3.3.1 减少误伤的人为手段

从逻辑上讲,误伤的人为应对措施可以细分为两大类别:作战之前和作战过程中采取的措施。对于战前措施,最好将这些措施视为分成两个不同的时间范畴——长期和短期。长期措施围绕装备设计,而短期措施涵盖个人和团队的战前准备。

装备设计对误伤发生概率具有深刻影响。大型作战装备采办过程并非短期的事,而令人遗憾但又不可避免的是,装备的实际使用与采办期间设想的情形很难吻合。不过,原则上,由于战斗是一种高压情境,所有军事装备均应围绕着作战环境(冷/热、干/湿、嘈杂、敌方行动、混乱等)中的个人使用而设计——这时的人员不仅是疲惫、恐惧、愤怒和兴奋的,还可能处在饥渴交迫中,心不在焉地执行任务。说得委婉一些,这种环境下,这些人员几乎无法发挥最佳水平。此时信息很可能是零碎不完整的,而即使信息准确而及时,士兵吸收信息的能力也可能有限。在此背景下,简单易懂、便捷操作的指挥控制、监视和目标捕获系统以及武器系统就显得非常重要了。例如,"挑战者"2坦克的同轴机枪在设计上未采用近距离瞄准系统,导致皇家坦克团的罗伯茨(Roberts)中士于2003年3月23日被己方连队一名战友误杀。这套武器系统(瞄准器和机枪)是为射击400米以上距离目标设计的,机枪设计与400米以上距离的视线一致(MoD,2006)。这意味着,在几米的近距离内,它是远远偏离瞄准点的。不幸的是,当机枪发射时,罗伯茨中士刚好站在这个危险区内。而系统设计中也没有警告射手这一危险的机制,所以射手毫无顾虑地开火了。

同样地,就算系统设计在技术上适用于所有交战情景,但交战序列越复杂,在高度复杂的作战环境中发生人为失误的概率越大。正如奥斯珀和库克(Allspaw et al., 2010, p.108)在其他语境下所说过的,"复杂系统的自身性质决定了它们存在不可避免的固有风险"。

从短期来看,在军事人员战备方面,通常可以采取许多措施来降低误伤风险。这些措施一般以军事训练为中心。原则上,个人和团队会接受训练,学习安全合理地操作个人武器和多人维护的系统,而且他们还会接受战术、技术和规程训练,以提高战场作战效能。通过训练,他们学习利用目视和(若条件适当)图像增强器材(近红外)及热成像仪(远红外)等设备来辨别外形、制服、颜色等,从而识别出敌我双方的人和车辆。他们还要学习理解和参与到指挥控制系统中,尤其是交战规则的本质及其应用原理。他们需要在身体和心理上都尽量做好充分准备,足以应对艰苦作战环境和与敌接触过程中出其不意的遭遇(这可能导致轻率交火)。这些措施通过部署前夕进行一段时间的强化训练来完成,训练内容与具体作战行动相关。例如,英国陆军会安排作战单位事先参加作战训练顾问大队(OPTAG)的强化"部署前训练",所有这些都是通过战区内巩固训练最终完成(MoD,2010)。

然而,实际上,依靠训练来实现预期作战效果是有缺陷的。例如,当时的紧张和压力可能导致失误、无法将哪怕最为全面的训练付诸实践,除此之外,个人或团队可能发展一些捷径,以更快或更轻松地完成任务,但却违反了规定的训练原则。他们甚至可能会发展出不择手段的习气,以牺牲他人为代价来完成一些任务。

另外,在战斗过程中还会实施进一步的人为措施。其中一些重大措施,包括为解决作战分歧和消除阻力因素采取的措施,比如采用常备作战规程和战斗演练、行使领导力和使用交战规则。考虑决策背景也很重要,这个背景不仅包括战斗本身,还包括指挥链的指挥控制关系,下至决定射击的射击手一级,尤其是指挥链上各个环节之间存在的信任度。

这些考虑因素有助于构建第二阶段的概念框架,详见图3.2。

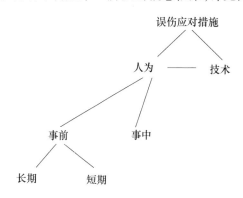

图3.2 误伤应对措施概念框架(第二阶段)

## 3.3.2 技术解决方案

数年前,当北约国家达成共识,在北约范围内构建一种识别系统架构,一套简单但强大的技术架构应运而生。这一架构设想了两个同时运行的子系统:一个系统是提供点对点目标识别功能,另一个则通过迅速及时的信息交换提供综合全面的信息阵列。这样,射手通过承载信息的子系统,能够充分掌握局势(态势感知),知晓全部敌方、友方和中立目标的位置,所以不会误击目标,或者通过射手对目标直接识别机制,其他目标会受到保护,不会遭受误击。二者皆不完美,因而需要彼此互补。这一架构可并入整体框架(图3.3)。

在考察潜在技术识别系统之前,我们需要简单审视一下系统中的人为要素。认为系统和人相互分离的想法是极其错误的,因为若我们从最终影响来看,识别系统应包括操作员,操作员是构成系统的一部分,而不是单纯的系统附属物。由于很多目标决策是在极其复杂的环境下作出的,因此构建的这种系统要使作战人员有条件进行正确分析并作出正确决策,这是非

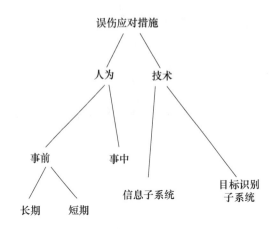

图 3.3　误伤应对措施概念框架第三阶段

常重要的。不要忘记,在战场上,决策者一般不是处在最佳状态,这一点前文已经谈过。在紧张、高强度的战斗中,任何含糊不清的显示结果都可能被误读,任何不熟练(不便捷)的设备操作都将必然导致出错率上升。所以,我们在系统设计上应该重视以人为中心,从而提高态势感知能力,并提供直接的识别能力。不过,历史一次次表明,出于军方采办系统尽快服役和不超预算的考虑,这些因素往往被轻易地忽略。

### 3.3.3　态势感知系统

随着通信系统和数据压缩管理技术的进步,各级军事组织,只要有接收和显示设备,就能收到及时综合作战图像。因此,至少在理论上,致命武器相关的每位指挥官应使用英国"弓箭手"无线电系统及其相关软件应用程序等系统,获取充分的态势感知,从而就任何目标的身份做出准确判断。虽然这一理念仍然面临诸多技术挑战,尤其是在通信容量、数据管理和终端显示等方面,但这样的系统已经能够用于适当地传递信息了。只是目前仍然存在相当大的难度,特别是在变化无常的作战环境中,所以这类系统的实用性受到限制,无法提供足够的目标识别功能来分辨友方、敌方和中立方。首先,在做出决策的那一刻,必须确保信息的准确性,即使几分钟的信息延迟,也可能导致在必须发射武器的危机时刻,系统显示有误信息。其次,显示和控制必须尽可能直观,确保系统中的人能够明白它传达的信息,再次重申,

# 第 3 章
## 误伤问题及其潜在解决方案综述

应该将人视为系统的一部分。

### 3.3.4 点对点(定向)目标识别系统

在整体框架中,最后一个类别涉及火力发射方与潜在目标交战前一时刻所使用的系统,称之为目标识别。技术出版物或公开讨论的战斗识别系统绝大多数属于这一类,它比持续发展的态势感知(SA)技术更加倍受瞩目(这一点值得深思)。本节介绍一个简单的描述式模型。在此模型下,我们可以将目标识别分成四大类,以下就这四大类的优缺点进行分析说明。

对于所有的目标识别系统,都存在两个重要的变量:一是潜在目标在识别过程中是否协同,二是射手在开火之前,其电子系统是否处于无源状态。这样就生成一个简单的四格矩阵(图 3.4)。

| 潜在射手: | 潜在目标:协作识别过程 | 非协作识别过程 |
|---|---|---|
| 电子信号的有源/主动状态 | 1 | 3 |
| 电子信号的无源/被动状态 | 2 | 4 |

图 3.4 目标识别矩阵

方格 1 系统包括所有的询问应答(Q&A)技术,比如在空-空和地-空敌我识别系统中涉及的当前成熟设备和编码技术。潜在火力射击方发射询问信号,而潜在目标通过回传预先设定的应答信号证实自己的友/己方身份。对空战来说,这当然是首选技术,而且在针对陆战战场目标识别的各类技术解决方案中,这类技术也是倍受推崇的。例如,北约标准 STANAG 4579 协议中规定了此类系统所采用的波长和信号编码格式,各个成员国也正在纷纷按照该协议设计、开发和测试相关设备。这类技术的优势包括:它们在空战领域中简单易懂,进而能够推而广之,并且在大多数情况下,也有望顺利应用到陆战战场的目标识别。然而,应用这类技术也存在特殊问题。其中包括,它只能提供对"己/友方"目标的确认信息,若没有应答,则意味着目标为"未知"。这些"未知"目标中除包括敌方目标外,还可能包括因设备故障、频率调错或代码设置错误而未应答的己方目标、设备不兼容的盟友,以及所有平民/民用目标。另一个特殊问题在于,若敌方能够截获询问或应答信号,那么就能获取对方的确定识别信息,从而在作战上给友方制造麻烦。

方格2中的系统主要依靠目标自身带有的固定标志或者标识来判断我(友)军身份,火力发射方无需发射信号对目标进行询问。第一代这种系统包括两次海湾战争中联军成员使用的迪高(dayglo)面板、国旗、闪光灯和特殊的热反射器。虽然这类设备比询问应答电子系统廉价,也无需射手使用任何专用识别装备,但目前在用的系统已经表明,这类设备为潜在目标提供的保护不足。在2003年的海湾战争中,快速喷气机在典型的武器射程内无法看清显示板和热反射器,即使是相对较慢的美国 A-10 近距攻击机飞行员也无法看清这些装置。比如同年3月28日,美军 A-10 攻击机在伊拉克误袭英军一个轻型装甲车队,皇家近卫骑兵团一等兵马蒂·赫尔(MoD, 2007)身亡。此外,任何闪光灯(即使在近红外光谱内)类的敌我识别手段都会向敌方暴露自己身份。

第二代系统(方格2)能够做出更加有效的应答,但成本也更高。例如,20世纪90年代,英国通用电气-马可尼公司(GEC-Marconi)与英国国防评估与研究局合作推出一款低功耗编码电磁信标系统,即"喜鹊"(Magpie)系统。在没有密钥解码的情况下,"喜鹊"系统的信号被任何接收机截获的概率极低(Lok,1998;Pengelly,1997);另一方面,带有解码算法的接收机能够成功解码"喜鹊"系统发出的信号,因而它是一个相对安全的系统。不过随着对抗更低截获概率的先进技术不断发展,这类系统可能很快寿终正寝。

方格1和方格2中的防误伤设备有望降低预期10%~15%的友军交战误伤率,但是这些设备无法对未知的误伤率"$+x$"起到有效作用,毕竟这类系统需要潜在目标以某种方式与潜在射手之间协同配合。这类系统无法为平民或非政府组织提供保护,因为它们很容易落入敌军手中,不能指望临时操作人员冒着生命危险去保护这些设备。那么,平民或非政府组织最好的做法是,像红十字会和红新月会一样,采用方格2中的无源标识(这种标识是国际公认,且受国际法保护的)进行自我保护。

现在我们继续讨论那些无需目标采取任何行动的识别系统,即"非协同目标识别系统",图中的方格3和方格4类别。在此阶段,我们只能笼统地从理论上谈这些系统,因为目前为止,这类目标识别设备尚未投入到任何生

# 第 3 章
## 误伤问题及其潜在解决方案综述

产和作战应用。

从概念上说,方格 3 系统让潜在射手能够发射电子探测信号识别目标。例如,理论上来说,这可以是一种激光雷达装置。它能够非常准确地对潜在目标成像,获取目标的表面轮廓,并与图形数据库进行比对匹配。鉴于各种车辆类型都具有独特的外形特征,一旦这类技术投入到战场使用,就能够为装甲车辆的准确识别提供很高的置信度。

方格 4 中的系统以某种被动方式探测和归类潜在目标的特征,并将结果汇集形成独特的信息集合,最终研判识别出目标属性。该技术的最简版本是由来已久的"装甲车辆识别训练"惯例(模式)。训练人员平时训练从各个不同角度观察装甲车辆的外观特征,并凭借这些特征知识在战场上识别目标。

更为复杂的系统是,将这种基于人类目视识别的理念进行升级,形成基于技术的"更宽可视识别"技术,但原理上保持不变。在这方面,可设想这样一个例子:系统通过可见光、近红外和远红外设备采集到实时图像,并利用软件将采集的图像与三个波段的图像资料库进行比对,从而在统计结果基础上给出正确的识别概率。

那么,方格 4 系统是否就是未来目标识别技术应该迈向的理想方向?许多人或许认为如此。毕竟,这类系统没有方格 1 系统的任何劣势,即不存在"未知"应答而引起的未知目标问题。而且,也没有方格 2 系统存在的固有风险——向敌方提供肯定的敌军识别。与探测设备(方格 3)不同,它不会泄露潜在射手的位置。但遗憾的是,方格 3 和方格 4 系统都有一个明显的缺陷,即仅仅按外形型式来识别目标。举个简单例子,这类系统都可以识别出 T-72 型坦克,但是无法判别出该型坦克是敌是我(友)。例如,1991 年海湾战争中,双方均使用了 T-72 坦克。所以,鉴于未来盟军由哪些军队组成是无法确定的,因此集中发展方格 4 中的系统装备显然不是明智之举。

综合上述分析,每类方格中的系统各有其潜在的不足,没有任何一类能够构成可靠的目标识别设备。它们能够做的只是向致命交战系统指挥官和成员提供相关信息,最终还得由人在此基础上做出是否射击的决策。而我们也很清楚,人在战场上并非处于最佳状态。图 3.5 在整体框架之中添加了目标识别矩阵。

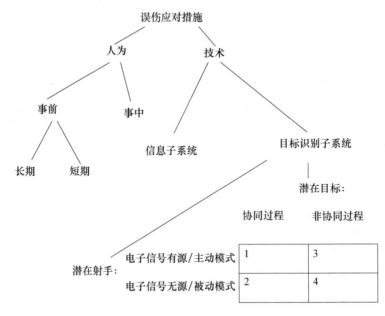

图 3.5 完整概念框架

## 3.4 评　　估

既然所有的防误伤措施都有各自的缺陷,或因系统中的人员在战场高强度压力下容易犯错,又或因尚不存在无懈可击的完美目标识别技术系统,那么我们未来有希望消除误伤吗?

至少从作者本人的观点看来,答案是现实且残酷的。在未来战争中,误伤现象永远不会消失。战场是一个高危之地,参战人员仍然会继续遭到己方的误伤,而且,即使10%~15%的友军误伤率还能够大大降低,但对于未知的"+x",我们又能做些什么呢?不过,这并不是说,当前事态无法得到改善。人为措施的系统性周详应用(包括有效的系统设计)将会减少误伤事件的发生。态势感知方面的技术进步有助于更好地掌握战场态势,减少射击决策失误,但前提是,研制出作战人员在激战中能够正确使用并易于理解的信息系统。精心设计和打造的目标识别系统(或许采用上文方格矩阵中的多种系统)将为防范误伤提供最后一道防线。如若应用合理,这些应对措施

# 第 3 章
## 误伤问题及其潜在解决方案综述

皆会降低误伤概率,同时带来其他优势,比如能够以更高置信度、在更远距离上更加迅速地锁定和打击目标。

然而,把注意力更多地集中在各种误伤防范措施,这可能也会带来它本身的问题,对此最好加以警惕:可能会造成过度谨慎情绪、交火延迟,以及否定其他技术优势;可能会助长对误伤致命后果的恐惧情绪;此外,还会占用本该投入改良武器系统等制胜装备的资源。毕竟,没有任何一种技术解决方案能够防止人为错误。各种差错失误仍然还将发生。摆在我们面前的艰难抉择是,错误避免应做到什么程度,以及值得多大的投入。这是误伤问题的一个重大背景要素,对此不存在直截了当的解决方案。

## 注 释

[1] 这是本章作者自己下的定义。它不一定适用于本书其他各章,个别作者可能采用自己的方法对待这个主题。

[2] 1991 年个人回忆。

[3] 官方报告尚未对外公布,无法通过公开渠道获取。但是,这类调查的精神体现在肯尼思·斯坦维格(Kenneth Steinweg)上校的美国陆军战争学院出版物(Steinweg,1994)和发表在《Parameters》上的文章(1995)之中。

[4] 例子不胜枚举。参见 Judd(2007),Payne(2007a),Sweeny(2007),Yeoman(2007)。

# 第4章

# 从21世纪战场空间风险管理层面审视误伤

约翰·艾什

## 4.1 引　　言

风险管理技术对于解决误伤问题并不是灵丹妙药。尽管如此,风险管理技术是支持军事决策、限制误伤影响的必要工具。之所以将风险管理技术用于解决现代战斗问题,并非是顺从格温·戴尔(Dyer,1985,pp.33 - 140)所批评的战斗"管理"学派(这在越南战争中尤为明显),也并非出于"战场上一切因素皆可准确枚举"这样的观点(Allen,1987,p.80),而是一种系统性地尝试,旨在约束军事活动中普遍存在的某些不确定因素,同时将专业军事判断能力当作组织学习过程的一部分[1]。

在本章中,作者将误伤定义为"使用武器和弹药导致己方/友方人员意外死伤"。因而,这一定义涵盖了史蒂文森上校(Stevenson,2006)所指的各种情况,但并不包括战场谋杀行为,比如士兵蓄意用炸弹杀伤军官,或针对曾经遭受过的误伤行为对友方部队实施致命报复。它也不包括对中立方人员和相关资产造成的损害,即便相关,这方面也是一个相对独立且严肃的问题。

## 4.2 "风险"概念

纵观历史,尽管对风险性质的看法在不断发生变化(Bernstein,1996),但

# 第4章
## 从21世纪战场空间风险管理层面审视误伤

风险本身仍是军事活动的一个必然特征。事实上,对许多人来说,在冒险的外壳下,风险一直是军事活动的一种吸引力(Dunnigan,1982,p.213),过去如此,未来很可能仍然如此。因此,风险管理方法直到近些年才被纳入作战实践也并不意外,之前只是系统性地应用到工业和其他民用领域。这从公开的当代军事手册中即可见一斑[2]。人类每天都要做各种充满风险的决策。自古以来便是如此,当然军事史也不例外。实际上,随着近代科学推理的发展,社会上对待风险管理的态度受到很大影响。风险管理历史学家倾向于认为,将概率视为受数学规律支配的观点从17世纪开始受到认可。在此之前,概率被视为宇宙中的一种原始事实——结果皆是上天注定的(Bernstein,1996),但是,即使到了今天,在风险管理方面求助于超自然力量的风俗仍然盛行。士兵可以祈祷的对象至少有14名圣人和代祷守护神,包括圣乔治和圣女贞德,但从政人员的神圣代表只有一人——托马斯·摩尔(Thomas More)。或许,守护神的数目与某一行业中的感知风险存在一定的相关性[3]。

1657年,荷兰物理学家、天文学家、数学家惠更斯(Huygens)发表了一本关于概率论的教材(Bernstein,1996)。到1662年,作为法国神学家帕斯卡(Blaise Pascal)和数学家费马(Pierre de Fermat)合作的成果,巴黎波尔罗亚尔(Port Royal)修道院成员发表一本名为《逻辑学》(*Logic*)的专著。这本书将"概率"界定为"按一定频率发生的一系列事件"(Bernstein,1996,p.57;Redus,2007,p.2)。人们认识到,人类死亡等事件可以从统计学角度加以研究,比如从约翰·冈特(John Gaunt)(Bernstein,1996,p.57)和埃德蒙·哈雷(Edmund Halley,1693)的著述中可见一斑,从而可以用一个简单的公式来界定这类事件的风险[4]:

$$R = P * I$$

式中:$R$表示风险;$P$表示在单位时间内最终发生这项风险的概率;$I$表示风险事件的影响。

所以,风险是在某一特定时间期限内,某种特定结果(一般是某种影响或损害)所发生的概率。虽然在口语中,"危害"一词经常与"风险"一词混用,但"危害"还具有另外一层不同的含义,即"在特定情况下可能导致伤害的特性或情境"(Pritchard,2000)。每当我们确定为一项危害时,总会有一个导致"最终形成"此危害的风险值 $R$。也就是说,产生某种影响会造成人们不希望看到的后果。危害可被视作物体(弹药、激光发射器)、地点(沼泽、北极冻原),以及人员(狙击手、自杀式炸弹袭击者)的特性。显然,某个特定物体、地点或人可能构成的危害不只一种,而风险则是描述发生每种危险的可能性。举个简单的例子,我们来看看部队在寒冷气候区作战的环境性伤害危险,比如冻伤、战壕足或受寒等。根据坎德勒和弗里德曼(Candler et al., 2002)提供的统计数据,在 1943 年阿留申群岛战役的阿图岛作战行动中,冻伤的发生率是每 1000 士兵中有 80 人冻伤(8%)。因此,在寒冷天气作战情景中,假设作战条件和时长相同,对于一支 2000 人组成的部队,风险为 0.08 * 2000 = 160 人伤亡。可以从两个方面降低风险($R$):降低概率($P$)或减少受影响人数($I$)。如果这支部队配备优质防寒服并受过良好的防寒训练,那么损耗率或许降低 75%(样本数字):0.02 * 2000 = 40 人伤亡。在未采取降低风险措施(如改良服装和训练等)的情况下,为保持相同的风险结果(40 人伤亡),我们只能将部队规模缩小至 500 人。不过,这种选择的作战代价肯定是无法承受的。

为了改进风险等式,人们做了各种尝试(Smith,1996),但是总的来说,认为它仅由两个关键要素构成:一是可能性,通常用百分比表示;二是不希望发生的结果,通常用数字表示,如死亡人数或金钱损失数额。式中这两个项应用的数值都是在事件历史观察结果或分析流程基础上确定的(Browning,1980;Smith,1996;Stricoff,1996)。

## 4.3 误伤影响估算

在风险方程式中,误伤伤亡属于"影响"项的关键部分,可通过以下步骤确定:先估算特定军事行动中的误伤伤亡总数,再用一个可能的比例得出误伤死亡数。

第一次海湾战争(1991)让误伤伤亡问题毫无掩饰地进入公众视野,此后进行的各项研究将早前 2% 的估计值修正为 10% 左右(Steinweg,1995)——之前施雷德(Shrader,1982;1992)和迪普伊(Dupuy,1990;Steinweg,1995)推定,行动中归咎于误伤的友军死亡人数不足 2%。作为一般

# 第4章
## 从21世纪战场空间风险管理层面审视误伤

计划措施,乍看之下,这个比例或许总体上适用于得出任何给定冲突可能的误伤损失人数。然而,我们应该采取更加谨慎的态度并认识到,随着武器系统射程和杀伤性的日益增大、夜间交战更加频繁,且敌我双方使用的作战装备和制服越来越相似(Stevenson,2006),21世纪冲突的性质正在发生变化。因此,根据美国国防部1991年海湾战争数据(US DoD,1991;Bundy,1994),估算的友军误伤比例占伤亡总数的23%,这或许是更加准确的测算。

更加诚实的规划方法是,向高级参谋军官和政府官员提供一个估算表(如表4.1所列),从最小概率、可能概率和最大概率3种分布形式提供21世纪重大作战行动的误伤预测数据。

最佳情况下统计的误伤数据源于1991年海湾战争。空战方面,未记载有任何空对空误伤事件,并且所记录的1架飞机毁损(由于地对空误伤而导致)中,也未造成任何人员伤亡(Bundy,1994,p.6)。误伤损失仅限于空对地和地对地交战(同上)。最糟情况下统计的误伤数据源于1943年8月阿留申群岛战役收复基斯卡岛的"茅舍行动"(Operation Cottage),当时大约35000名加拿大和美国士兵在白天袭击该岛,在大雾中交战,一直持续到晚上。可是,岛上根本没有敌军,在24小时的持续交战中,友军彼此误认对方为敌军,造成24人死亡和多人受伤(Garrett,1992;Steinweg,1995)。

在预测可能情形下的战斗伤亡时,美国陆军野战手册FM 101-10-1/2(1987)第4-9节及后文等给出一组基于第二次世界大战和朝鲜战争统计数据的计划表[5]。而最近的伤亡估算方法使用了微分方程或分形损耗方程(Lauren et al.,2007)[6]。但是,仅靠估算可能的伤亡数字无法了解误伤的全部潜在影响。美国陆军经验教训学习中心列出了对作战行动不利的若干影响(1992)。表4.2再现了这一列表,并新增了三个潜在政治损害条目,描述了误伤伤亡可能对国内外支持造成的影响。一场激烈的争论在很大程度上否定了这样一种假设,即美国公众厌恶误伤伤亡风险,取而代之的是另一种深思熟虑的总体模型,该模型可以判断战争损失与预期的作战成功相比是否适度,同时也考虑了一些背景因素,如任务类型、国际支持情况和政治党派关系等(Gelpi et al.,2005;Hyde,2000;Klarevas et al.,2006)。

表 4.1　误伤伤亡计算

| 情形 | 己方部队伤亡比例 | 来源 | 理由 |
| --- | --- | --- | --- |
| 最糟 | 100 | 一场 24 小时交火的全部战斗伤亡(采用首选方法确定) | 第二次世界大战中盟军收复基斯卡岛(除了地雷和诡雷) |
| 可能 | 23 | 一场使用现代化武器和战术的交战的伤亡比例 | 海湾战争 |
| 最好 | 0 | 与历史最好情形进行简单比较 | 海湾战争(仅空对空作战) |

表 4.2　误伤伤亡产生的潜在损害

| |
| --- |
| 在开展低能见度行动前犹豫不决 |
| 对作战单位领导力丧失信心 |
| 加深领导人的自我怀疑 |
| 犹豫是否使用支援作战系统 |
| 作战单位受到过度监督 |
| 丧失主动性 |
| 在火力和机动中丧失攻击性 |
| 扰乱作战行动 |
| 不必要的战斗力损失 |
| 凝聚力和士气普遍下降 |
| 失去国内政治支持 |
| 失去盟国政治支持 |
| 损害吸引未来盟国支持的能力 |

然而,这项研究并未具体涉及误伤伤亡的可承受度,也未说明他国历史上对误伤伤亡的承受限度(Palazzo,2008)。毋庸置疑,误伤会影响高级军方领导人的判断(Palazzo,2008;Shrader,1992;Wittnam,2003)。在莱斯利·麦克奈尔(Lesley J. McNair)中将因误炸而死(1944 年"眼镜蛇"行动中,盟军轰

# 第4章
## 从21世纪战场空间风险管理层面审视误伤

炸导致的814人伤亡,其中之一就是麦克奈尔中将)之后,艾森豪威尔将军决定在近空支援中不再动用重型轰炸机(Shrader,1992)。虽然艾森豪威尔的态度后来有所改变,而且这次行动最终也证实是一次成功的行动(出处同上),但显而易见,正是误伤事件限制了艾森豪威尔作出选择。历史上还有另一个著名案例:美国内战期间,在杰克逊将军被自己人误杀后,罗伯特·李将军悔恨不已,这种情绪大大影响了他的判断力,对他在葛底斯堡战役中的指挥产生不利影响,而且或许也影响了美国内战的结局(Wittnam,2003)。

## 4.4 风险管理策略

由于风险等式由两个要素构成,因此可通过一个图表进行分析。

图4.1描述了一个界定空间内风险特征,它由两条主轴(即风险等式中的两个项)构成。根据传统方法,风险管理包括四大基本策略(Hogg et al.,2005),分别对应于图4.1中的四个区域。

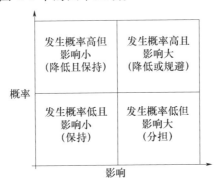

图4.1 分区界定管理战略的风险图(Vaughan,1996)

(1)对于发生概率高且影响大的风险,应规避或降低。
(2)对于发生概率低但影响大的风险,应分担。
(3)对于发生概率高但影响小的风险,应降低且保持。
(4)对于发生概率低且影响小的风险,应保持。

在军事上,上述策略可以描述为:"规避"概率高且影响大的风险,其方法在于,不开展计划行动、不使用特种弹药或作战装备、不进入极高风险区。

"分担"发生概率低但影响大的风险,其方法是与盟友协同作战;"降低"误伤风险涉及采用相应措施。在军事实践中,风险降低手段包括使用敌我识别应答机或身份标识等设备,通过识别演练等训练,以及贯彻落实条令、程序和战术。另外,或许还可加上一条——挑选技术能力最强的精干人员。最后,发生概率低且影响小的风险可以"保持"或接受,视之为军事活动不可避免的伴随产物。

但是,在战场上,分担作战风险"普遍性"的做法可能反而会增加误伤风险,尤其是在联军使用的制服或其他装备、语言以及程序等不为友军所熟悉或与敌军相似(后一种情况更糟糕)的情况下。史蒂文森(Stevenson,2006)指出,各国作战制服和装备日益相似。因此,在现实中,风险管理仅可通过使各种风险相对平衡来实现,而误伤仅仅是其中一种风险。然而对战斗风险平衡的需求,绝不应该用作是无法避免友军误伤的借口。

任何使用图示法管理风险的系统性尝试均会直接导致一个明显问题,即无明确规则来划定区间的界线(图 4.1)。不仅可靠的概率和损失数据往往难以获得,而且区间界线也是人类风险承受力的一个函数,即由社会信仰(Douglas et al.,1982)、特定利益相关者群体成员身份以及个体属性(如年龄、性别)等塑造而成的认知能力。在风险管理中,存在一些规避损害的一般规则。可对这些规则作出如下描述[7]:

(1)切勿承担自己承受不起的风险。

(2)考虑概率大小。

(3)切勿因小失大。

约翰·阿戴尔(John Adair,1973)指出,军事上的损害可大可小,具体可按职能[8]领导力的构成要素(即任务、团队和个人)来衡量。所以,相关风险可描述为:错失作战目标、作战单位受到损害以及个别士兵丧命。这里存在相互关联、但类别截然不同的现象:从严格的逻辑上讲,如果要拯救一支作战部队,或许不得不牺牲一名士兵;或者为了保住或获取一个关键作战目标而牺牲一个作战单位。不过,战场上的情形往往比这要复杂得多。将这些历史悠久的准则应用到战场上,在某种程度上取决于一个人所属的军事利益相关者群体(Dyer,1985,p.127)。因此,在战场上,一个小队或许随时会冒险(不论是否经过许可)救援一名战友,但通常不会在不考虑伤亡的情况下试图达成一个作战目标。

从目前公开的军事手册来看,军事决策首先要考虑的是完成军事行动任务,然后才是团队或个人要素。例如,《美国陆军野战手册 FM 90 - 10 - 1》第 1 - 14 节[9]规定,"在任何战术行动中,首要考虑的均是完成任务。"这句话摘自该手册中关于误伤问题的一节,反映了普遍的军事理念。不过,纵然这样的理念可能有合理之处,但仍不应将其作为忽视误伤风险的正当理由。

## 4.5 风险承受力

与社会上任何其他风险一样,战场风险的承受限度是由文化决定的(Douglas et al., 1982)。例如,在 1811 年的阿尔布费拉(Albuhera)之战中,部分英军步兵团遭受了很大的人员损失,比如第 3 步兵团减员 88%、第 57 步兵团减员 73%、第 31 步兵团减员 37%,但他们坚守阵地,直至法军被迫撤退。这让苏尔特元帅很是懊恼,他原本认为英军已经"完全溃败",自己胜利在望(Keegan et al., 1985, p. 47)。在那次的战斗中,英军士兵为了完成任务,付出了超乎寻常的代价。

战场风险往往在相互比较中被赋予一定的容忍程度。在极端情况下,为守卫阵地,指挥官或许会接受巨大的"预计误伤"风险(Stevenson, 2006),下令炮兵向自己所在位置开火,不惜代价打败突入己方阵地的敌军。据美国陆军军事历史中心(US Army Center of Military History, 2009)资料记载,1944 年在意大利索莫科洛尼亚(Sommocolonia)的一次战斗中,美国陆军中尉约翰·福克斯(John R. Fox)即做了这样的选择,死后被追授国会荣誉勋章。作出这种决策可能有,也可能没完全合乎逻辑的理由。例如,这类决策可能依赖对各种因素的冷静评估,比如认为进攻部队很可能比防守部队容易暴露在危险之中,或者认为一旦阵地被夺占,全体守军皆有可能免不了丧命。另外,敌方故意采用这种近距离交火战术,认为盟军宁愿接受失败,而不会接受误伤风险,那么向友军阵地开火或许是破解敌军战术的唯一途径[10]。

在评估误伤风险时应该注意,某些风险具有一些"令人恐惧"的特征(Slovic, 1987)。人们出于各种各样的原因害怕和担忧某些风险。例如,某些风险可能无法察觉或延迟发生,比如辐射损伤。某些风险可能会伤及无辜,比如有毒废物中毒,或者不易为人了解或难以减轻。那些强加的、或影响分布不均衡的风险也可能属于这一类。士兵或许在必要时甘愿为自己的国家赴死,但他们不会愿意看到自己死于一场毫无意义的事故。误伤导致的伤亡或许会对将要实施的缓解措施造成一种先入为主的观念,即它与名义上的损失不相称。如果在短时间内或在近距离空间范围内连续发生两起或多起误伤事件,则可能会大大削弱公众对军事行动各方的信心,将误伤事件理解为一种象征性符号。绝对不应忘记,"令人恐惧"的风险对记者来说是一个理想的报道机会,会吸引过多的公众关注。

## 4.6 作战风险与收效

考虑到任何一组特定风险都可能带来潜在收益或优势,冒险行为是有意义的[11]。再者,面对误伤问题,明智的做法是,不能忽视这样一个事实,即"安全"是一种动态的"无事件"(Weick et al.,2001,pp. 30 – 1)。安全体现在风险程度相对降低,而不是完全消除风险。所以,尽管难以量化,但应该做出的决策不应围绕"怎样消除误伤风险"这样幼稚的命题。而是围绕:"为实现军事目标,可以承受多大程度的误伤风险"。如果后一个问题的真正答案是"绝不能接受",那么必须避免风险,并放弃军事目标[12]。

## 4.7 误伤的因果因素

若不考虑相关因果因素,就无法妥善管控风险。误伤是指武器开火射击后,伤害到己方或友军部队成员的事故。只有在严格满足某些条件时,才会发生这样的悲剧,故可以将这个机制视为"机会轨迹",即如果危害产生影响,就会遵循这样的因果路径,用风险相关的科学专业术语来说,即是"最终发生"。图4.2简单直观地展示了误伤(由于目标识别错误)所需的一组必要条件。首先要有一组基本的起始情境,比如敌对状态和作战区域内部署的部队。若无这些条件,那么就没有理由动用武器,也不会有可能成为误伤受害者的友军部队。其他风险情况则简化为三个"条件":作战规程(条件

1)、训练和经验(条件2),以及技术(条件3)。

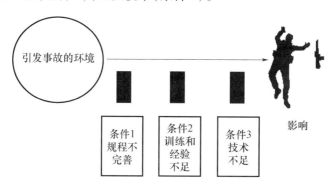

图4.2 误伤事件机会轨迹的直观表示(Reason,1997)

在图4.2中,部队对友军识别错误,向其开火,产生致命后果。之所以会误认,是因为识别规程不完善、开火的部队训练不足,以及缺乏相应的技术,比如良好的夜视辅助工具等。如图中所示,这些条件全都存在,因而最终发生危险,并产生了影响(伤亡)。相比之下,再来看图4.3。

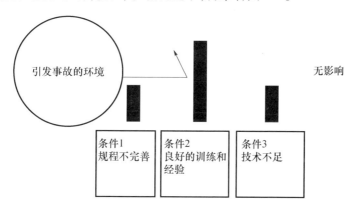

图4.3 误伤事件机会轨迹受阻的直观表示(Reason,1997)

在图4.3中,由于部队在目标识别方面进行了充分训练、经验丰富,面对不确定目标信息,没有盲目开火,因此引发事故的环境链被打断,且没有提供任何机会轨迹。这样,尽管规程不完善且技术不足(或者这两个条件即是起因),但部队的判断是明智的,因而没有产生不利影响。

降低风险是一个谨慎识别并切断机会轨迹的过程。每项降低风险的措施均会阻止造成危害的机会轨迹,并通过降低影响概率来减轻误伤风险。但是,在试图判定因果关系的过程中,这个世界的复杂性就显现出来了。图4.4借鉴了探讨这一问题的若干文献(Ayers,1993;Bowhers,1996;Bundy,1994;Grabski,1999;Rasmussen,2007;Shrader,1992;Steinweg,1995;Stevenson,2006;US Army Center for Army Lessons Learned(CALL),1992;Wang,2007;Waterman,1997),尝试绘制出可能在因果上影响误伤事件的诸多因素。

图4.4列出了在误伤起因背景中的若干经验教训。将误伤事件归咎于机械错误或人为错误,都是一种浅显、不公平的做法。战场上的人和器械均受许多前提条件的制约。其次,一旦作战环境让人筋疲力竭、不堪重负或受到误导,再有能力的人也可能出现失误。最后,或许一个事件的确切起因永远也不会为人所知晓。事实上,或许并不存在恶意或疏失——比如只是平时运行良好的复杂系统发生了故障而已。

## 4.8　误伤与风险管理

在介绍了风险理论的部分要素、战场风险性质和误伤在风险中所处的位置之后,现在我们把重点转向风险管理。因此,本节将介绍误伤风险实际评估及其风险降低的工具和流程,比较在风险降低前后的情况。此处介绍的资料是作者本人在风险科学公认原理基础之上创建的,目的是向不熟悉风险理论者和职责包括降低误伤伤亡的读者提供一个公开文献资源。

风险管理首先需要进行风险评估,而支撑风险评估过程的指导问题相对简单:

(1)风险暴露程度如何?

(2)可以在多大程度上减轻风险?

(3)承担剩余风险是否能够达成目标?

这些问题构成迭代过程的核心,如图4.5所示。该图交叉引用了后文详述的一组表格。

如图4.6所列为战场情境中普遍误伤危害的典型机会轨迹,它是在图4.4基础上建立的。

# 第 4 章
## 从 21 世纪战场空间风险管理层面审视误伤

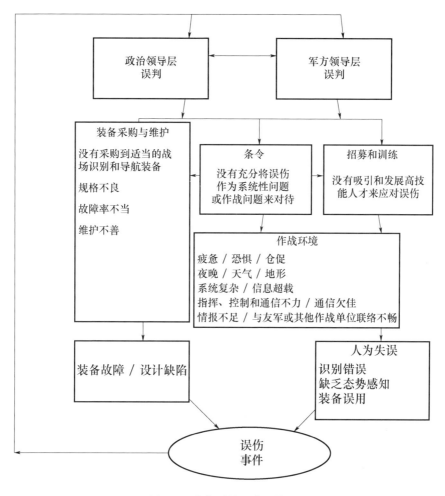

图 4.4　误伤因果矩阵一览图

如图 4.6 所示,误伤原因分为 4 类:(1)态势感知,即射手或受害者的定位失误;(2)目标识别错误;(3)技术故障;(4)武器使用不当。技术故障是指由设备故障引发的失误,比如卫星导航接收机误报位置,或制导武器导引头失灵等。武器误用包括在下达炮击命令时没有考虑到不同炮弹的重量,或没有适当考虑到各种弹药的危险半径。

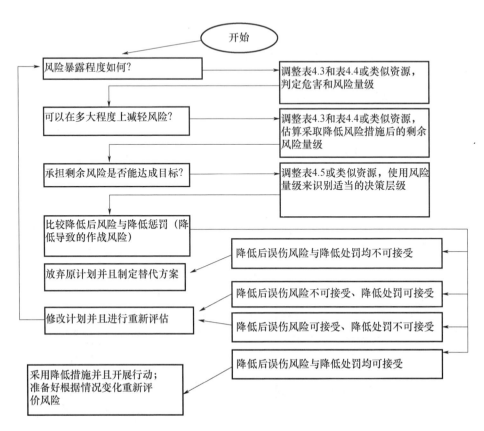

图4.5 误伤风险决策规程

| 误伤原因 | 应能阻止误伤的屏障 | | | 屏障失灵的后果 |
| --- | --- | --- | --- | --- |
| | 规程 | 训练和经验 | 技术 | |
| 态势感知 | (1)良好的指挥、控制、通信与情报；<br>(2)良好的睡眠纪律；<br>(3)针对360度/城市交战的预防性作战计划 | (1)良好的导航训练和经验；<br>(2)良好的通信训练和经验 | (1)适当且可用状态的导航辅助设备；<br>(2)适当且可用状态的通信系统 | |

# 第4章
## 从21世纪战场空间风险管理层面审视误伤

续表

| 误伤原因 | 应能阻止误伤的屏障 | | | 屏障失灵的后果 |
|---|---|---|---|---|
| | 规程 | 训练和经验 | 技术 | |
| 目标误认 | (1) 清晰的交战规则；(2) 良好的指挥、控制、通信与情报程序；(3) 良好的射击纪律；(4) 良好的睡眠纪律；(5) 针对夜晚/恶劣天气交战的预防性作战计划 | (1) 良好的识别训练和经验；(2) 良好的通信训练和经验 | (1) 适当且可用状态的瞄准系统；(2) 适当且可用状态的通信系统/敌我识别系统 | |
| 技术故障 | 良好且应用得当的维护程序 | (1) 良好的装备保养训练和经验；(2) 良好的装备使用训练和经验 | (1) 适当且可用状态的导航辅助设备；(2) 适当且可用状态的通信系统；(3) 适当且可用状态的武器 | |
| 武器误用 | (1) 良好的射击纪律；(2) 针对城市交战的预防性作战计划 | 良好的武器系统训练和经验 | 尽量减少人为失误的装备设计 | |

图4.6 采用各类屏障时，一般误伤事件的机会轨迹

显然，战场态势很可能要比图4.6所示的4种因果路径复杂得多，而且在同一时间可能不只一个机会轨迹涉及或促成事件的最终发生。不过，总的来说，阻止各类误伤因素与受害者之间发生因果关系的屏障可归入三大类别，即作战规程、训练和经验以及技术；这些屏障代表战场指挥官在所有控制范围内的态势要素。

图4.6是对事故过程和干预屏障的一种描述形式，俗称"瑞士奶酪①防御模型"(Reason,1997,pp.7-11)。詹姆斯·雷森(James Reason)非常恰当地强调，该模型中的干预屏障可相互渗透、处于不停运动状态，从而不断

---

① 原文为"Swiss Cheese"，原指源于瑞士的一系列带圆孔独特奶酪的总称，此处表示一系列可渗透、相关联的事物。——译者注

地打通和封闭事故发生的通道。但是,图4.6建立在一个略微不同的概念之上。图4.6中的风险降低因素块并非绝对屏障。事实上,这些风险降低因素更加接近于连续的层层防护,使防止误伤风险的信心递增,但是不能作为绝对的保证。任何单一因素本身都不足以解决这个问题。关键问题在于:"在怎样的作战环境下、以何种代价与风险,这样做会产生多大的有利影响?"

为此,各种电子和光学辅助工具和技术解决方案应运而生,作为应对误伤的补救措施。毫无疑问,许多措施降低了一定的风险(Stein et al.,2006)。但是对于每一种设备,都必须确立正确的安装、维修保养、训练等规程。即便如此,昂贵的新型设备或许在某些情形下能够减少误伤,但也可能向敌方提供侦察对抗[13]的机会,反而被敌方利用,从而误对敌方进行肯定识别。如果徒步士兵使用,那么额外技术难免会给步兵单位中的部分成员增加重量负担,但如果安装到车辆或飞机平台使用,又可能加大工程设计难度和电子电气系统的复杂度。

表4.3~表4.5是工具示例,可用于图4.5中的误伤风险评估流程。这些工具并不是规范的,而是为确立类似的辅助工具提供信息,供战区使用,用于指导和适应模板。类似资源参见《美国陆军野战手册FM 3-21.21》(US Army,2003)和为近期行动编制的风险卡(Boatner,1993)。风险暴露程度可通过在表4.3中插入适当的数值进行评估。表4.4中,误伤风险最终发生的可能性(概率)与定性评估等级1~5对应。考虑到预期可能的(非详尽)构成因素,(表4.3)在每项风险因素相邻的"风险等级"一栏中录入了构成因素的最高等级评分。然后,尝试从每一风险降低因素(非详尽)列表中确定提供最大程度控制的因素组合,再使用表4.4为4个类别创建风险降低后的评分。根据经验法则,规程、训练和技术均应构成风险降低过程的一环,而且每一机会轨迹至少应有2个环节能够阻止。结果是产生了一个包含2列4个数值的列表,这些数值均在1~5分值区间内,其中同一行的第2个(剩余风险)数字明显小于第一个。考虑到会采用其他措施来揭示可能的风险降低程度,应重复迭代使用表4.3和表4.4。表4.3并不完整,除非在最后一栏加上注释,以确定各项风险降低措施引起的作战风险(例如,敌方反侦察对抗措施)。

# 第4章
## 从21世纪战场空间风险管理层面审视误伤

**表4.3　未来可能的误伤风险评估表**

| 误伤风险 | 风险构成因素 | 风险等级（1~5级，参见表4.4） | 风险降低措施 | 降低风险后（1~5级，参见表4.4） | 风险降低措施导致的作战风险（敌方侦察对抗、暴露在敌方火力下、任务损害）（1~5级，参见表4.4） |
|---|---|---|---|---|---|
| 态势感知 | 环境：能见度低、不熟悉、能耗大及其他 | | 规程：导航、火力控制、通信 | | |
| | 人员：缺乏最新导航/装备训练、缺乏经验、疲倦及其他 | | 训练：导航规程、导航装备、环境 | | |
| | 技术：适用性差、不适合任务/环境及其他 | | 技术：选择、保养、备用 | | |
| 目标误认 | 环境：能见度低、不熟悉、疲惫、拥堵、误导及其他 | | 规程：交战规则、火力控制、通信 | | |
| | 人员：缺乏最新识别/规程/装备训练、缺乏经验、射击纪律欠佳、疲倦及其他 | | 训练：识别、规程、装备、环境 | | |
| | 技术：适用性差、不适合任务/环境及其他 | | 技术：选择、保养、备用 | | |

续表

| 误伤风险 | 风险构成因素 | 风险等级（1～5级，参见表4.4） | 风险降低措施 | 降低风险后（1～5级，参见表4.4） | 风险降低措施导致的作战风险(敌方侦察对抗、暴露在敌方火力下、任务损害)(1～5级,参见表4.4) |
|---|---|---|---|---|---|
| 技术故障 | 环境：影响武器性能和适用性、其他 | | 规程：维护和武器使用 | | |
| | 人员：缺乏最新维护训练 | | 训练：识别、规程、装备、环境 | | |
| | 技术：适用性差、不适合任务/环境及其他 | | 技术：选择、保养、备用 | | |
| 武器误用 | 环境：能见度低、不熟悉、对武器性能的陌生影响及其他 | | 规程：武器使用 | | |
| | 人员：缺乏最新火力控制/规程/装备/武器训练、缺乏经验、疲倦及其他 | | 训练：规程、装备、环境 | | |
| | 技术：适用性差、不适合任务/环境及其他 | | 技术：选择、保养、备用 | | |

# 第 4 章
## 从 21 世纪战场空间风险管理层面审视误伤

表 4.4  可能性的主观分类

| 可能性评估 | | | | |
|---|---|---|---|---|
| 1 | 2 | 3 | 4 | 5 |
| 极不可能 | 不大可能 | 可能 | 很可能 | 极有可能 |

表 4.5  风险可承受力评估表

| 任一因素的风险源 | 可承受力评估：风险降低后 | | | | |
|---|---|---|---|---|---|
| | 1 | 2 | 3 | 4 | 5 |
| 风险承受力 | 可承受度 | 为实现清晰的作战目标而可承受 | 为实现重要的作战目标而可忍受 | 不可承受，除非只能通过这一途径达成具体作战目标 | 不可承受，除非在特殊情况下 |
| 任务计划阶段的授权水平* | 班/排一级军官和军士 | 班/排一级军官和军士 | 班/排一级军官和军士 | 作战单位高级指挥官 | 战区指挥官 |

\* 一旦开始某项行动，负责巡逻的班组级或排级编队军官和军士可能需要被授权采取可能造成更大误伤风险的措施——例如，在极端情况下下令炮击己方阵地。

最后，还应考虑目标是否值得承担剩余风险。表 4.5 为这个问题提供了前瞻性指南。该表将风险降低后的分值与两个构成因素关联起来。首先，表中有建议哪个级别的军人应负责采取行动决策。事实上，具体选择包括继续任务且承担风险，或者重新计划并寻求采取风险降低措施，或者规避风险（即放弃行动或避开具体区域）。第二个因素是将降低风险后的分值与潜在作战收益关联起来，这是任何风险决策中的关键要素。

本节最后就风险评估提出两点建议。第一，战场指挥官绝不能低估时间压力、疲惫和复杂度对各级人为决策质量的影响。第二，决策系统本身可能发生差错。随着复杂程度的增加，即决策过程中咨询人数、连接点或环路数量的增加，出错概率也会上升。

## 4.9  技术设计与人类脆弱性的风险

误伤风险管理的一个重要方面是解决计算机化的作战管理系统和其他

技术辅助工具中所固有的某些风险。表面看来,这似乎违反常理,因为很多文献中都在大肆宣扬技术对于辅助战场识别方面所取得的成就。例如,霍金斯(Hawkins,1994)引用的其他材料曾提到,避免目标识别错误可将误伤率减少约39%(以"沙漠风暴"行动为例),在以往的主要冲突中,目标识别错误导致的误伤率一般为26%[14]。斯坦因和菲耶尔斯泰特(Stein et al.,2006;Pharaon,2010)在报告中说,密特公司(Mitre Corporation)称,在"伊拉克自由行动"的初期阶段,伊拉克西部战区没有发生误伤事件,这应该归功于蓝军跟踪系统的"网络中心战"能力。但是,在通过技术来减轻误伤风险的过程中,应该认识到,这类系统本身在某些情况下或许并不能达到完美效果,这一点很重要。还有,这些技术可能会让操作人员混淆不清或超出了操作人员的能力,从而导致人为失误(Stanton et al.,2009)。

这个问题的管理涉及三个方面。在系统采购期间,需要严格应用诸如系统性减少人为失误和预测途径等方法(SHERPA)(Embrey,1986;Stanton et al.,2009,55),以确定在设计上可能引起的人为失误。其次,需要加强训练,以克服操作人员过度依赖系统或反应偏差的倾向(Greitzer et al.,2010)。这种训练应纳入系统采购包交付内容之一。最后,战场指挥官应以确定误伤出错率的方式,安排各自团队进行系统操作练习。然后,在这些出错率数据基础上,指挥官可以自行开展交战前风险评估。最好在精力充沛和疲惫不堪的团队身上重复这种练习,以确定因疲惫而导致的性能降级程度。

## 4.10 未来巡逻任务的防误伤措施

与图4.5中所列的评估程序相对照,图4.7描述了更大的风险管理过程。图4.7强调三点:第一,风险评估是军事计划工作中的必要环节。相比凭印象的做法,系统化方法有可能带来更大的效益。即使风险量级估计是主观的,评估过程本身也会使指挥官对重大危险敏感起来,提醒他保持警惕。第二,风险评估并不会因开展行动简报而中止。随着行动或活动的继续进行,指挥官需要根据形势发展和机会轨迹变化重新评价风险。第三,风险管理过程有一个反馈循环。巡逻情况、天气条件、地形条件、无线电性能和部队表现等因素均应反馈到评估与学习过程中。

# 第 4 章
## 从 21 世纪战场空间风险管理层面审视误伤

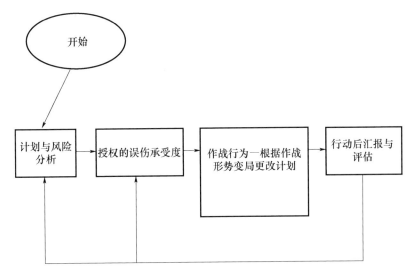

图 4.7　所用的误伤风险管理过程结构

行动规划过程应通过适用的模板或类似资源来报告,如使用表 4.3～表 4.5 建议的模板,或《美国陆军野战手册》FM 3 - 21.21(U.S Army,2003)中提供的资源。因地制宜非常关键,因为没有任何一种规定方法适用于所有当地情况,而草率或鲁莽行事反而会增加风险。下文提供了一个示例,可以结合表 4.3 一起阅读。在将本章模板适用到系统、并在作战环境中使用之前,应对其加以仔细研究。在考虑为表 4.3 中的机会轨迹设置屏障时,应该遵循这样一种指导原则,即针对每条轨迹始终设置至少两道有力屏障。最后,在误伤风险管理过程中,如果仅仅为机会轨迹设置屏障(规程、训练和装备),而不考虑风险降低措施带来的不利作战影响,这是不够的。应该特别注意敌方侦察对抗的可能性,同时还应注意己方人员配装更多应答机、信号弹和其他装备带来的负担和疲劳程度,以及交战规则过度复杂所带来的困扰。受交战规则困扰的部队可能与畏惧枪炮的部队一样不利于作战行动。

示例如下:

为收集在丛林环境中活动的叛乱分子相关情报,计划了一次夜间侦察巡逻。巡逻队由来自一个英国正规军步兵营的士兵组成,属于联合国任务部队的一员。他们被告知东道国部队也正在邻近的巡逻区活动。一架装有导弹的无人机受命为巡逻队提供火力支援。

现在,存在可能导致误伤事件的 4 种风险情景:(1)这支联合国巡逻队可能会直接向东道国部队开火;(2)巡逻队调用的无人机向东道国部队开火;(3)巡逻队遭遇东道国部队的火力;(4)巡逻队被无人机误袭。东道国部队或叛乱分子均没有空战武器资源,而且不存在实际的地对空威胁。误伤可能性分析需要针对每种情景分别开展风险评估。本例将考虑最后一种情景——巡逻队遭受无人机误袭导致的误伤。

负责巡逻计划工作的军官按照如图 4.5 所示的程序进行误伤风险评估。他使用表 4.3 和表 4.4,为 4 个机会轨迹分别赋予风险降低前和降低后的分值。空对地(巡逻队成为受害者)情景的样本评估结果详见表 4.6。

表 4.6 误伤风险评估示例

| 危害 | 风险等级(1~5 级) | 风险降低后(1~5 级) | 风险降低导致的作战风险 |
| --- | --- | --- | --- |
| 态势感知 | 5 | 3 | 1 |
| 目标误认 | 4 | 3 | 4 |
| 技术故障 | 3 | 2 | 1 |
| 武器误用 | 4 | 2 | 4 |

军官的推理过程如下:

(1)态势感知:由于丛林地形的能见度较低,缺乏参考点,所以可能导航困难。军官回顾了部署前训练中提到过几种巡逻队迷路的情况,判断这种风险为"极有可能"(第 5 级)。通过提供卫星导航装置、装置使用训练、补充地表导航训练以及卫星导航装置失灵时的火力控制保障程序等,减轻了这项风险。训练课程包括 1 项测试。在确立 3 组风险降低措施后,军官将剩余风险等级评估为"可能"(第 3 级),具体视战场作战经验而定。对于卫星导航装置和其他措施构成的作战风险,其评估结果为"极不可能"(第 1 级)。

(2)目标误认:丛林地形遮挡会降低无人机视距范围和红外传感器的能见度。丛林生态区的天气条件也可能导致其他问题。无人机控制单位联络官给这位军官的意见是,尽管无人机传感器具有识别能力,但由于丛林树冠层遮挡,导致无人机误认地面部队的风险等级为"很可能"(第 4 级)。既定的友军识别程序是,在进行武器交火之前燃放 1 枚照明弹。但是,这会导致巡逻队被叛乱分子察觉和袭击,把巡逻队的作战风险上升到"很可能"(第 4 级)。

# 第 4 章
## 从 21 世纪战场空间风险管理层面审视误伤

（3）技术故障：军官要求提供无人机武器系统故障率信息，得知导弹发射故障或制导失灵的概率为 1%。因此，军官将故障风险评估为"可能"（第 3 级）。他从两个层面采取了风险降低措施：第一，确保无人机有一条无线电链路，在武器发生故障时能够通过该链路向巡逻队发送告警信息；第二，建立了一项操作规程，即无人机驾驶员在武器故障时，可通过更改无人机发动机功率设置，使无人机在失去无线电连接时能够发出音频告警信息。这些保护屏障将误伤风险降低至"不大可能"（第 2 级），但因为这些措施不会向叛乱分子提供战术机会，因此作战风险也可视为"极不可能"（第 1 级）。

（4）武器误用：这种风险大多源于通过无人机传感器观察难以判断地面距离。所以，误判可能导致当友军身处弹头杀伤半径范围内时，无人机就发射导弹。根据以往行动简报的评估，地形会增加这种误判的可能性，所以军官将风险评定为"很可能"（第 4 级）。在这种情形下，风险降低措施大多是规程和训练。巡逻队设计并使用了一项简单战术：在武器交火之前，按某个固定距离释放 2 枚照明弹，标记自身所处位置。这样，无人机驾驶员能够更加可靠地估算安全距离，使误伤风险降至"不大可能"（第 2 级）。但是，使用照明弹会导致巡逻队被叛乱分子察觉和袭击，将巡逻队的作战风险上升到"很可能"（第 4 级）。

如表 4.6 所列评估表明，可以降低相关风险，但需付出较高的作战代价——巡逻队的照明弹可能会被叛乱分子察觉。因此，军官变更了作战计划，用红外线频闪灯取代照明弹——情报表明叛乱分子无法侦察到这种信号灯。这就将目标误认和武器误用构成机会轨迹的估计作战风险降低至"不大可能"（第 2 级）。

最后，对于其余的三种误伤情景（即巡逻队直接向东道国部队开火、调用无人机向东道国部队开火、遭遇东道国部队的火力），军官将分别重复执行如图 4.5 中所示的规程。

## 4.11 结 论

虽然误伤风险或许永远无法完全消除，但像所有风险一样，可以采用基本原则加以管理。这些原则的运用或许是在行动的计划、执行和事后分析环节,但系统性地使用各种技术才能达到期望的控制水平。除非完全避免军事活动,任何控制措施均无法完全消除误伤风险;但这种选择本身也要承受风险代价,采取任何误伤风险管理的策略也不例外。风险评估过程意义重大——这不是因为评估结果有多么精确,而是因为它增强了军方领导人的意识。这种意识构成了领导力的动态过程的一部分,有助于制定标准作战规程,也是战斗部队在作战单位层级上了解并适应作战环境变化的一个要素。相对于敌军造成的伤亡,社会对友军造成的误伤更不能容忍,正因如此,误伤才需要从管理上加以特别重视。

## 注　释

[1] 关于军事组织学习(特别是关于叛乱镇压)的深度分析(Nagl,2002)。

[2] 例如参见美国陆军经验教训学习中心(CALL,1992)和美国陆军(US Army,1993)文献。

[3] 圣巴巴拉是炸药从业人员的两个守护神之一(Jones,日期不详)。然而,由于害怕炮轰死亡、爆炸死亡和一般猝死风险者也可求祷于圣巴巴拉(参考文献同上),圣巴巴拉或许是恐惧死于误伤者最合适的代祷圣人。

[4] 这种等式形式源于史密斯给出的等式(Smith,1996)。式中的星号表示乘以式中其他各项表示的数字。在这里使用这个符号是因为其他相乘惯例可能具有误导性。例如,简单地将需要相乘的几项放在一起可能被误解为一个全新的未说明项(PI),而使用 X 符号可能表示一个数值未知的 X 项。

[5] 至于含有更多详细信息的公开文献,迪普伊上校(Dupuy,1979)提供了从一个战斗统计数据库中摘选的数据,包括 1805 年至 1950 年发生的战斗和 1967 年至 1973 年中东战区发生的战斗的日均伤亡率。

[6] 吉布森(Gibson,2003)比较了三种战斗伤亡估算方法:《美国陆军手册》FM 101-10-1/2(US Army,1993)规定的方法、迪普伊提出的 Excel 医疗行动方案工具(M-COAT)以及基准率架构(BRS)计算机模型(该模

# 第4章
## 从21世纪战场空间风险管理层面审视误伤

型可以按照作战时间表对损失率进行敏感化处理)。吉布森发现,BRS模型的估算最为准确。

[7] 改编自沃恩的2个著述(Vaughan et al.,1996)。沃恩以及他引述的梅尔与赫奇斯(Mehr et al.,1963)是这些规则最早的提议者。

[8] 工业学会又称之为"以行动为主"的领导模式(Adair,1972,58)。

[9] 2002年被3-06 11手册取代。选择这本手册是因为它已经进入公共领域。

[10] 关于越南战争背景下的这一问题的论述,请参见史蒂文森的著述(Stevenson,2006)。

[11] 杰尔皮等人(Gelpi et al.,2005)认为,对美国公民来说,伤亡的可容忍度是在对2个因素的感知中形成的:冲突的"正义性"和打赢的可能性。

[12] 虽然在"误伤"一词的常见用法之外,但了解风险规避这一方面的最好方法是认识到,即使我们将军事行动限定为针对敌方领导人部署的一名狙击手,这名士兵也可能意外打中自己。在朝鲜战争期间的一场行动中,英国特别舟艇中队的巴布斯下士就犯了这个错误(Parker,1997,155)。虽然当时他执行的不是单人任务,但在成功完成交通设施布雷后撤退途中,他划充气小艇时不小心打伤自己,然后倒地不起。

[13] 尽管军事文献中存在其他用法,但"反侦察对抗"一词在本章中指敌军对友军的探测。

[14] 霍金斯少校力主研究如何应对(误认以外的)其他原因导致的误伤。

第二部分

# 从人的维度审视误伤

# 第 5 章

# 误伤背后的组织机制

德尔莫特·鲁尼

## 5.1 引　　言

从射手的角度考虑,误伤归结于感知能力、注意力、记忆、压力、性格、决策和疲劳等交织而成的心理机制,该机制背后的调节因素包括传感器和武器,也包括人员根据掌握的战斗大局而形成的预期和假设。而这个大局(本质上是敌友双方所处的位置)是射手根据其他人员提供的信息汇集而成的。本章不谈射手的心理状态、传感器和武器,也不谈射手从身边人那里获得的信息,而是关于组织结构与通信——负责告诉射手作战大局的机制。

因此,本章论述的内容是,军事组织的信息传递方式可能增加误伤的概率——这种情况确实经常发生。鉴于作战误伤分析与报告受到诸多约束限制,因此考察训练演习中的"误伤"事件就很有必要。本章首先概述演习数据,然后分析其中的若干事件,作为大数据集合中的一个样本,也作为各种误伤类型的典型,最后总结战斗人员的感知和思维过程存在的特征——指挥系统有时没有考虑到的特征。

战术心理学(该学科由来已久,旨在研究人为战斗阻力因素)开始逐渐认清人员实际上怎样应对战斗压力,怎样平衡行动或不行动的风险(Murray,尚未出版)。误解、误判、恐惧、疲惫和肤浅的常识……各种因素交织在一起,导致士兵的行为方式很容易被外人误认为是愚蠢、鲁莽或懦弱的行为,并且常常被夸大其词。如果士兵和分析人士深挖这些因素的细节,他们往往会发现,以往笼统归咎于士气或能力判断的误伤事件,事实上应该归咎于"看清形势、冷静思考"方面存在的基本问题。

军事指挥系统有时带来一些不足之处,即没有考虑到作战感知和思维过程的局限性。因此在本章结束时,建议变革军事组织设计,使信息传递方式更加契合参战人员的实际需求。

## 5.2 考察演习中的"误伤"

为什么要考察演习中的模拟误伤,而不直接考察作战行动中的真实误伤呢?主要原因在于,在演习中找出误伤的原因,有助于防范作战行动中的误伤。如果在武器、战术、规程或组织类型中的确存在可能发生误伤的因素,那么最好在出现人员伤亡之前,发现这一问题并妥善解决。而次要原因在于,我们可以对演习中的误伤事件进行深入细致的研究,这对于实际作战误伤事件是很难做到的。

研究人员很少有机会获取战场上的现场一手数据,而少数去过伊拉克和阿富汗战地的研究人员又过度分散。因此,真实作战数据大多是历史数据。真实作战数据乍看起来似乎是令人满意的,但也存在一些问题。首先,战士的感知力仅限于散兵坑周围的范围,或者局限在装甲车的视野之内。当验尸官和史学家尝试梳理这些杂乱拼凑在一起的点滴回忆、日志和战争日记时,他们会发现,收集掌握的信息并不完整。由于存在这些问题,很难进行交叉的相关性分析。因此,即使再煞费苦心进行作战重构,也难免产生一种偏颇或粗浅的描述。

"在真正的征战之日,赤裸的真相或许唾手可得,而到了翌日清晨,它们已经开始被掩盖在制服之下"(Hamilton,2010),在接受这个观点的基础上,本章利用的工作思路是,在演习当日进行详细的数据采集,而不去等待真实战斗数据,后者可靠性相对较低。因此,虽然训练数据必须谨慎对待,但它有可能揭示实际作战过程中被"战争迷雾"掩盖的误伤真相。

现代化集训允许相对公正的分析人士从作战指挥部观察战斗,而且很多时候还可以在战斗当天采访参战人员和其他观察人员。然后,他们可以

# 第 5 章
## 误伤背后的组织机制

重放无线电通信,查询射击事件数据库,并通过基于GPS的"上帝视角"屏幕跟踪士兵和装甲车辆动向。这种方法并不完美,但相比其他误伤分析方法,它的偏差最小,而且提供的数据最有价值。

本章基于两类训练演习来探讨误伤。一是"指挥所演习(CPX)",主要对驻英国和德国的指挥与参谋训练单位开展训练,能够从多个指挥层级对指挥部进行训练。这些演习指示下属行军和进攻虚拟作战单位——实质上是精心设计的计算机战争游戏。规模较大的指挥所演习可能设有战区级司令部,负责指示师级司令部,而师部又指挥旅部。各级司令部往往是部署在野外,全部动用实战人员、装备和通信,但部分命令是传递至一个骨干参谋小组代表的作战单位,这些参谋人员坐在摆满计算机的室内,在电子地图上调遣数字部队。这些数字化模拟作战通常不会发生误伤(与真人不同,计算机仿真部队一般会遵循"不能向友军开火"规则,这个规则在编程时即已设定,不可违背),但是通过指挥所演习,我们能够看到导致真实世界中误伤事件的指挥系统故障。与真实作战行动中一样,某个指挥层级的人员可调整作战分界线、实施炮击或下达进攻命令,但无法告知另一指挥层级人员,从而让其下属的数字部队撤离目标所在区域。所以,指挥所演习不存在导致误伤的一切低级人为和机械因素,但它确实存在影响更高层级组织的大部分阻力因素。

二是战术交战模拟演习(TES),类似于非常复杂的"激光枪战"游戏。一个战斗群(约1000人的联合兵种单位)或一个旅(上一层级单位,控制多个战斗群及其地面支援分队和飞机)的全体士兵现场参与。在规模较大的训练场上,比如位于英国索尔兹伯里平原的野战训练基地和位于加拿大艾伯塔省的英国陆军萨菲尔德训练基地,数千名士兵可以参加演习。作战任务类型紧贴实战化。TES演习通常被视为最接近真实战争。人员驾驶真正的装甲车辆,用实战武器开火,连敌方部队也是真实的,只是射击效力是模拟设定好的,不会造成伤害。所有直瞄火力武器(轻武器、坦克炮和反装甲导弹)直接向士兵和车辆发射安全激光。火炮、迫击炮、地雷和空投弹药等依赖GPS系统来识别各自的攻击区域。车辆和士兵配备传感器,从各个射程和角度计算应用各种武器系统产生的作战效果。所以,尽管TES演习缺乏士气方面的阻力因素,但它几乎囊括了所有其他方面的阻力因素,包括机械、组织、感知和决策等。

然而,借助战术交战模拟演习评估误伤存在一定的局限性,最主要有如下几点:

(1)士兵们有时会不自觉地误入己方部队的炮火打击区,因为此时他们看不到地面被炸后的弹坑,而误将炮火攻击信号理解为模拟设备所发出的告警信号。

(2)飞机投放的弹药有时会误炸自己人,这是因为指挥链上有人在使用模拟通信设备(比如手机,而不是军用无线电)。

(3)由于演习控制计算机运行速度太慢,无法跟上实战节奏,或者系统操作员太过忙碌,炮兵和飞机有时会延迟投射弹药。

(4)由于假想敌部队使用同类型车辆,在某些演习中,士兵更有可能与己方侦察部队交火。尽管假想敌部队通常有不同的涂装方案和不同配件(燃料箱、炮管节套等),但在能见度较低的情况下,或从特定角度看时,双方车辆看起来几乎一样。

(5)演习控制人员和参加演习的士兵一样,有可能在传递定位坐标信息(包括火炮、地雷或空袭定位信息)时发生失误。

(6)士兵有时会射击自己的队友,因为他们认为任务快结束了,觉得这样有趣。

高达40%的演习误伤归咎于上述非代表性因素,但分析人士会明智地将这些事件从评估中剔除出去。在后续的分析中,将仔细审视全部事件,确定每种"演习"行为的权重,以消除可能由于模拟仿真导致误伤概率出现偏差的各种情况。这样,剩下的就是一组不可避免的事件,"除非上天眷顾",即在真实战斗中,这些会是真实的误伤事件。

虚拟的士气因素无法轻易剔除出去。描述这些因素的最简单方法就是比较士兵在演习中的恐惧与在真实作战中面临危急时的恐惧。战术交战模拟演习中,士兵通常在接到命令之后才会投降,并且很容易说服他们发起毫无希望的行动。缺乏恐惧心理,会从根本上改变士兵权衡风险的方式,并且我们也无法准确地判定,这对于误伤会产生多大的影响。一方面,士兵在战术交战模拟演习中向目标开火的可能性更大,因为如果引来炮火或和友军交战,付出的代价小于真实作战;另一方面,他们可能更不会开火,因为如果不开火,后续被敌军突击或包抄时,其付出的代价也小于真实作战。

鉴于这些因素,演习数据分析人士应该充分意识到,在演习中射击时的情绪与真实战争中截然不同。而演习射击决策背后的组织因素,也就是本章探讨的对象,在真实作战与演习中几乎无异,所以可以从中得出有效结论。

英国陆军曾经尝试在训练中采用一套误伤事件的报告程序,要求参加训练的参谋人员、射手和(有时)遭受射击人员来描述误伤事件。2004年,他们通过这种方式对多起事件进行了确定和分类,但后来这一过程陷入了僵局。作为更大规模集训分析方案的一部分,在这种分析中开始增补对少数选定事件进行深入细致的考察。迄今,英国陆军已经按此细致程度审视了12起事件,而本章所述的事件即是从中挑选出来的,旨在特别说明指挥系统可能对误伤产生的影响。

## 5.3 指挥系统设计

在审视误伤事件之前,总结一下指挥系统的一般特征是很有用的。指挥系统是指由结构、技术和人员等要素构成的机制,这种机制能够让涉及的军事人员将信息转化为行动。指挥系统设计取决于以下四种压力:

(1)战术、惯例和行政管理。这是一种统称类别,涵盖所有纯军事方面的指挥系统设计。武装部队需要一定数量的人员和武器装备组成团队才能执行任务,而团队人员之间需要有一定的沟通方式。团队规模过大或过小都存在某些固有局限性:小团队容易受到压制,在应对伤亡方面存在各种问题;而大团队容易暴露,需要各自的后勤支援,臃肿庞大,行进时很不灵便。团队规模和结构必须要适合多种任务,久而久之,任何根本上的变革都倾向于回归到轻松、实用的规范。至于常设诸兵种团队,出于战术考虑是可行的,但从行政管理的便利性(供给、维护、训练或职业晋升等)来看,却是不利的。由于任务组织具有临时性,通信、规程、战术和指挥方式往往具有临时特设性质。

(2)处理能力。大多通信装备都有距离限制,所有计算机装备皆存在数据限制,而对于像无线电这样的"一对多"系统来说,任何用户数量的增加都会带来覆盖距离或数据容量的减少。与计算机系统和无线电相比，人类即使在安全、饱暖和休息得到保障时，其处理能力也非常有限。在人员面临威胁、疲惫不堪或忙碌之时，信息处理能力会急剧下降。当人机二者的处理能力均超越极限时，指挥系统可能会崩溃。

（3）网络容量。人们经常谈到无线电和计算机网络，但在本章中，"网络"仅指彼此之间能够快速、直接通话的一个团队。为避免读者将人际交流网络与机械通信网络混淆，本章仅将无线电和数据系统称为链路。所以，虽然无线电和计算机系统可以构成人际网络中的机械链路，但网络本身是一个群组，其中每个人都能够与本组其他成员同时通话。换言之，网络是通过无线电链路或计算机聊天室进行面对面交流的群组，但是，信息在两人以上之间的快速传递才使它成为网络。

网络容量在物理上和心理上都有限制。在物理上，若某人听不到其他人的讲话，则此人处于网外。所以，若某人同处一室，但处于接听范围之外，即调频至同一无线电链路但不在有效范围内，或者连接到数据链路但忙着做其他工作，则此人不算在网络内。

网络容量受众多心理因素的影响。例如，人类的工作记忆是有限的，这会限制任何指挥官能够应付的下级单位数量，也会限制指挥官可以应付的网络大小。由于存在训练、凝聚力、装备和敌方行动等干预因素，因而不可能精确作出估计；而且当战术指挥官的下级单位超过 5 个时，如果任务繁忙，会容易忘记个别单位[1]。最重要的是，当网络过于繁忙时，它必然会崩溃。在这种情况下，人们不会等别人停止说话，而是暂且撤到一边，开启其他对话。当一个团队全体面对面使用网络时，这种情况往往会发生，而当一个团队分散在战场上分别执行其他任务、参与其他通信链路或应对来袭的火力时，更有可能发生这种情况。当一个团队人数超过 7 人时，这个团队就会拆分成多个临时子群，——事实上这些子群创建了自己的网络。这些子群在各自内部商谈计议，很快会在行动和思想上偏离主网络，可能导致重复或否定其他子群的工作。

（4）链路中的各环节。链路是网络的唯一替代方案。当一套网络因为物理或心理原因而出现故障时，其衍生的子群网络将不得不通过链路进行通信。如果某人无法直接与另一人说话，则需要利用人类或电子介质，这就不可避免地会发生时延。链路存在于正式的组织层级体系中,如指挥链,但也明显存在于不使用网络的任何通信之中。指挥链中每增加一个环节,就需要增加额外的处理步骤,这样会导致信息变异。一旦通信发生时延,错误也会随之产生。

尽管以上4类压力仅是其中一部分,并不排除还存在其他压力因素,但它们代表了错误产生机制背后的最主要因素,因而对于了解误伤成因,意义重大。每一个因素都与其他因素交叠,它们之间要达到平衡,就必须能够处理全部人际交流的变化因素,比如内聚性、冗长性、单位训练状态和指挥风格等。这种平衡通常会产生网络和链路层级体系,最明显的例子是:排级网络→连级网络→战斗群网络→其他上层网络。但是,在指挥层级内部和层级之间可能存在几十个其他网络和链路。在真实指挥系统中,各个网络和链路的交互情况是极其难以描述的。譬如,按图5.1树状图所示,1个旅分为3个战斗群,每个战斗群下设3个连,每个连下设3个排,而每个排下设3个班。

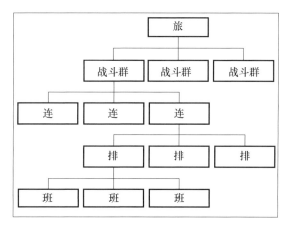

图5.1 一种指挥层级结构连接图

图5.1中仅显示了旅到班之间的4个环节,是最简单的层级体系。它给人们的印象是,各指挥层级是一个连贯一致的实体,好像每一级只有一人负责处理信息一样。这种简单化的错觉显然是持续存在的,因为司令部参谋经常指示"旅一旦收到消息,立即通过指挥链层层下达",似乎每一指挥层级根本不存在任何平级的网络、链路、处理过程,或是出错的可能性。

在填充上具体内容后，层级结构图才能显示出真实指挥系统的复杂性。图 5.2 初步给出了一种围绕战斗群链路和网络的思路。在此图中，不论是司令部中的面对面网络、司令部之间使用计算机和无线电链路的网络，还是与地面人员的通信网络，都采用虚线来表示。

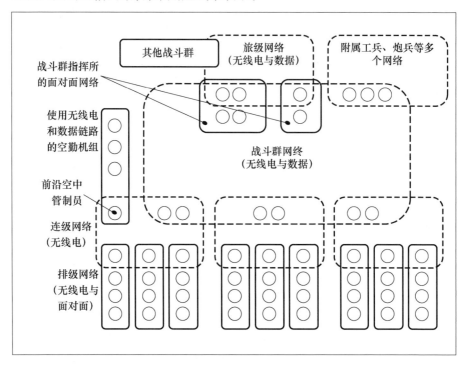

图 5.2　围绕战斗群的网络

图 5.2 也做了大量简化，呈现的结构是一个由 3 个下级单位（连队）构成的战斗群，每个连队又由 3 个排组成。这种"三三制"结构一般更为复杂：战斗群通常会另设步兵连、支援连和侦察连各 1 个，而且对于高强度常规行动，还会增设装甲单位和一些防空单位。在维和行动中，维和部队会与当地防御力量联系，或许还会联系在同一区域内活动的特种部队或他国部队。

在图 5.2 中，只有一个连队通过前沿空中管制员与在同一区域内执行任务的空勤机组联系，但在现实中，一般每个连队都有这样的通信链路。另外，各个连队还有工兵、炮兵和后勤等配属专业兵种网络。这些专业兵种网络与旅级和战斗群指挥部以及其他连队之间存在通信链路。例如，各连副

# 第 5 章
## 误伤背后的组织机制

连长会使用一个单独的无线电链路与战斗群主指挥所的后勤单位通话,而后勤单位会使用另一个通信链路与旅部通话。前沿空中管制员通常是火力支援小组的成员,有自己的面对面链路、无线电链路和数据链路,能够与战斗群指挥所的火炮、迫击炮、火力支援分队和旅级火力支援与空中监视小队进行沟通。如图 5.2 所示的战斗群指挥所面对面网络也有所简化。在现实中,战斗群指挥所可能由 40 人构成,这些人员使用面对面和计算机链路,通过多个链式网络进行通信。

在当前的阿富汗军事行动中,层级结构更为复杂:连队往往设有由 4 至 10 名人员组成的大型固定指挥所;火力支援分队与排级、有时甚至是班级协同行动;战斗群与阿富汗军队、警方和文职政府代表有通信链路。阿富汗行动中还有不少快捷通信方式——这些快捷方式一般使用卫星、数据通信或手机等临时性措施或非正规路径,与排级及其以上层级的指挥官或飞行员之间建立直接联系,提供跨层级通信。

由于人们要在司令部周围移动,并执行多种不同任务,因此司令部的很多面对面网络处在不断变化和交叠之中。如图 5.3 所示为一种典型的司令部面对面网络结构,它显示了一种相对简单的战斗群指挥部人员配置以及在某个时间点工作的面对面网络。

如图 5.3 所示的全部网络都是通过无线电和数据链路与部署在外的部队保持联通,但内网通话设施除外,这些设施偶尔被少数群组使用,他们通常依赖脆弱的、非正规链路来了解其他群组的状况。

网络处在不断变化之中:在本文的战斗群指挥所案例中,支援航空群的某人往往会去加入后勤组网络,确保粮食和油料物资均已到位;在部署的步兵连中,前沿空中管制员经常与迫击炮火力管制员或连长一起进行火力协调;而在第一线,班长和步枪手会与工兵协调如何对一面墙实施爆破。

因此,如果我们设想在指挥系统中任何一个时刻生成一份报告,那么这份报告必须经由链路人员、无线电和数据系统的链路在网络之间传递。举个例子,班长通过排级无线电链路通知每个士兵,工兵将会炸开一面墙;排长通过连级无线电链路通知每位士兵,他们将在工兵支援下攻入一块有围墙的阵地;而连长使用数据系统向战斗群参谋汇报这些情况。当这份报告到达旅部时,旅长可根据这份报告,指示监视人员跟踪敌方任何撤退行动,

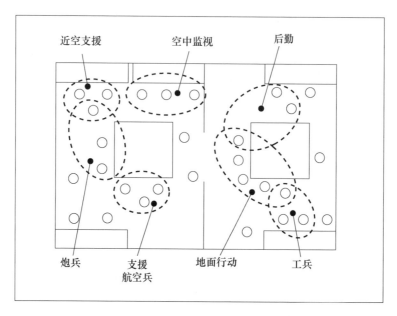

图 5.3 战斗群指挥所面对面网络一览图

指示攻击直升机协助这项任务,并提示救护队准备好提供支援。由于这些网络随时都在变化,因此指挥系统必须足够强大和灵活,才能妥善处理信息负载,确保行动足够迅速、专注和协调一致,从而圆满完成任务。

## 5.4 有效利用链网

设想这样一种场景:有一名指挥系统设计师,其主要工作是决定如何在组织中的全部人员和机器之间传递信息。他的任务是建立一个系统,该系统应像汽车厂或发电厂一样,需要在生产与安全之间取得平衡。这一系统应有助于部队执行作战任务,同时不会伤及太多己方士兵或殃及太多无辜平民。但与汽车厂或发电厂不同的是,指挥系统必须考虑敌方行动。所以,在与强敌交手的情况下,指挥系统要足够敏捷——必须确保最低层级的指挥官迅速应对战术态势发生的任何变化。如果做不到反应敏捷,就只能承担安全风险或者遏制"生产",并由此丧失战胜机会。

一直以来,人们认为一定程度上的己方、友军或平民伤亡是可以接受

## 第 5 章
## 误伤背后的组织机制

的。一个经典例子见于第一次世界大战中发展起来的步/炮协同战术。指挥官需要炮兵来压制敌方炮兵和步兵,使己方步兵有足够的时间穿越无人区。如果压制火力太早停止,那么敌军会冲出掩蔽壕,扫射开阔地带;而如果压制火力太晚停止,那么会击中己方士兵(Gudmundsson,1993)。在当时的装备和规程水平下,普遍认为部队应该接受 2% 的己方或友军炮火导致的步兵伤亡(Shrader,1982)。但凡低于这个比例,就说明炮兵压制与步兵突击之间的缺口太大,步兵将承受 10 倍至 20 倍敌方火力导致的伤亡。

第一次世界大战之后,情况有了很大改观。举个简单的例子,仍以炮/步协同来说,武器越来越精准,指挥系统也越来越敏捷,因而误伤伤亡比例大幅度降低,不过,仍然不存在"零误伤"的战斗。即使在敌方很弱、己方享有巨大技术优势的战斗中,要想战胜敌方,也难免承担一定的安全风险。指挥系统设计师需要接受这个事实,尽力设计一个保障相对安全,但不至于拱手将胜利让给敌方的系统。

在现实中,并没有指挥系统设计师这样的工作。指挥官和通信兵竭尽所能,有效利用手上的人员和装备,履行自己的工作职责。在前文界定的压力类型中,"战术、惯例和行政管理"构成指挥系统设计的具体范围。处理能力也是如此——改变这些事情超越了指挥官和通信兵的能力范围。因此,举个例子,一名指挥官和他的通信专家可以调整通信规程,小幅调动人员,但是他们不可能变戏法般地改变过去几十年军事发展演变的轨迹。同样地,他们可以想办法弄到更多无线电或计算机系统,但却不能打造出更好的装备或更加警觉的士兵。

这些限制条件让网络和链路之间保持平衡。从战斗群选择怎样处理侦察排所汇报的信息中,我们可见一斑。各单位指挥官都必须作出选择:是为下属每个侦察分队配备直接无线电链路,让各队可以直接与战斗群的其他单位通信;还是使用单独信道向侦察排指挥官传递报告,后者筛查和汇总这些报告,然后再将报告传递给战斗群。若让侦察小队直接向战斗群汇报,可以缩短报告传递的时间,但也会增加信息负载量。如果三十多个人全都在试图通信,那么战斗群的无线电链路可能会变得脆弱不堪,无线电使用会频繁达到临界点,甚至失去联通。战斗群无线电链路 70% 的时间处在占线状态,这种情况并不少见。战斗群无线电链路上的侦察员呼号越多,每个人说话的概率就越小;而当他们有机会通话时,也可能会阻碍其他重要通信。

　　增加网络规模也有其利弊,这会导致一种无休止的纳入和剔除状态。一名新任指挥官将侦察小队直接纳入战斗群无线电链路上,想让信息传递得更加迅速,而下一任指挥官又将侦察小队剔除出这个链路,以免无线电链路过载。

　　无线电链路过载对于在网络之间充当桥梁的人(或者链路上的呼号)会产生更大的影响。譬如,一名连长在监测一条30个呼号战斗群无线电链路,而其下级单位无线电链路有时会有几近同样多的呼号。当两条链路的使用率均达到70%时,充当桥梁者只好腾出一半的时间,尽力同时收听两个网络。尽管存在能够同时处理多个任务的愿望,但现实是,当一个人在一条链路上收听或讲话时,他们几乎完全顾不上另一边传来的信息(Crenshaw,2008)。

　　为确保在繁忙的通信链路之间连接时不会错失信息,指挥官通常会委派下级人员监测链路——坦克车长会让装填手监测无线电;排长会让通信兵做这个工作;而连长会让副连长来做这件事情。这样,扩展更大的网络实际上是创建一条新的链路或者增加链路上的环节数。尽管这种习惯在较大规模的司令部最为明显,但在整个指挥系统中都会存在。

　　当我们审视在"传感器"(使用监视设施监视或监听敌方活动的人)和"行动主体"(需要利用这些信息做事的人)之间传递信息的全部人员和通信链路时,指挥系统出错的可能性就会完全暴露出来。为显示这些链路的长度,图5.4展示了在一场演习中传递一份电子战报告(关于截获敌方发出的向友军步兵开炮的请求)的路径。分析人士跟踪了这份报告在指挥系统中的整个传递过程,直至报告传递到该步兵班,即敌方炮击目标。分析表明,信息从师属电子战部队(传感器)传递至班手中(行动主体)的过程。图5.4中的灰框表示人员,而白框表示通信方式。

　　在图5.4的例子中,传感器与行动主体之间共涉及13名人员,14个环节。链路上的每个人都必须先利用工作存储器处理报告,然后将报告沿着链路传递下去。大多数人需要将报告录入计算机、写在纸上或标记在地图上,然后再往前传递。在较低层级,大部分人员要解决作战感知和处理受限的问题。在较高层级,报告只能由人员在司令部之间传递,因为即使在一个

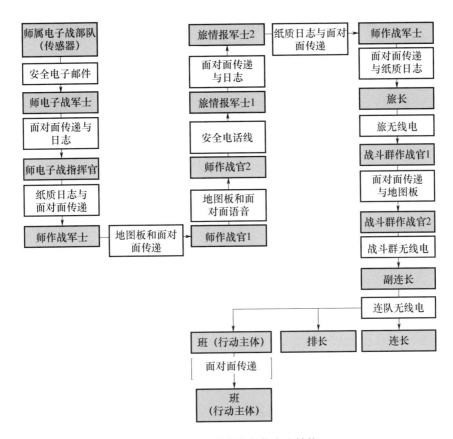

图 5.4　电子战截获的信息流结构

高度数字化的指挥系统中,对于传递距离只有 10 米的重要信息,人们也倾向于亲手递交,而不是使用电子邮件发送。

应注意,图 5.4 的示例是基于 10 年前一场演习中采集的数据,大体上代表伊拉克和阿富汗战争早期使用的指挥系统,但之后发生了许多变化。指挥系统纷纷开始使用远胜从前的数字化通信链路,使网络覆盖更广、链路更短。除了数字通信应用增加,明显侧重于和平时期的支援行动(比如当前的阿富汗行动),倾向于采用扁平化结构,这至少在理论上能够提高电子战部队与步兵小队之间的信息传递速度。不过,扩大网络规模也可能带来一些自身的问题,这一点后文会有论述。

如图 5.4 所示的链路在很多方面都具有大型指挥系统的典型特征。首先,任何信息都与大部分处理人员的个人关联有限。例如,师级作战参谋或旅级情报人员对下属步兵班的位置仅有大致了解[2],而这些人员的工作主要是汇编报告日志、移动屏幕图标或构建敌方意图的图景。他们往往只了解当时报告怎样到自己手上、后续传递路径如何。指挥系统极其复杂、信息负载量大,所以人们经常不知道谁真正需要这些信息,也不了解信息的轻重缓急。在机动或高强度行动中,这种不确定性尤其突出。

报告在指挥系统中传递时,都要与其他同样紧急的报告竞争资源。为了简化内容,图 5.4 并未展示这份电子战报告的诸多外围路径,但在它经过指挥系统层层传递的过程中,有 40 多个人看到或听到这份报告。同时,这些人员也在收发其他报告——比如地面或空中单位、监视单位以及其他司令部传来的信息,而且大多数人还在向系统中添加自己掌握的信息。另外,还有一种倾向,即那些足以引人关注、但不一定相关的信息也会分发到各相关方。在这个例子中,对大多数接收人来说,这份电子战报告不过是"可有可无"的信息。在有几十个信息来源的情况下,这些"可有可无"的信息累积起来就会占用大量的时间和处理容量。

因此,一份报告(甚至是涉及几十名士兵生死攸关的报告)可能在师部流传 20 分钟,在旅部流传 10 分钟,在战斗群指挥部流传 5 分钟,这种情况并不罕见。基本背景的缺失可能导致各种延误。举个例子,当战斗群 1 号作战官(BG Ops1)告诉 2 号作战官(BG Ops2),已下令将在 C 连附近某个位置执行火力射击任务,此时 1 号作战官通常会问 2 号作战官,该目标是敌是友,以及它的坐标位置。背景过多也往往会加剧延误。例如,火力任务报告通常是采用精确的八位数字坐标,其攻击区中心区域定义在 10 米以内,但是对于被困于 400 米见方弹着区内的海军陆战队士兵来说,这几乎是毫无意义的。再者,反复记录或记住细节常常会导致数字移位(比如 1324 变成 1234),造成不幸后果。

显然,导致长信息链无法正常运作的原因,是人们对自己处理的信息不采取任何措施,也不做任何决策。我们稍后再讨论这个问题,现在只需注意,大多数指挥系统均面临一个悖论——当工作量或信息负载过大时,就增加更多工作人员,结果却发现工作量和信息量反而随之激增,达到容量极限。

## 5.5 演习中的 4 次误伤事件

之所以选择这 4 次误伤事件,是因为它们揭示了指挥系统导致误伤的机制。其中 3 次事件突显的问题源于关键人员之间的信息链路过长,而剩下一次事件则表明在作战时处理信息的难度有多大。

### 5.5.1 旅属炮兵误伤事件

英国陆军在加拿大平原上的一次演习中,一个装甲旅被卷入了一场仓促的防御战。此次演习是针对苏联式假想敌为目标的一场高强度战术交战模拟演习。该装甲旅指挥三大战斗群,以及炮兵、空中支援和各种远距离监视装备,包括一架战术无人机。情报评估表明,在大约 2 小时后(凌晨 5 点左右),敌方装甲侦察队(或许还有先头装甲连队)将试图横渡构成该旅防御区前沿的河道。

经过一夜行进,该旅许多装甲连和步兵连仍然在向阵地开进的途中,无人机传来的地面侦察图像显示,阵地存在较大缺口。在无人机执行任务时,操作员(在小型地面控制站工作的 1 名下士和 1 名准尉)发现在该旅所在河道一边有一队装甲车,但无法判定是友还是敌。由于时间和燃料有限,对战术态势也知之甚少,无人机管制员将这一发现记入日志,同时向在旅部的无人机战术小组(距离后方几千米远)报告,然后无人机继续飞离执行规定任务。

无人机战术小组收到了这份"身份不明的装甲车队"的无线电报告,简要内容是"在河流以南有 10 辆以上装甲车,位置坐标……,不确定是敌是友"。在被问及该装甲车队是敌是友时,地面控制小组确认说"由于装甲车距离太远,无法分辨其身份是敌是友,且热成像仪上只有热点显示"。地面控制小组同时也发送了一份数字报告,其中一个图标出现在战术小组的计算机终端和旅部作战区的终端。用当时的专业术语来说,无人机团队已经侦察到目标存在,但无法断定是敌是友,当然也无法准确识别其所见的目标[3]。

在旅部(图 5.5),中士收到无线电报告,在"速记日志"上迅速记下相关要点,而一名下士将速记纸送到 5 米远的情报监视侦察队地图桌上[4]。无人机战术队长和一名情报监视侦察队军官简短讨论这次发现,而 1 名列兵将它标记在情报监视侦察队的纸质地图上。情报监视侦察队军官请战术队长向无人机控制小组确认,这次发现的目标是否确定在河流以南,然后将速记纸送到作战指挥台上。

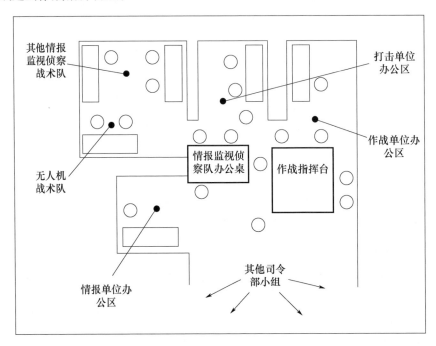

图 5.5　旅部办公区与人员一览图

这里面有一个难以传达的重点,即在目标报告过程中情感背景的变化。对无人机管制员来说,这是"在飞行过程中偶然出现的"某个不感兴趣的、模糊不明的目标;他们没有时间、权限或战术认知,不会从任何其他角度看待这个事情。旅部的无人机战术小组(有不同的工作量和背景)则会多一些关注,觉得这份报告或许有用。而在情报监视侦察队办公桌上,则会激起兴奋情绪,觉得这可能是敌方行迹,而若真的如此,那旅作战部队或许会陷入麻烦。这种情绪会感染措辞用语。在无人机战术队长和情报监视侦察队军官谈话过程中,"身份不明的装甲车队"演变成威胁性略大的"未知装甲连"。在英国陆军中,这个级别的装甲部队的用语称为"中队"(Squadron),而同级的苏联装甲部队下属单位是"坦克连",所以,用"连"(Company)这一术语就是开始暗示,报告中提到的单位是敌非友。

当报告被传送到作战指挥台上时(那里有一小群人,包括情报人员和打击单位参谋人员),兴奋水平又上一个台阶,报告被解读为"河流以南可能有敌军"。情绪语境如今已经上升到"存在威胁,我方得迅速行动"。作战指挥台通过口头对话和纸质日志向其余旅参谋人员通报这一发现,这时措辞变成"未知装甲车队……可能为敌"。在几秒时间内,这个消息又缩略为"未知敌方装甲车队"。

在原始目击报告送到4分钟后,无人机战术小组已经全部返回各自工作区域,远离这些讨论,专注完成其获派的任务。与此同时,数字报告也已出现在作战指挥台的计算机屏幕上。虽然这个消息明显被参谋人员忽略了,但它显示为红色图标(表示敌军),因为无人机团队只能将图标标红或者标蓝。在数据系统或纸质地图上没有任何颜色表示"未知"目标,也没有数字系统跟踪友军所在位置。情报监视侦察队和作战指挥台上的纸质地图上均用红色标记。在指挥所主办公区,人人都已确信他们眼下是在对付敌军,在接下来的几分钟内,这种态度似乎得到进一步强化。

情报参谋人员重新评估了敌方行动和意图:如果这次发现的是一个大型侦察队,那么预计这个车队会分头行动,快速向该旅后方行进,一路上造成混乱与迷惑;而如果这是一个先头连队,那么它或将企图为后续部队确保渡河点,但也有可能是想要打破该旅的防线。在打击区域(负责动用远程火力),大家的主要担忧是,如果炮兵无法压制该装甲车队(用飞机摧毁车队——这对打击人员来说是最理想的情况),那么整个旅的防线会被摧毁。为应对这一威胁,指挥官下达了炮兵开火的命令。

从这一事件整个发生过程的对话中可以看出,暗示与威胁的强大影响表现得很明显。在该旅作战参谋人员经由战斗群指挥部下达指示,要求密切监视逼近防区的敌军之后,最靠近己方装甲连的部分士兵汇报,所在阵地附近有潜在敌军动向("一两辆车……有可能是友方侦察车")。然而,这个敌军动向并不存在:他们听见的要么是自己连的车队,要么是敌军逼近这个想法产生的错觉。

对作战参谋人员来说,他们对己方地面部队唯一关心的是,是否有人能够"锁定"这个(错觉中的)敌军车队,给出更详细的报告。这涉及战斗群向下属单位指挥部与地面部队反复传递澄清请求。当时,负责这个区域的战斗群指挥部正在越野行军,所以参谋人员只能坐在颠簸的车里,拿着有标记的小地图工作。他们没有数据或卫星话音通信设备,无线电链路很不通畅,通信时断时续。

与此同时,火力任务指示已下达,并下令开火。模拟炮弹开始打击目标——所谓目标实际上正是先前被问到所在区域"敌军"情况的连队。这个连队立即尝试分散开来,减少伤亡,而到这个阶段,他们才收到那份(严重延误)关于通报邻近区域潜在敌军装甲车队的信息请求。

这次事件有一个关键特征:各环节之间链路太长,涉及地面控制站无人机图像分析员,接到要求查看目击报告的侦察车指挥官(10个环节),以及负责炮兵任务开火的炮线指挥官(7个环节)。这些人员(如图5.6所示)之间相隔甚远(达数千米),其中还涉及许多无关间接人员。

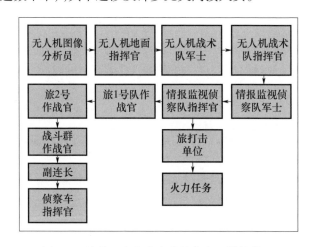

图 5.6 该旅己方炮击事件的信息流结构简图

这次事件后,研究人员访问了该旅参谋人员。他们揭示的事实与历史上两次著名的误伤事件存在相似之处。他们在面对侵占威胁时,作出错误响应,这与朝鲜战争期间一起误伤事件非常相似,即守卫282高地的阿盖尔和萨瑟兰高地团遭遇友军扫射和轰炸(17人死亡、76人受伤)。美国"文森斯"号巡洋舰误击事件也反映了由于各种假设、模糊信息和复杂指挥系统三者交叠引发的误伤,该事件中美军"宙斯盾"系统击落了伊朗航空 IR655 号班机(290 人死亡)。

在上述两次历史事件中,对威胁的感知均夹杂着重要信息缺失,这是指挥系统信息流动传递过程造成的。对阿盖尔团来说,威胁是迫在眉睫的:敌军正从邻近高地(预定空袭目标)发起攻击,但出于某种原因,这个位置与阿盖尔团所在位置发生混淆(Royle,2008)。而对美国海军"文森斯"号巡洋舰来说,感知到的威胁也是错觉——在近期威胁及巡洋舰指挥系统复杂特性影响下形成的错觉(Barry,1992)。与大多数指挥系统类似,该指挥系统是专为高强度战争而设计的,倾向于做出"不是友军,自然即是威胁"这样的假设。阿盖尔团事件和"文森斯"号事件发生时的技术差异巨大,然而在后者发生时,技术倒是先进了,但仍然没能阻止误伤。这个事实具有启发意义。

在旅炮火误击事件中,在压力之下,预期设想导致含糊信息迅速变成确定的威胁。要查明哪个人最先说出"敌方"是不可能的事情,但旅部的结构在其中起到了推波助澜的作用——情报监视侦察队办公区与作战单位办公区是分开的,从信息到行动,中间涉及许多人员,根本没有与原始信息来源有关联的人出来反驳主导观点。"敌军"解读迅速生根,速度惊人;研究小组成员一路跟进报告的误传过程,甚至他们都被"旅将面临突发威胁"这个想法裹挟了。

粗略的调查或许选择将此事件归咎于一点:要么是某个人出错,要么是装备达不到工作要求。这种"单点"思路是误伤事件调查的通常结果。有人可能认为,若有更好的己方部队自动跟踪系统,这类事件或许可以避免。但是,即使近几年投入使用的系统往往也无法提供态势全貌。也有人可能认为,给予无人机控制站更大的行动自由度,允许派遣无人机去详查该连,这个问题就能迎刃而解。可是,在任何处理动态态势的复杂系统中,对于针对敌方态势的设施资产来说,要维持准确的己方部队图像,或者要参谋人员在隔着两三个组织层级的情况下充分了解己方部队动态,并非易事。另外,要让下级指挥官对上级的情报监视侦察报告提出质疑,也是很难的事情。

### 5.5.2 空中武器自由开火区误伤事件

一个师在德国参加一场指挥所演习,现场部署多个指挥部,但全部机动单位均由演习控制计算机中的数字部队代表。在联合战区司令部数据通信和主要使用无线电话的旅之间,必须由旅充当桥梁。

当师属先头单位开始包抄并切断敌方一支部队时,战区指挥官决定将这次攻击作为主要任务,并在战区司令部协调会议向师长作了通报。在师长返回自己所在指挥部的途中,战区指挥官指示下属空中作战小组,命其开辟一个空中武器自由开火区,以防敌方任何援军赶来或撤退至师作战目标区域以西。也即是说,在这个区域内,见到任何军车飞行员都有权向其开火。由于通信工作环节几乎完全实现了数字共享,因此战区司令部空军参谋认为,自己掌握的部队位置图像(由师部的值班人员手动更新)是准确无误的,并且认为,如果发生控制措施变更,先要由师部提出并获批之后,才会向下传达。

然而,在开完协调会返程途中,师长遇事发生耽搁,而师部的数据终端数量有限,许多高级参谋并不熟悉数据系统,初级操作员还要应付上传数据通信和下传语音通信,连通各旅和地面侦察单位,根本顾不上这件事。前方侦察分队快速向目标区域开进,事实上已经超过数据系统上的标记位置20~30千米,而师部参谋并不知悉自由开火区。师部空中联络组(使用另一个专用数据系统)显然知悉自由开火区,但以为作战参谋已经获知这一变化。当师部作战参谋参加该任务相关会议、听闻航空单位已经开始在师部地面侦察单位上空自由开火时,已过了两个小时。

这个事件与真实行动存在两点不同之处。第一,由于这事发生在指挥所演习(计算机并不允许误伤)中,没有实际误伤事件。不过只要发生一起友军误袭,所有人很快就会意识到这个问题。第二,如果部署的是真实部队,那么其配备的空中指挥系统应通过联络小组和控制小组与部队层级保持联通。但是,鉴于快速行军、战场混乱和作战中误伤事件频发等因素,若认为战术空中管制小组能够阻止误伤事件,那就太天真了。

与上一个例子一样,或许能够找出这个例子中的单点故障,不过要归咎于具体一点难度更大。可以认为,师部的空中联络组、打击参谋、作战参谋、参谋长和师长均要承担责任,但师部的标准作战规程并未对此作出明确规定。如果要指出师部空中联络组的错处,他们的岗位职责中并没规定"当数据系统中的这条线移动时,必须立即告知相关作战群"之类的内容;系统中的其他人员也是如此。随着通信系统、组织结构和规程的演变,战区司令部和师级指挥部之间存在战场管理工作的疏漏。类似的含糊不清也有碍于追究上级来源的责任:所有人员都以为,战区司令部的数据系统负责向师部通报信息。

这一例子即是复杂指挥系统中的典型责任扩散现象。这些系统中没有一个人透彻了解系统。这与一系列民用领域灾难(比如博帕尔毒气泄漏事故、三里岛事故和切尔诺贝利事故)一样,在态势理解方面的差异被工作量和系统复杂度放大了。

同样地,信息流结构也表明关键人员之间的链路过长。具体而言,如图 5.7 所示,其中以虚线表示连接战区数据系统的链路不通。此图已经进行大幅缩减,但关键人员之间仍然存在 8 个环节。另外或许还有 6 个以上其他环节,以及许多外围信息路径,这些都无法一一展示出来,因为在战区和旅级没有分析人员。

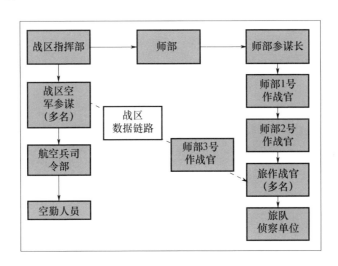

图 5.7　空中武器自由开火事件信息流结构简图

### 5.5.3　近空支援误伤事件

在索尔兹伯里平原的一场战术交战模拟演习中,一个战斗群突入一个敌占村落,从东西两边夹击。敌军是由轻装甲车、步兵和非正规军部队构成的混合部队，一直在迟滞作战，想要撤回村落中心的据点。

战斗群的下属单位已经遭受重大伤亡，其中A连的火力支援组也受到重创。这个连队被东边据点的火力压制了，而这个据点已经击退了一轮突袭；A连连长想要调用近空支援飞机空袭这个据点，这样B连可以穿过A连所在位置，然后进攻村落中心。由于不清楚近空支援的确切效果，战斗群只能依赖炮兵的区域火力来压制敌军，并且可能殃及平民，否则只有推迟进攻，承受更大的己方伤亡，还有可能导致战斗群战术失败。

由于没有火力支援组，A连需要通过战术空中管制队，利用战斗群指挥部无线电链路向战斗群战术指挥部（距离后方1千米远）递交近空支援请求。这需要与战斗群主指挥部（再往后方7千米）的火力计划小组进行大量协调，以避免近空支援任务与西边支援C连的炮兵和迫击炮火力之间发生冲突。而由于建筑物编号、栅格定位坐标、敌军在建筑之间移动等造成的混乱，以及C连单独尝试调用近空支援打击自己所在区域的据点——所有这些因素都让"避免冲突"工作难上加难。为减少混乱，主指挥部接管了近空支援协调工作，但在前进过程中，战术指挥部和空中管制队与主指挥部的无线电链路断联20分钟，反而帮了倒忙。空中管制队只有另寻他法进行火力控制——自己看不见目标，而是依赖连队传递的信息。

这项工作非常耗时。在调用近空支援的过程中，B连一个排冒着火力苦等45分钟才穿过A连所在区域。大约在近空支援启动前5分钟时，该排成员并不知道近空支援小组将要对该建筑群发起攻击，于是，在他们发现敌军在建筑物之间移动，产生机会时，就对与目标相邻的一栋建筑物发起攻击。当他们在这个建筑物中汇合时，不幸被近空支援飞机击中并摧毁，全排覆灭。该排并不知悉近空支援任务，而空勤人员已经被指示攻击预定目标旁边的建筑——这次空袭非常精确，但也恰好落在了最不希望的位置。

在这个例子中，作战排与近空支援机组之间存在多条平行链路和7条不同的语音和数据链路，所以发生含混不清、主观臆断、责任不明以及人工信息处理相关问题的可能性很大。但是，除了表明误伤的另一个方面，这个例子还表明，复杂指挥系统可能扼杀下级机动性和主动性。在这个案例中，在近空支援任务发动之前，战术态势已然发生变化，这个不幸的排已经快要攻占突袭目标。在调用火力过程中，必须停下一切活动，结果却发现，在考虑所有友军位置的时间里,目标已经移动了位置——作战指挥官对这种情形并不陌生。在这种情况下,通常以安全为重,战术成功次之;然而,这类事件表明,内部因素和过长的汇报链路(图 5.8)可能交织在一起,导致二者皆不可得。

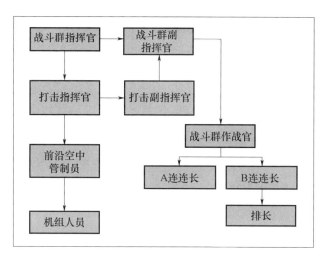

图 5.8　近空支援事件信息流结构

### 5.5.4　航空侦察误伤事件

再回到加拿大平原的战术交战模拟演习,一个装甲步兵战斗群正在参与一场预先准备的进攻。他们的目标是强渡一条河,然后攻击河对岸几千米远处的一片重防区。那里有更多敌军——由一个被削弱的装甲步兵营和一些非正规军构成的混编部队。在制定计划和下达命令的过程中,由于直升机维护问题,预计战斗群不会进行航空侦察巡逻。因此,战斗群所在区域内的任何直升机都被认为是敌军。

然而,在命令下达会(正式的面对面受命会议,全体关键下属指挥官坐在一起听取战斗群指挥官通报任务执行计划)之后,航空侦察单位解决了维护问题,然后告诉战斗群,一旦成功渡河,就能够支援这次袭击。这个消息是通过战斗群网络报告的。后来,当直升机受命执行战斗群所在区域边缘的巡逻任务时,直升机报告被转发至战斗群无线电链路上。

在这场为期10天的演习中,战斗群指挥官每晚平均仅睡3个小时(这在演习或作战行动中并不少见)。他就在前线后方,以一辆FV 511"勇士"装甲指挥车作为战术指挥部,指挥战斗;他必须在旅级网络、战斗群网络和下属单位网络之间不断切换,而且刚刚经历了一轮炮击。

战斗群的其他单位也面临相当大的压力。在强行渡河后,下级单位正在尝试扩张桥头堡,并在一场化学武器袭击后摘掉面具。前方小分队正在主防御阵地与敌交战,战斗群副指挥官在主指挥部(距离后方几千米远)遭到敌方炮击,已经负伤,而5条无线电链路分别传来相互矛盾的报告,指挥部被淹没在混乱信息之中,处在超负载工作状态。小分队指挥官同时传来报告,导致彼此通信切断,无法连通战斗群无线电链路。这时旅部发来报告说,敌军正在发起一轮装甲反攻,然后战斗群航空侦察巡逻队接到指示,要求他们靠近敌军防御阵地后方的战斗群左侧边界线巡航,以搜索并跟踪敌军装甲预备队。

当侦察直升机进入战斗群指挥官视线内,出现在大约1.5千米开外时,指挥官以为这是敌军侦察机,于是动用机关炮向其开火。直升机采取规避措施,消失在视线外。之后,直升机的联络报告、战斗群指挥官的联络报告,以及战斗群主指挥部下达不得向直升机开火的明确警告,才通过战斗群无线电链路得以传输。等到直升机再次出现在视野中,战斗群指挥官仍开火并将其击毁。战斗群指挥官和直升机机组人员仍然通过战斗群无线电链路报告此事(作为一场演习,"死者"有时候会作弊,继续说话,直至指挥参谋人员训斥为止)。20分钟后,这个过程又重复了一次。"再生"后的直升机(训练演习的另一个好处)重新开始侦察任务。尽管战斗群指挥部已经发出明确警告,但直升机再次被战斗群指挥官开炮击落。

与之前的几次事件不同,这次事件显然是在一个环节上出错。尽管战斗群指挥官非常积极能干,但似乎也同样存在一个常见的问题,即在真实和模拟作战中的思维方式问题。这个事件中,关键人员之间的链路很短(图5.9),但它凸显了人在疲惫不堪、超负荷工作和承受压力状态下,如果还得应付大量信息,思维过程会出问题。

如果发生失误的不是战斗群指挥官,而是任何其他人,那么可以说,这次事件归咎于对待演习的激进或轻率态度,或者归咎于恶意渎职行为。用

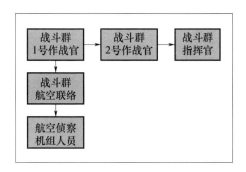

图5.9 航空侦察事件信息流结构

在年轻下士或中尉身上,这个说法或许成立(而且往往是不公平的),但换作任何单位指挥官,在可能影响自己军旅生涯的演习中,他们显然极不可能如此行事。在事后接受访谈时,战斗群指挥官表示,据他本人所知,战斗群并没有部署直升机,他也不记得收到过关于航空侦察的任何报告。但在重放战斗群无线电通信后,发现他确实收到了关于航空侦察直升机行动的态势报告,也收到了直升机发送的目击报告。这表明,战斗群指挥官确实收到了这一关键信息,不过当时没有处理或记住。

这次事件看起来应该归咎于战斗群指挥官的心理过程:简而言之,在收到关于直升机的新信息后,他的大脑没有相应更新对战况的认识。他有一个先入为主的想法(在计划过程中几乎固化),即凡是直升机都是敌军的。要修正这个预想,需要一条非常强有力的信息才行。在真实误伤事件中也可见到非常相似的心理机制:在压力下,人们很难不凭借简单的经验法则去认识战术态势。在战场上,人们往往会遵循简单的法则,比如"凡是直升机都是敌军的"、"凡是坦克都是敌军的"或者"凡是北边过来的都是敌军"。除非铿锵有力地传达例外情况,打破这些规则,否则这种思维就可能导致误伤。

## 5.6 战术心理学

上文的例子突出了指挥系统的一些关键特征。在兼顾安全与战术成功时,设计师必须将这些特征纳入考虑之中。旅炮火误伤的案例表明,信息在经过冗长链路时可能发生变异误传,增加误伤概率。空中武器自由开火事件表明,这些链路可能因为技术故障、人为失误或信息过载而中断。近空支援事件表明,在关键信息未传达到最底层时所产生的后果。最后,航空侦察事件表明,即使人员收到信息,他们也可能难以正确理解并采取适当行动。

本章探讨的是误伤的组织因素,包括信息丢失、延时、复制和变异、责任分散、网络过载、链路中断以及团队分散等机制。不过,还应考虑到射击时刻的心理因素,这章内容才算是完整。

### 5.6.1 经验法则

上述例子反映出很多其他情况,即开火射击或冲锋陷阵的决策似乎是轻率鲁莽或无可奈何的。对于滑铁卢战役中反法联军误击普鲁士士兵事件、朝鲜战争中美军飞机误袭英军阿盖尔团事件,以及近些年伊拉克和阿富汗战争中发生的类似问题,指挥室内的将军或许认为是相关人员无能,因为目标看起来一点也不像是敌军。可是,在每个事件中,射手并不是坐在椅子里冷静思考,而是凭借其大脑的直觉或经验法则采取行动。这是一种人类特性,它是人们在具有威胁性,但相对简单的环境下(如人际暴力等)处理信息而发展而来的。这些经验法则并不总是适用于复杂激烈的交战威胁、复杂武器系统操作、指挥部的冷静评估或者极端作战环境(Shrader,1982)。

在威胁程度高、工作负荷大和睡眠严重缺乏的情况下,人会产生感知困难,心智处理能力会减弱,而经验法则只能尽力而为。在许多这类事件中,比如战斗群指挥官击落己方侦察机或旅调用炮兵火力打击己方连队,军人们显然认定一条简单规则——"在那边出现的只会是敌方"。在面临压力或疲倦不堪的情况下,只有有分量的信息才能改变长期记忆中固化的感知设置。

缺乏睡眠要比某些评估所认为的更加普遍。在我们的例子中,仅师部参谋及以上级别人员才享有轮班的奢侈——而且这种奢侈绝对不适用于师部的部分关键人员。在一场为期3周的演习中,旅部参谋每晚平均睡眠时间为5小时左右,战斗群参谋平均睡4小时,战斗群指挥官只睡3小时。在行动和演习中,一般规定有36小时的活跃期,中间间隔2小时的睡眠时间。

这显然会导致任务效能问题,但还有一个更加隐蔽的问题——睡眠缺乏对记忆力的影响。我们知道,睡眠对新记忆的形成非常重要,但误伤事件表明,睡眠缺乏会妨碍军人们修正更新陈旧的记忆。演习观察员反复见证,在疲惫不堪的情况下,士兵的先入之见将关键信息拒之门外。每位士兵都知晓"按计划作战"而不是"对敌作战"这个做法存在的问题,但是根深蒂固的经验法则会刺激他们的行为。英国军事理论家利德尔·哈特(Liddell. Hart,1944)曾经嘲笑说,"让军人接受新想法很难,但还有一件事更难,那就是让他们摆脱旧想法。"或许,他说的就是那些高负荷工作,身心俱疲的士兵。

### 5.6.2 感知威胁

遭受伤害或对他人造成伤害的风险会使人的大脑在处理信息时具有选择性。举个例子,以下是西德尼·贾里在《第十八排》(*18 Platoon*)(Sydney Jary,2003)中的回忆:

相隔大约10码的距离,他用一把施迈瑟冲锋枪指着我,开枪打光整个弹匣的子弹,大约30发。这种感觉就像是观看慢镜头默片。我听不见施迈瑟枪的卡嗒声,但却记得一串空弹壳从这把德式冲锋枪中飞泻而出的画面。

类似的感知效应在作战人员的证词中很常见。就像抢劫案受害者在提供嫌疑犯拼图时只记得一把刀,作战人员常报告的是受限的感知。听力受损、狭隘视野、听觉或视觉增强、时序失真和解离感等反应都是常见现象(Grossman,2004)。许多人会完全封闭自己或陷入"恐惧睡眠",也有人会失去知觉或产生幻觉但继续工作(Murray,尚未出版)。这个过程可能与高级、有意识的思维过程是分开运转的,低级脑功能会自觉紧紧抓住最具威胁性的信息。尽管通过演习来分析误伤是有其局限性的,但无论如何,它都表明,高级脑功能会偏向于低级脑功能的信息过滤。

通过高级认知来修改低级脑反应可从训练着手。为克服士兵对开枪或开炮的天然抗拒心理,武装部队确立了许多措施,将发射行为植入中脑和肌肉记忆之中,通过演练形成自动应激反应(Ellis,1980)。从处理上来说,这样会把信息和反应非常紧密地绑在一起,形成快速、高效、近乎机械的反应。在限制较慢的有意识思维后,信息与反应周期要快得多。

有意识的思维过程和长期记忆决定着行动决策,而训练往往企图将这些机制转变成中脑训练。为防止士兵交火失败,许多演练将"盲射"训练成士兵面对射击的第一反应。这种演练会加强攻击性动力,从而提高开火倾向。一旦士兵有了退避心理,就很难让他们回去战斗,所以演练通常以养成士兵的开火习惯为目标。这难免会促使战士将信号探测设置偏向"误报"——让人更有可能把战友误认为有效目标。这加强了人们从一种安全、但费事的假设检验决策模式,转而偏向于一种简单、但有风险的偏见模式。如前文的航空侦察例子所示,输入信息要经过着重强调后才会重新构建一个观念。

对命令、无线电通信和开火的分析有力表明,在数十次演习之中,不论个体之间、其任务角色之间的差异有多大(航空兵、陆军士兵、海军士兵、指挥官),先入为主的思维过程都会发挥主导作用。在作战误伤中,显然也存在同样的心理过程。先入为主的观念与新输入的信息之间格格不入,这充斥在整个指挥系统中,并且指挥系统的演变方式在某些方面更加剧了这一问题。

## 5.7 从组织机制上防范误伤

尽管很多误伤事件几乎不会牵涉到组织因素,但那些与组织机制有关的误伤事件或许才是最令人不安的,因为我们本可在实际作战之前,通过训练演习,及早发现和纠正问题。应该注意,设计完善的指挥系统对误伤的主要作用在于,它们通常可以防范误伤。如果指挥系统能够在海、陆、空士兵之间传达清晰而有针对性的信息,提供简单指引,并在必要时限制火力,那么彼此误伤的可能性就会降低很多。

随着指挥系统技术不断进步,防范误伤的效果也越来越好。事实上,可以说,由于技术进步,使部队相遇时的不确定性范围越来越小,因此不再有军级指挥部遭到己方轰炸,或出现将领被自己人射杀的惨剧。虽然有人考虑到误伤事件整体上减少或许更多归因于战争类型,而不是指挥系统设计,但指挥系统技术确实有明显成效。

举个例子,一些数据链能够在传感器和行动主体之间建立更加紧密的网络,既降低了误伤概率,又不影响战术成功。如今,连长和前沿空中管制

## 第 5 章
### 误伤背后的组织机制

员可以同时收看无人机传来的实况视频,一览己方步兵分队和他们面临的敌人,以及可能在作战区域内的平民。利用这个视频信息,连长和空中管制员可以直接与步兵分队指挥官、无人机操作员和近空支援飞行员通话,调用近空支援。只需在传感器、行动主体和面临最大误炸风险的人员之间建立若干链路,这样的紧密网络就能帮助防范近空支援火力导致的误伤。在许多情况下,这种紧密网络既可防范误伤,又不抑制确保战术成功所需的反应速度。

不过,数字通信通常被误导使用,即利用宽网来取代链路,从而缩短链路。在旅级作战中心,每位参谋官均可使用电话、电子邮件和无线电链路,6个计算机聊天室、2个半数字化的地面图像、3个无人机拍摄传送的实况视频以及作战中心的多个面对面链路。虽然技术链路是持久且相当可靠的,但人类链路却并非如此。人们要专注于一个网络,唯一的方式就是无视其他网络。所以,技术不是将作战中心参谋人员置于一个巨大"信息全知"网络中,让人人都知道相关的一切,而是通常将这些人员置于众多不断变化的网络之中。

规划小组中也存在这个问题,可能有几十名专业人员同时与多个指挥层级协调各自的活动。就像战术指挥官在两套无线电链路之间切换一样,计划人员和作战人员不得不潜进浮出各种瞬态网络,这会增加他们错失某些关键信息的概率。

试图通过扩展网络来缩短链路通常会弄巧成拙,反而造成巨大的信息处理负担。瞬态网络太多,不仅无法减少指挥系统链中的链路数,还可能出现更多的链路。由于人人都可以接入如此众多的数据链路,因而需要另外派人监控,这会导致指挥系统中的人数剧增。近期对指挥系统的观察结果表明,指挥部仍多出 40% 的人员。越往上走,指挥部中"可有可无"的人越多。这些多余人员会发现自己的时间被差强人意的无关信息管理工作填满,真正花在有效工作上的时间少得可怜,只有 32%。

前文炮兵误伤事件中所涉及的旅级司令部,其规模大约相当于驻阿富汗指挥部的五分之一。这种在规模和人员上的扩增,有一半原因在于指挥部各个层级的专业化趋势,包括配备文化顾问、情报专家、监视专家和侦察专家以及了解简易爆炸装置的人士等。其中,某些方面的专业化是不可避免的。不过,另一半原因在于一种恶性循环:信息越多,则需要的人手越多;人手越多,产生的信息就越多。随着网络的分化重组,对于谁了解些什么情况,很难保持持续跟踪,而这就会导致误伤,除非那些紧密联系的低层级网络能够对抗这种效应。但是,在许多情况下,信息负载会与"选择性战争"伴随的风险规避心理结合,扼杀战术成功。

与其试图通过扩大网络来缩短链路,导致网络过大且脆弱,以至无法运作,不如在指挥系统设计时减少指挥部的人数和信息量,从而减少网络和链路的数目与规模。这看起来有悖常理,但大多数指挥部发现,在减少人员、减少信息沟通之后,运作反而更加高效。

在炮兵误伤的例子中,指挥部在演习过程中也在演变。在一些分析人员的支持和指挥官的大力鼓励之下,参谋部制定了"精简"策略,专注于关键信息的快速传递,同时有效削减了40%的配员。结果,连接无人机分析员与战车指挥官的链路从10个环节减至5个环节,详见图5.10所示。这并不需要成本高昂的技术,但却大幅提高了信息传输的速度,同时减少了误传的数量。

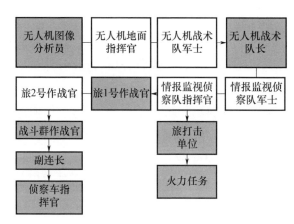

图5.10 旅参谋人员确立的简化信息流结构

随着链路缩短,人们能够更好地沟通具体情境,省略不必要的细节。无人机指挥官知道旅队需要实施何种行动和打击任务,并且能够更加清楚地向图像分析员阐述这个问题。这意味着,他们处理的信息更加集中而简洁。在一个更接近真实人际网络的环境中工作时,他们能够对战术态势形成一种更清楚、更准确的理解。类似的过程可以应用到任何指挥系统中,其他一些系统已经做到了这一点,因为它们已经熟悉了需要什么信息、以及需要从谁那里获得信息。

## 5.8 结 论

简单的答案是,想要兼顾安全与战术成功,指挥系统不必扩大网络,而是需要减员。

在我们的例子中,从探测到威胁的传感器到开火射击的行动主体以及不幸遭到射击的人员,除了1个案例之外(战斗群指挥官击落己方侦察直升机),其他所有案例的环节数都超过了6个。虽然考虑建立这样一条规则可能有用:当人员之间环节过多、可能产生误伤时,则应取消开火,不过又会阻碍敏捷性。然而,如果1个连长发现,调用空中支援的排与机组人员之间的链路超过4个环节时,就应考虑取消任务,除非该排当时处于异常艰难的境地。

从长远来看,显然需要尝试并设计足够敏捷的指挥系统,以更好地兼顾安全与战术成功。我们已看到,在技术进步的推动下,较低层级的网络和链路变得更加紧密、敏捷,但在较高层级,情况尚待改善。高级指挥系统往往会遏制敏捷性,以至于确保安全的唯一途径就是"缓慢行动并保持防御"的策略。

在我撰写本文之时(2011年夏),驻阿富汗赫尔曼德省的英军部队正在"构建前沿基地"——即从一系列前沿作战基地着手,在周边地区部署监视设施和地面巡逻设施。虽然此举似乎在当地取得成效,但它完全是一种防御性策略;它所覆盖的区域很小,而且只是迫使叛乱分子将注意力转向别的区域。当时指挥系统缺乏敏捷性,并且对人员的需求量较大,因而促成了静态的方式。鉴于需要如此多的人员来处理信息,而英军部队规模存在上限,该指挥系统的作用就是限制地面行动可用的士兵人数。

许多陆军士兵和海军陆战队员都担心这两个特征会降低战术成功的概率(Anon,2010)。虽然指挥系统可改进适应,但如果太过复杂,就意味着变化不大,而且系统存在的问题难以被发现。通常,只有等到灾难性事件发生后,大家才会意识到指挥系统的失败之处。这种情况曾经发生过,比如第一次世界大战中(Kirke et al.,1932)和1940年法兰西之战(Bartholomew,1940)期间,但不大可能发生在英国驻阿富汗部队身上。在一种相对轻松的环境下作战,并且只等着几年后撤兵,就会产生一种风险——现行指挥系统会一直用下去,直到面临更强大、更敏捷的敌人,他们会利用这种弱点来牵制我们。

为防止发生这种情况,应该停止试图通过扩大网络的做法(注定会失败)来缩短链路。我们需要通过减少无关信息的数量、并减少"可有可无"的人员,从而缩小网络和链路。如果不这么做,我们的指挥系统就有可能在未来战争中失去作用。最新一轮国防开支削减或许为指挥部提供了精简的机会,这甚至可以避免裁撤某些作战单位。

## 注 释

[1] 训练观察结果表明,在与敌方主力第一次接触时,指挥官往往会忽略侦察。所以,第二梯队或纵深阵地在部署过程中经常是盲目处理的。同样容易被遗忘的还有预备队、炮兵和迫击炮兵。

[2] 即使有最好的资产跟踪工具,也总有盲区和延误导致无法看到全貌。

[3] 当时,英国部队使用的术语情况如下:"探测"指能够看见身份不明的行迹("那里有事发生");"侦察"指能够看见并分类("人群""坦克"或"牵引车辆"等);"识别"指知悉种类型式("步兵""T-72坦克")。敌我属性判定通常是在"识别"阶段,除非射手心里确定在被观察区域内只有敌方实体。

[4] 速记纸是一张A6纸大小的规范格式纸,现今某些指挥所仍然在使用,但讽刺的是,自实现数字化以来,很多单位又回归到使用便利贴。

# 第 6 章

# 基于人为因素降低误伤风险的方法

克莱尔·奥特里奇,西蒙·韩德森,
拉斐尔·帕斯奎尔,保罗·沙纳汗

## 6.1 引　　言

人们普遍认为,误伤在战争中是无法避免的,几乎没有人相信这种现象会彻底消失。查尔斯·施雷德(Charles Shrader)中校也赞同这个观点。20世纪80年代初,他曾经收集并分析过一个综合误伤事件样本,对这个问题进行了前所未有的深入研究。他给出的结论是:"误伤是战场上的残酷现实。只要人类和现代化机器还在发起战争,它就怎么也消除不尽。"(Shrader, 1982)。人们深信,战场节奏加快,以及高技术武器装备激增等因素,将会加剧误伤问题。最终,随着战场空间的作战环境变得愈加复杂、混乱(其中一个原因在于,敌方采用非常规战术对付联军,其机动能力、敏捷性、适应力越来越强),人类紧跟态势动态变化的能力会捉襟见肘,因而潜在的误伤风险将会增加。

误伤的影响远甚于明面上的生命和资源损失。施雷德曾经强调过这一点(Shrader,1982):每起导致友军死伤的误伤事件均会挫伤支援部队的士气和信心,导致友军行动中断,这也意味着,炮弹或子弹本应打在敌军身上、削弱对方战斗力,但最终反伤己方。

相关文献也着重强调误伤的主要影响,包括能见度差的情况下开展行动犹豫不决、对作战单位领导层丧失信心、加重领导的自我怀疑、犹豫使用作战支援系统、作战单位受到过度监督、丧失主动性、丧失火力和机动攻击性、行动中断、丧失战斗力以及凝聚力和士气整体下降(Steinweg,1995;Waterman,1997)。

心理后果是误伤引起的最严重的因素之一,这是作战指挥官在制定措施、遏制和管控误伤根源时所必须考虑的问题。根据邦迪(Bundy,1994)所述,只要发生一起误伤事件,其心理效应即可"导致一场行动丧失进攻性心态,而且动摇所有人的信心,挫伤上至统帅、下至基层士兵的士气。"一旦士气受到重挫,各级领导会开始怀疑作战计划、武器系统以及调兵谴将和装备使用方法是否有效。没人能够摆脱愧疚自责之情,而这最终会对作战表现产生不利影响。观察发现,涉事单位的指挥官和参谋军官更有可能避免紧密协同的行动,偏向安全空间更大的行动(Steinweg,1995)。这种现象曾在1991年海湾战争中出现过几次。例如,一位装甲骑兵团团长回忆一次事件说:"……作战人员表现出远甚从前的克制。人人都会稍微靠近敌人一些,确保没有误认"(Wild,1997)。这种拘谨态度和缺乏信心的状态当然可能破坏当时任务指挥导向、快节奏作战方式的有效性。

要想完全消除误伤几乎是不可能的事情,除非解除己方或友军部队的全部武装。然而,我们可以通过各种手段降低误伤风险,比如增进对这类事件发生机制和原因的认识,并实行技术性和非技术性的风险降低策略(Steinweg,1995)。本章主要侧重于非技术干预手段。

## 6.2 认识和描述误伤现象

误伤无疑是一个错综复杂的问题。哈梅耶和安塔尔(Harmeyer et al.,1992)评论说,"战斗是一团糟的混乱与疯狂。伴随战斗的那种恐惧和不确定性难以想象,没有经历过的人无法了解'误伤'问题的真正面貌。"

"人因"学(主要研究人类及其与产品、装备、设施、规程和工作/非工作环境的互动)可以为我们了解误伤和战斗识别的复杂性提供某些有价值的深入分析。英国国防部将战斗识别定义为"结合态势感知、目标识别和具体战术、技术和规程来提高武器系统作战效能和减少误伤所致伤亡的过程"

# 第6章
## 基于人为因素降低误伤风险的方法

(英国国家审计署报告(NAO,2006)中引用内容)。通过采用人因方法,可以对一些重要问题(如图6.1所示)进行探讨(进而有望给出答案)。

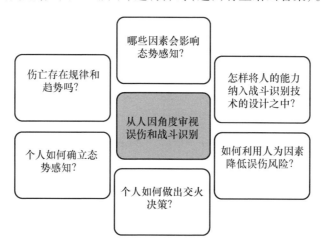

图6.1 从人因角度审视误伤和战斗识别

### 6.2.1 从各种角度审视误伤

对于误伤事件发生的机制和原因,回顾以往的分析,我们发现,存在一种视角过于狭隘的倾向,即只考虑这类事件的直接原因及其对友军的后续影响,而没有审视导致这些悲剧的完整(往往也是复杂的)事件链。在很多情况下,那些看似毫不相干的环节或事件可能会对一连串事件产生非常切实的影响,最终导致误伤事件。只有将一切可能的影响因素纳入考虑,并且置于完整系统情境之中,才能真正了解这些事件(误伤事件不大可能只有单一的成因)。可能引起误伤的因果因素涵盖甚广,包括:

(1)人类行为的方方面面(比如决策、压力、注意力、感知、判断、记忆、态势感知、性格和恐惧等);

(2)组织因素(比如训练、指挥官意图、组织结构和汇报);

(3)战略因素(比如条令、招募以及交战规则等);

(4)物理因素(比如能见度、地形、装备故障和时刻)。

为透彻认识误伤的性质和潜在原因,我们必须从这些不同的角度来一一研究这个现象。时间因素、组织因素和心理因素复杂地交织在一起,说明了误伤问题的复杂程度。

### 6.2.2 从组织角度认识误伤

政治层面的决策(比如,涉及组织政策的决策)可能通过一条冗长的因果链路(参见图6.2)影响战术层面上的个人决策(比如向目标开火)。例如,军事组织的整体结构会影响组织上下的信息传播方式,从而影响个人对态势信息的处理与感知。这进而会影响个人的态势感知,引导个人做出的决策,最终影响个人行为。个人训练与交战规则也会对个人的后续决策产生重大影响。这一潜在的复杂事件链表明,将误伤事件归咎到单一因素上是多么不当的做法。

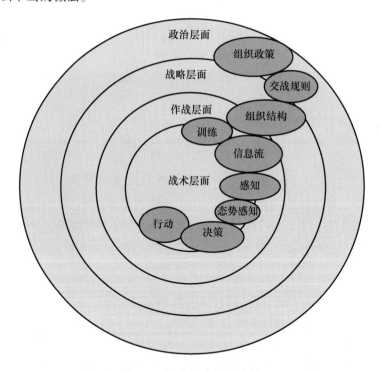

图6.2 误伤影响因素模型

除了审视各个层面(从政治层面至战术层面)在决策过程中的作用,还应研究这些决策的影响及其如何进一步塑造未来决策。如前文所强调的,在发生误伤事件之后,部队和领导的信心、凝聚力和士气很可能会受到重

# 第 6 章
## 基于人为因素降低误伤风险的方法

创。这进而会导致现行和未来行动谨小慎微,领导越来越优柔寡断,不愿承担风险(Cruz,1996)。

### 6.2.3 从时序角度认识误伤

我们还可从时序角度审视误伤。作战能力的形成和部署建立在四大"基石"之上:人员、组织、流程和技术(图6.3)。这几大基石决定了作战能力的构成要素,但其变动或修改也可能影响作战能力。如前文所述,误伤的促成因素通常可以追溯到政治层面的基本决策上。如图6.3为一个时序(或流程)情境,可用于探究误伤事件的根源,也表明"基石变化"的潜在影响(Shanahan,2001)。

在开展任何军事行动之前,必须首先发展军事组织的能力。这项工作的基础在于,有效发展人员能力,确保完成任务,包括确立人力和人员政策,招募人员,开展训练和战术活动等。如图6.3所示为在准备任何既定行动时应遵循的典型步骤。在交战之前,军事组织通常会经历多个阶段,涵盖部署前到任务执行整个过程。这些环节中纳入了情报收集、态势评估、作战计划、资源配置、训练、设定交战规则、指示下达以及部署。一旦备战完毕,即开始执行任务,最终走向交战。交战本身也涉及若干复杂步骤,包括探测、侦察、分类、识别和交战决策。这里再次强调,需要认识到,在整个过程中存在一系列起因和促成因素,准备过程中的后续步骤往往会受前期步骤的影响。事实上,误伤事件的根源或许不仅源于交战本身的人为失误,还可能在于因果链路上游的决策或事件(比如训练不足或指示传达不力)。

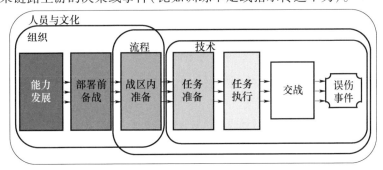

图 6.3 从时序角度下看误伤,以及减少误伤的整体思路

图 6.3 也代表了一种减少误伤的全周期思路。其中任意一个组成部分发生微小变化，均可能显著影响组织能力、任务准备、任务执行和实地交战。例如，为执行任务选定和训练的人员会影响能力发展、战区内准备以及（或许最重要的）任务执行。组织结构和流程在很大程度上影响军事能力发展，还影响任务和交战前准备的各个阶段。

最后一个可能被操纵、从而引起变化的基石是技术。图 6.3 所示的时序视角表明，技术应用可能会在很大程度上影响"开火时刻"或交战本身。一直以来，人们普遍认为，通过技术"速效"解决方案降低误伤风险是行得通的，但这种方法基本上治标不治本。虽然已经研发了大量战斗识别设备来完善态势感知，但不大可能有任何单一设备能够完全支撑这一过程。要想详细了解自己所处的位置（与方向），以及友军、敌军和中立部队的位置，仅靠技术设备是不行的。最起码，人类需要通过自律、专注力和充足的时间来构建即时环境图像和未来潜在态势理解。归根结底，要建立真正的态势感知，需要透彻了解诸多因素，包括指挥官意图、任务、敌军、地形、部队、武器以及任务执行时机等。可惜的是，误伤涉及太多变量，这是单靠技术无法解决的。

### 6.2.4 从心理角度认识误伤

虽然误伤事件的根源可能存在于军事过程链的上游（或者源于个人、团队、组织和/或政治失误），但这些事件的后果却可能对事件的直接参与者产生重大心理影响（Shanahan，2001）。个人决定是否向目标开火，在很大程度上取决于个人对当前和未来态势的认识。历史分析认为，在作战环境中没有确立和维持态势感知是导致误伤的主要原因之一。建立态势感知是一个复杂过程，涉及梳理周边环境相关信息，将其与现有知识和过往经验相结合，在此基础上构建一幅良好的态势感知心理图像。个人的态势解读（或意义感知）会在很大程度上影响未来信息采集、态势感知方式、风险评估过程以及最终决策过程（Klein et al.，2006）。

个人必须评估敌军和友军在战场上的可能位置，这是基于一段时间内梳理搜集的信息来实施的。例如，如果个人构建的战场环境心理图像是不准确的（对敌军或友军所在位置的感知有误），那么误伤风险自然会上升。

# 第 6 章
## 基于人为因素降低误伤风险的方法

如图 6.4 中的模型所示,若干相关的因素可能影响个人,进而影响整个军事人员团队的决策过程和最终行为。这些因素源于军事过程和全局组织,其中许多因素通过干预变量发挥作用。譬如,先前训练会影响个人(或团队)为当前态势带来的知识和技能,进而影响交战。

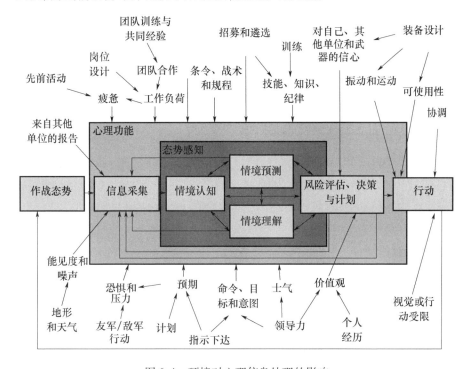

图 6.4 环境对心理信息处理的影响

虽然上述因素绝非详尽无遗,但它们有助于突出这个问题的复杂性质,同时进一步强调了这样的结论,即误伤问题不存在简单的解决方案。

## 6.3 探究误伤的根源

正如前文所述,只有在极少数情况下,误伤事件才仅是"开火时刻"的决策失误导致的直接结果。大多数误伤的根源往往在于更高层级的组织决策。理解某种态势是如何"形成"的,这对于确立措施、降低误伤事件未来发生的可能性是至关重要的。在探究某个事件的原委时,要追溯到何种程度,这是值得商榷的问题。我们可以止步于个人行为,下结论说,事故是人为失误直接导致的,如桑德斯(Sanders)和麦考密克(McCormick)将其定义为"实际或可能降低效能、安全性或系统性能的不当或不良人员决策或行为"(Sanders et al.,1993),也可以调查导致人员特定行为的深层因素。然后,我们可以将起因归咎于其他因素,如装备缺陷、领导不力、作战规程错误或不完善等。

雷森(Reason,1990)认为,在理想状态下,每个防御层(比如人员、组织和程序)是完整无缺的。而在现实世界中,这些防御层更像是一片片"瑞士奶酪",存在许多漏洞——但这些漏洞在不断开合和变换位置(图6.5)。这些漏洞出现在任何一片"奶酪"上,通常不会导致不良结果。然而,当多片"奶酪"的漏洞在某时某刻连成一串时,就会形成"事故机会轨迹"——导致危害降临到受害者身上,造成损害。

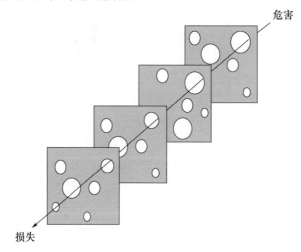

图6.5 事故机会轨迹

要确定任何事件或事故的主要根源,研究整个因果链路是极其重要的。任何误伤事件都是一系列作战活动的累积过程,每个阶段均有可能出错。在许多情况下,实际交战之前仍有可能存在某些潜在的误伤因素(即,除非产生错误条件,否则不一定会导致误伤事件),而后续事件(通常是射手、受害者或指挥控制链路上某人的次要失误)与潜伏错误结合,将后者激活,产生错误作用,最终导致事故(Shanahan,2002)。拉斯穆森(Rasmussen,2000)

# 第 6 章
## 基于人为因素降低误伤风险的方法

在以下描述中说明了这一点:

仔细审视近来的重大事故,可以看出,这些事故并非源于各种故障、失灵或错误的随机巧合,而是由于组织行为朝着安全行动边界系统性迁移所致。重大事故通常是不同组织机构和若干决策者在不同时间点所做决策的副产品,当然他们的出发点都是尽力在局部发挥效力。

如图 6.6 所示是从"射手"角度来看,可能导致交火决策的一系列常见作战活动。在这一连串活动的任何一点均有可能出错,例如:

(1)计划:作战计划可能存在固有缺陷。

(2)简报:下达指示时可能会遗漏某些关键信息或存在危险的含糊之处。

(3)机动:机动可能不按计划进行;导航错误可能导致作战单位不知道自己的真正位置,置身在错误位置。

(4)探测:开火单位可能没有探测到危险区域内存在己方或友军部队。

(5)识别:己方或友军部队可能被误认成敌方部队。

(6)交战:交战决策可能有欠考虑。例如,在决定向敌方(经正确探测和识别)开火时,可能会错误估计对邻近友方(经正确探测并识别)构成的风险。

(7)射击:交战的实际"机制"可能出错(瞄准失误或时机不佳,可能导致火力殃及己方或友军部队,而不是预定目标)。

(8)指挥控制:可能存在指挥控制失误。例如,误伤事件揭示,某单位可能无法得到适当的通知或控制。指挥控制失灵一般是次要问题,因为这些问题往往显现在主要活动(机动、探测、识别、决策和交战)失误之中。

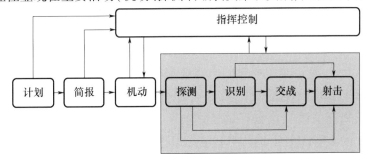

图 6.6 导致交火决策的作战活动序列

另外,受害者也可能会影响误伤结果。譬如,受害者的计划、指示下达、导航或指挥控制等环节可能存在缺陷。受害者可能误认另一单位为敌军,采取相应行动,因而向这个单位发出敌对暗示,导致对方开火。双方都有失误的情况很常见。例如,受害者可能出现导航错误,让自己处于不应该出现的位置;然后,射击方可能误认对方从而开火。

### 6.3.1 从过往案例中增进对误伤事件发生机制和原因的认识

尽管千百年来战场误伤现象已广为人知,但它的正式报告却极为有限。因此,由于数据不足,导致难以计算误伤率,也很难查明这类事件的主要促成因素。

各种问题使二十世纪的误伤数据分析面临重重困难。例如:

(1)官方记录的估计数据很难找到,因为直至20世纪80年代中期才有了明确规定的汇报要求。

(2)直至1991年,美国陆军训练与条令司令部才公布误伤现象的官方定义:"误伤是指,使用本该用于杀伤敌方有生力量或摧毁敌军装备或设施的己方武器和弹药,造成了始料不及的、意外的己方或友军人员死伤。"(1993)

(3)对官方报告的战争误伤情况一直存在很大的偏见,因为这是一个敏感问题,而且普遍认为(在1991年海湾战争之前)这种事件比较罕见,不值得展开系统性调查。

(4)战斗的混乱局面往往导致难以查明导致误伤事件的事项序列。

(5)文献中记载的误伤比例很少附有数据来源和计算公式说明(因此,要从这些数据中得出可靠结论也颇具挑战性,或者说根本不可能)。

尽管存在这些局限性,但误伤的历史分析仍可提供对某个议题的珍贵信息来源,而这个议题未被深入研究或广泛记载(Gadsden et al.,2006)。其中,关于误伤事件的事实证据讲述(比如调查委员会报告)和其他可靠报告是极佳的数据来源,有益于理清这类事件背后的各种组成因素及其相互关系。这也有助于了解人类系统失误对后续事件将产生多大程度的重要因果影响(对于这一因素,基本上没有系统性研究和记载可查)。

# 第6章 基于人为因素降低误伤风险的方法

## 6.3.2 误伤原因分类

在理想状态下,训练和行动期间发生的全部误伤事件均应按照相同方式加以分析,以便确定关键模式和趋势(在确定的原因和组成因素中),从而制定相应的风险降低措施。可惜,目前的情况并非如此。不过,要想达成这种分析的一致性,有个简单的方法是,军事人员和研究分析人员等都使用一种通用的分类体系,以对每个事件进行审视。

在英国国防部资助下,启动了一项为期6年的误伤和战斗识别人为因素研究项目,其中,本文作者确定了一组误伤成因的核心因素,然后在此基础上,建立了一个"误伤因果分析模式"(FCAS)。这一模式的结构是基于一种初始分类体系发展演变而来,曾在2005年的"历史记载研讨会"上由美国国防科技实验室(DSTL)提出。该研讨会由"技术合作计划"(TTCP)下设国际行动小组成员负责协调,着重探讨"降低误伤风险"这一主题,其中一个目标是制定一种通用的误伤事件原因分类体系,以促进对不同军种和国别的误伤事件进行更清晰的对比研究,确保所有军方参谋人员和研究人员采用一致的分类体系。

最终误伤因果分析模式包含12大类最高层级的促成因素:
(1)指挥控制;
(2)规程;
(3)通信/信息;
(4)紧前部署准备;
(5)误认;
(6)认知因素;
(7)物理/生理;
(8)装备/技术;
(9)环境;
(10)团队合作;
(11)态势感知;
(12)平台配置。

这12个大类下,又包含57个较低一级的具体促成因素(见图6.7)。

| 指挥控制 | 误认 | 环境 |
|---|---|---|
| 指挥官意图 | 目标物理特征 | 极限交火距离 |
| 命令 | 目标识别训练 | 天气条件 |
| 指示下达 | 战斗识别措施 | 地形 |
| 计划 | 目标行动 | 当前时刻 |
| 协调 | 视觉受限 | |
| 指挥控制干扰 | | |

| 规程 | 物理/生理 | 通信/信息 |
|---|---|---|
| 标准作战规程 | 疲惫 | 信息呈报 |
| 交战规则 | 压力 | 通信规程 |
| 射击控制和纪律 | 焦虑 | 通信故障 |
| 条令 | 困惑 | 语言障碍 |
| 导航 | 恐惧 | 信息数量 |
| | 兴奋 | 信息采集 |
| | | 信息可靠度 |
| | | 信息共享 |
| | | 听觉过载 |

| 装备/技术 | 紧前部署准备 | 平台配置 |
|---|---|---|
| 装备故障 | 预演 | 平台布局 |
| 武器调用失误 | 训练 | |
| 武器误用 | | |
| 信任/技术依赖 | | |
| 通信装备 | | |
| 技术误用 | | |

| 态势感知 | 团队合作 | 认知因素 |
|---|---|---|
| 个人/共享 | 团队合作行为 | 决策过程 |
| | 角色与职责 | 工作量 |
| | 分布程度 | 期望偏差 |
| | 共同经历 | 注意力 |
| | 领导力 | 风险评估 |
| | 组织关系 | 信心 |

图 6.7　误伤因果分析模式（FCAS）

必须承认，这个分类模式不大可能完全囊括误伤事件或未果事故的全部潜在成因，而且在某些情况下，所确定的这些因素或许具有事件特殊性。尽管如此，这一架构为详细评估这类事件的常见原因和促成因素提供了有效途径。

后来，英国国防部启动了一项为期 8 个月的研究项目，进一步对该分类体系进行开发和验证。这项研究的目的是，通过对以往误伤案例的调研，确定背后的主要原因和组成因素，在此基础上提出未来降低这类事件发生概率的建议，以进一步改进和完善典型模型中对因果要素的描述。研究范围在很大程度上是由可用信息源决定的。一共分析了 10 起（1991 年至 2003 年期间大规模军事行动中发生的）误伤事件。这项工作需要查阅近年来误伤事件的详细、公正调查报告（比如调查委员会的报告），所以样本大小以这些文件的查阅情况而定。

### 6.3.3 普遍原因和促成因素

该项目深入分析了各个因果因素的普遍率,以显现跨各事件样本的主要规律和趋势。应该注意,鉴于这项分析的性质,分析人员(均具备深厚的专业知识)需要用主观判断,将具体原因归入分析模式下的相应类别。不过,项目团队要完成大量工作,确保不同分析人员之间因素指定的高度一致性(通过交叉校验和小组讨论等方法)。通过这一过程,分析模式得到进一步验证。

最初,分析人员通过计算全部10起事件中每一类目下出现的因素数目,考察12大类因素的相对重要性(图6.8)。例如,在10起事件中,有涉及部署前的准备工作14项因素被确定起促进作用,如预演或训练。除此之外,该图清楚地表明非技术因素的普遍存在。

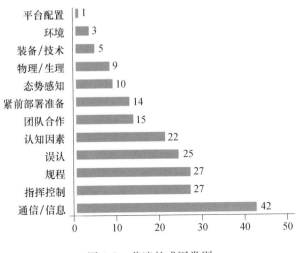

图6.8 普遍的成因类别

在这10起事件构成的样本中,研究团队确定了57种类型的大部分因素(有些因素出现多次)。下面将对其中相对常见的高级类别(如通过频率分析确定的类别)进行说明。

通信/信息:事件分析揭示,提供和分发可靠、实时信息是降低误伤风险的根本手段。该研究项目确定了所考察的全部事件中与信息共享相关的原因或促成因素。例如,当关键人员无法获取或不能共享关键信息(以及维持共享态势感知)时,就会产生问题。这些关键信息涉及任务、整体计划、命令、作战环境(例如,各单位所在位置、边界和地形)、敌情(即情报信息)和友军(即参与任务和在邻近区域活动的部队)。这类信息可通过面对面汇报与讨论、正式命令、指挥控制系统以及书面规程等方式提供。

指挥控制:分析表明,在许多事件中,指挥控制层级的行动和决策失误对整体结果有着重大影响。例如,样本中有证据表明,指令和简报含糊不清、计划不当,以及缺乏友军协调(或协调不足)等,皆可能增加误伤风险。

规程:案例分析突出表明,违规行为导致了不少误伤事件。这些事件的典型特征是,没有严格遵循或遵守标准作战规程(SOP)、交战规则、条令以及射击控制程序。虽然违规行为往往不是误伤事件的主要原因,但可能对导致事故的事件链产生重大影响,如下文的当代案例(1991—2003 年数据集以外的案例)研究即表明了这一点。

据肯普(Kemp)与休斯(Hughes)所述,2007 年 8 月,在阿富汗一次误伤事故中,3 名英军士兵惨死。此事表明,看似简单的违规行为可能对事件链产生重大影响,最终导致误伤事故的发生(Kemp et al. ,2010,339 - 62)。

这些受致命伤的士兵来自第 1 皇家盎格鲁步兵团,他们是一支百人巡逻队的成员。该巡逻队的任务是破坏塔利班武装在赫尔曼德省北部卡加克基地附近的行动。大约晚上 18:30,巡逻队遭到塔利班武装分子袭击,面临自动武器和火箭筒的猛烈火力。B 连的 6 名士兵占领了 1 处废弃场地,请求美军对敌军实施空袭。

据验尸官报告称,英军前沿空中管制员与美军武器支援官之间的网格定位坐标"不吻合",存在"网格坐标阐释错误"(BBC,2009)。具体而言,前沿空中管制员没有向 F - 15 战斗机飞行员提供 9 行报告(1 份表明飞机投弹所需信息的报文),而且报告表明,在事发时,这名管制员没有戴无线电耳机(原本可便于进行"免提"通信),而是使用的手持机(使得任务执行在机械上更具挑战性)。结果,1 枚 500 磅重的炸弹落在友军阵地,而不是预定目标所在位置——再往北 1 千米处的塔利班武装阵地(Tran,2007)。

据报道,调查委员会的结果可能会促使对现有通信规程及网格坐标参

# 第6章
## 基于人为因素降低误伤风险的方法

考阐释规程进行审查(Harding et al.,2007)。

**训练和预演**:在分析人员所考察的若干调查报告中,任务部署前训练或预演不足被认定为一个关键促成因素。例如,目标识别、规程、技术系统和具体任务类型的相关训练是非常重要的,能够确保士兵带着适当技能与知识进入作战环境。考察的一系列案例突出表明,这些关键方面存在重大缺陷(例如,参见本章后文关于1994年"黑鹰"直升机被击落事件的案例分析)。在此以阿富汗最近发生的事件为例,进一步说明在误伤事件链中,训练不足可能产生的潜在影响。

2007年1月15日,在进攻赫尔曼德省南部塔利班武装的一个要塞过程中,1名皇家海军陆战队突击队员被1辆英军"北欧海盗"装甲车击毙。调查委员会在调查报告中得出的一个关键结论是,虽然各方面的行动准备大体充分,但这些准备工作"严重"偏离了攻取要塞任务本身的要求,具体可参见英国国防部调查委员会报告(MoD,2008)。报告指出,第3突击旅原本应该部署在伊拉克,但2006年4月其目的地被改为阿富汗,这就使训练准备工作"徒劳无益",因为海军陆战队员发现自己所处的实战环境"与他们训练时的作战环境大不相同"(重点侧重和平支援而不是战斗行动)(Norton–Taylor,2008)。在这方面的建议是,训练"必须反映作战现实"和"最苛刻的情景"。

官方调查报告中提到的其他促成误伤事故的因素包括:任务简报不足,无所适从(调查表明,被认定发射致命一击的士兵曾经收到"仓促"简令,感到不知所措,所以见到自认为是敌军火力后会自主开火);"北欧海盗"装甲车与下车的步兵之间发生混淆且通信不畅(来自多个位置的敌军火力重压加剧了这一问题);各作战分队缺乏一体化训练、新的军队结构等因素导致指挥官与下级军官之间关系紧张,且关键指挥官没有深入解读上级指挥官的意图。(Norton–Taylor,2008)

**认知因素**:误伤事件的样本分析还揭示,认知因素可能在导致交火的事件中起到重大作用。例如,调查结果表明,错误的预期可能会影响人们的感知及后续行动与决策,这是因为,如果作战人员带有某种思维定势进入战斗环境,则会本能地选择关注支撑先入之见的证据(同时忽视推翻这些信念或想法的证据)。这种现象称为"确认偏差"(Oswald et al.,2004)。此外,证据表明,某些决策是在信息不充分、不正确或含糊不清的基础上所做出的,并且没有开展充分的风险评估。专题分析还表明,过度自信和超负荷工作量,这两个认知因素也可能增加误伤风险。

误认:作者指出,在不少例子中,由于"目标"的物理特征或行动被误认或误解,导致决策失误。另外,先入为主的观念(如上文所述)再加上提示或目标含混不清,难以判定,也可能导致严重后果。在某些情况下,军队使用的战斗识别措施其实也会导致误伤事件。例如,误伤事件样本中,存在由于敌我识别系统(用于确定识别友军目标)没有正常运转、误伤防范设备操作使用不当,以及未遵守战斗识别规则规程等情况。下面是一个经常被引用的案例,它表明,军事人员需扎实了解在战场空间中运作的各种资产设施,这对于减少错误识别概率至关重要。

1994年4月14日,美军2架UH-60"黑鹰"直升机被美军2架F-15战斗机击落(F-15将"黑鹰"误认为是伊拉克的米-24"雌鹿"直升机)。这起事故导致来自美国、英国、法国、土耳其和库尔德武装的26名军人与文职人员全部死亡(Snook,2002)。

这次误伤事件背后有若干促成因素。但是,F-15飞行员误认直升机型号是一大主因。事故调查结果揭示,这背后存在几个可能原因。首先,事发之前4个月里,2名飞行员均仅接受过有限的识别训练(部分原因归咎于当时的部队调动问题)。其次,在最后一次训练中,在任务部署之前,F-15战斗机飞行员收到的训练幻灯片中仅有5%为直升机图片,而其中大多数图片又是从地面角度仰视拍摄的。再次,训练资料包中"黑鹰"直升机的照片很少,显示副油箱、机翼等部位的图片更少(在这次任务中,"黑鹰"直升机装备了额外的翼挂油箱,而F-15飞行员对这样的外观感到非常陌生)。另外,准备训练中均没有涵盖伊拉克直升机的伪装方案。这一案例突出的表明,军事人员必须通过训练并积累经验,充分了解和知悉战场空间内活动的各种装备,这一点非常重要。(Snook,2002)

在这项针对近期实战误伤事件的分析中,最引人注目的发现是,这些促成因素普遍存在一种现象,即与"开火时刻"没有直接关系、但涉及许多其他组织因素和人为因素。这进一步强调了一个观点——风险降低策略应该针对潜在因果链路的所有环节(即从政治层面到战术层面)。这项分析证实,建立并保持一种良好的态势感知水平,是降低误伤风险的根本所在。最后,

# 第 6 章
## 基于人为因素降低误伤风险的方法

笔者认为,为了充分了解误伤事件(从而确定适当的干预手段),不能孤立地审视各种原因和促成因素,必须要探究各个因素之间(往往错综复杂)的关系。这一点唯有通过其他更深层的分析和建模方式才能实现。

### 6.4 探讨降低误伤风险的人为因素

虽然彻底消除友军误伤和平民伤亡是不切实际的愿望,但显然有必要改进现有风险降低措施。例如,施雷德(Shrader,1982)认为:

先进技术设备固然能够更好地定位和识别友军部队和装备,改善通信与协调,对减少误伤具有重大价值,但是却无法给出一个全面解决方案,因为误伤本质上是人性弱点的问题。

截至目前,关于降低误伤风险的研究和投入重心一直放在技术解决方案上,可是这些方案无法提供完整的答案。为支持技术层面措施,应该考虑涵盖甚广的人为因素。与战斗识别技术相比,人因防范措施主要集中在潜在因果链路的上游环节,即早期阶段的事件预防。

作为"安检"措施,技术当然是有帮助的,而且可以为战场空间的所有"未知"项添加一个"已知"维度(通过建立态势感知)。然而,对于降低误伤风险,在基于技术的系统开发方面还存在若干问题。例如,研究发现当人们拥有技术决策辅助工具时,往往会按照技术工具的指示机械行事(Lee et al.,2004)。自动提示的存在似乎减少了决策者通过扩展认知工作来搜寻其他信息,或通过复杂认知途径来处理全部可用信息的可能性。在这种情况下,人们通常会走决策捷径或运用启发法(经验法则)来做出快速判断(例如,这种决策偏差受个人经验和信息呈报的严重影响)。自动化决策辅助可能会充当一种决策启发法,并可能会取代更加审慎的监控或决策。

因此,笔者建议,采用人因思路降低误伤风险是一种值得探索的方式。再者,在理想情况下,降低措施应该面向这类事件的全部潜在根源,不论是政治、战略、战役还是战术层面的根源。为此,我们提议,应该综合利用前文指出的四大变革基石(技术只是其中之一)加以完善。在发展这一思路的过程中,我们认为,解决误伤及减少潜在误伤事故时,应该采用一个"完全以人为中心的系统"视角。降低误伤风险的唯一途径是结合人因手段(完善招募、训练、领导力、通信等方面)与精挑细选的技术设备。

其中,训练在降低误伤风险方面具有较大潜力,它可以影响人员和组织发展,在任何作战任务之前对一大批人的各种能力产生重大影响。通过训练来降低误伤风险,主要有如下优点:

(1)提高作战效能(军事人员将具备有效执行任务所需的必要知识和技能,因而误认友军的可能性会降低);

(2)直接提升人员能力(比如决策能力),从而降低技术支持在开火时的必要性;

(3)开发过程短(相比战斗识别等技术设备的开发而言);

(4)成本低(相比战斗识别技术系统开发和采购而言);

(5)各种计划可以覆盖广大受众和满足多种需要。

之前的研究已经指出,截至目前,在训练过程中极少重视避免误伤和战斗识别。因此,为降低误伤风险和提高战斗效能,军事人员应在训练过程中掌握并学会运用相应的技能与知识。这一点非常重要。例如,所有服役人员均有必要了解战斗识别问题(及其构成要素),特别是认识到它与工作角色的关联。

笔者提出了以下几种干预手段,以期在训练中增进对战斗识别的意识和理解,并能够搜集和利用误伤事件原因相关的数据,具体如下:

(1)误伤因果因素清单:通过因果因素清单来评估和分析训练演习中误伤事故常见原因。该事故报告单经修改后已被英国陆军采用。这种文档编制过程有助于发现数据中存在的规律和主题,从而为制定未来可行的降低风险措施提供信息。

(2)战斗识别辅助备忘录:旨在向军事人员(主要是陆海空作战领域的"计划者"与"射手")提供关键事项信息的袖珍指南。军事人员在整个计划过程和行动中均应考虑这些关键事项,以避免引起或卷入误伤事件。陆基战斗识别备忘录如今已经成为英国陆军战术准则的一部分。

(3)战斗识别简报资料包:向军事培训人员(来自全部三个军种)提供相关资料的初级和高级简报,可用于增进对误伤事件和战斗识别相关人为因素的意识与理解,并通过更好地了解各种促成因素和应对措施来降低这类事件发生的概率。简报资料包采用模块化结构,方便培训人员根据受众的特殊需要来修改资料,使之服务相应用途。

(4)战斗识别训练框架:该训练框架针对战斗识别在各个阶段的训练进行示例说明。它强调一种结构化、分阶段训练策略的重要性,以涵盖所有层级和各种环境。

(5)误伤因果分析模式:一种对误伤事件原因和促成因素进行归类的分类体系(前文已有阐述)。该模式是英国国防部资助的一项研究,旨在审视历次误伤事件的原因,已完成开发和验证,并在国际上得到应用。例如,美国陆军航空医学研究实验室利用 FCAS 结合人因分析与分类系统(HFACS)开展过一项研究(Webb et al.,2010),对 2001 年 9 月至 2008 年 3 月期间的美国陆军误伤事件进行分类和考察。HFACS 系统概念是一种人为因素失误框架,最初是为确定航空事故人为因素并对其进行分类而制定的,由夏佩尔和卫格曼(Shappell et al.,2000)提出。

这些以人为中心的干预手段强调了如何能够在短时间内,以最低成本实施能够产生实际效果的减少误伤风险措施。

## 6.5 结　　论

遗憾的是,误伤是永远不会完全被消除的战场现象。作为误伤现象的主要原因,缺乏态势感知和可靠目标识别的因素多年以来一直存在。因此,战斗识别的这些要素基本上构成相关研究和投入的重心。直至最近,业内都一直倾向于寻找技术解决方案。然而,技术方案没有充分考虑应对误伤的人为因素,而且往往侧重管理表面症状,实则治标不治本。在进行大量研究后,作者坚信,单靠技术无法降低误伤风险。在军事行动中发挥核心作用的是人,因此,在制定风险降低策略时应该纳入人为因素,这一点至关重要。以下内容引自施雷德(Shrader,1992)的文献,它强调了这一观点:

人们似乎深信,可以通过应用某种技术补救措施来消除误伤,这种想法是毫无根据的……如果说误伤问题可以得到解决,那么答案更有可能是人类而不是机器设备方案。更加重视训练、作战环境适应性、开火纪律、行动计划协调以及部队态势知情等措施,都可能产生喜人的效果,超过一切成本高昂的技术手段之和。

本文作者在研究这一议题期间也得出这一结论,同时这也是当代美国在一项审视2001年至2008年阿富汗战争误伤事件研究后得出的结论。后者的结论是:

在设计和制定误伤防范措施(包括技术解决方案和以人为中心的方案)时,必须考虑人为失误。另外,还需更加客观的风险评估、完善监督以及领导力。(Webb et al. ,2010)

那么,如何利用人为因素降低无处不在的误伤风险呢？研究揭示,完善和维持战场空间态势感知是关键所在。虽然已经开发出一些系统来协助士兵构建并保持战场态势感知,但没有任何设备有能力完全做到这一点。构建态势感知是一个复杂的心理过程,可能受多种因素影响,比如简报不清、实际通信较差、先入为主观念、训练不足、工作量大以及缺乏联络与协调等。这些基本过程的改进,将在降低误伤发生和误伤概率方面产生一种长期的效益。

关于误伤文献和历史案例的分析也表明,这类事件鲜少归咎于单个原因,往往是若干深层因素共同造成的结果。在审视误伤事件的潜在原因时,必须考虑各个层面(战术、战役、战略和政治层面)的军事组织以及相关时间跨度。例如,缺乏"地面"态势感知可能是对作战层级决策的响应,也可能是对更高层级决策(如条令和规则决策)的响应。

总而言之,在设法降低误伤风险的过程中,应该采用以人为中心的系统观点。当前技术解决方案大多只是提供了避免误伤事故的最终保险手续；因此,作者认为,以技术为基础的系统与以人为中心的系统相结合,这才是降低误伤风险的关键所在。

# 第 7 章

# 误伤因素建模

大卫·迪恩

## 7.1 引　言

战场误伤本质上是一个复杂现象。正常人在进入战场时,不会有自相残杀的想法,然而,这种现象还是时常发生。这一现象背后的原因或许错综复杂,而且不大可能在某一个"通用"的概念中找到答案。不过,有一种经过充分证实的方法,可以用来理解这一复杂现象,即把误伤原因分解细化,归入对结果影响力较大的一系列问题和过程,然后用模型将它们表示出来。这些模型可用于预测在一组特定作战场景下将会呈现出来的真实世界行为。这一过程如图 7.1 所示。

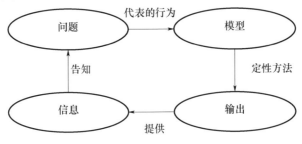

图 7.1　对真实世界建模

模型构成对真实世界行为的抽象表达,使用量化方法生成输出,提供关于真实世界问题的信息。通过研究抽象化的行为以及了解在模型构建过程中所做的假设,我们可以就真实世界行为做出合乎情理的论断。

在设计任何模型之前,建模方法需要确立一个目的和一个预设目标,用以比较模型结果的效用。事实上,没有这样的预设目标,建模方法不大可能产生有用的解决方案,不过通过模型开发,可以增进对这个问题的认识。除此之外,建模还具有以下特点:

(1)模型代表一种对现实世界的不完美提取。真实世界的全貌通常过于复杂、难以理解;通过假设来简化某些方面,有助于揭示真实世界的行为本身。

(2)这些假设需要确保它们有助于让这个问题更加容易找到答案,并且不会导致关键偏差,否则结果会无法使用。

(3)建模呈示的结果需要放到待解问题的情境中去理解,尤其需要了解这些假设的影响。

(4)借用博克斯和德雷珀的话(Box et al.,1987),"切记,一切模型都有错误;实际问题在于'模型错到什么程度会毫无用处?'"

鉴于此,模型设计者必须清楚几个关键问题:

(1)模型分析想要解决的问题是什么?

(2)建模方法有哪些基本原则?

(3)将要使用哪些方法和工具?

(4)建模方法存在哪些缺陷?

(5)答案的准确度如何?或者,真正的问题是答案需要达到怎样的准确度?

(6)存在哪些覆盖范围限制(将会纳入哪些内容)?

本章将探讨上述问题,并介绍与战斗识别建模和分析相关的各种事项与复杂性。作者将研究不同类型的战斗识别问题,探讨相关的建模方案,指出部分方法存在的难点,并提出一些可增强现有工具的新方法。最后是案例分析,详细介绍一个特定模型。

本章内容主要面向那些对战斗识别有学术兴趣的读者,但只是引入建模技术的概况,以期增进对战场误伤及其降低措施的认识。关于本章涉及主题的详细信息,请参见作者和几位同行撰写的若干学术论文(Dean et al.,

2006；Dean et al.，2008a；Endsley，1988；Eysenck et al.，1999；NATO，2002；Nofi，2000；Reason，1997）。

值得关注的地方在于，战斗识别与人类行为和认知（思维过程）错误研究有很大关联。因此，许多战斗识别分析方法也可广泛应用于大量其他人类认知过程，特别是人类决策过程分析。

## 7.2 战斗识别建模分析解决的问题

在进行复杂问题（如战斗识别）建模时，有几个问题值得探究，这些问题一般可以转变为研究问题。这些问题的性质将决定采用某种特定方法的适当程度，也将决定建模需要达到的精确度。关注战斗识别的人员可能希望解决以下问题：

(1) 己方士兵在战场上遭受误伤的频率如何？
(2) 己方士兵在战场上遭受误伤的原因是什么？
(3) 如果引进新的系统或技术，那么这些系统或技术对于阻止战场上友军误伤的效果如何？
(4) 完善训练或制定新战术、新方法和新规程会产生怎样的影响？
(5) 战斗识别对己方部队的作战效能有何影响？
(6) 在给出的多项方案中，哪些措施组合有望最大程度提升作战效能？

## 7.3 误伤发生的原因

在第2章中，保罗·西姆斯已经从历史角度探讨了误伤发生的原因。通过审视事故发生机制及其根本原因，可以得出如图7.2所示的故障树分析图。尽管这些示意图极其简化，但从本质上反映了误伤后果和误伤成因，其中，最右边方框内容（"己方部队交战造成的人员伤亡"）表示误伤后果，连接"中心主轴"的"分支"表示误伤成因，而连接"分支"的箭头表示问题根源。

在进行历史误伤事故原因分析时，这种表述方式可以用于提供一种统计分析框架："己方士兵在战场上相互攻击的原因是什么，频率如何？"在此例中，示意图将战斗识别过程分解成多个构成要素，并研究该过程中每个环

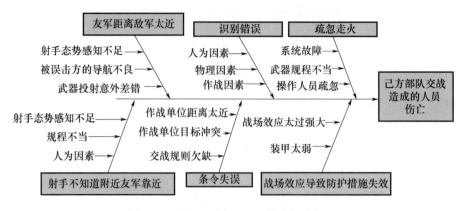

图 7.2 战斗识别失误——故障树分析图

节存在的潜在失误模式。在该案例中,仅对较高层级的因果因素进行了分解。可通过更全面的分析将这一过程深入到更具体的层级,探究人在决策过程中使用单一信息的方式,以及该单一信息不正确或被误解后可能造成的潜在后果。

下列内容说明了图 7.2 所示的每个根源:

(1)疏忽走火:这个词指无意中发射武器(有时称为"意外走火")。这类事件一般是系统故障、武器规程不当、操作人员疏忽(以及在极端情况下,故意行为)所致。

(2)识别错误:许多因素可能导致识别错误,主要包括人为因素(涵盖从压力、疲劳到操作人员偏差等一切因素)、物理因素(比如探测和识别距离)以及作战因素(比如特定作战行动的动态程度)三大类别。本章将在下文详细介绍这些因素类别。

(3)友军距离敌军太近:在针对敌对目标实施正常开火过程中,若友军距离交战火力范围太近(如处于炸弹或炮弹的爆炸半径范围内),则可能会产生伤亡。这种情况背后的原因包括态势感知不足而导致射手不知友军所处位置、被误击方可能导航不良,甚至部队完全迷路,以及武器投射出现意外差错的影响。

(4)射手不知道附近有友军:这与前一根源略有差异。现代化武器系统的射程极远。射手在射击时,没有意识到火力可能会穿过友军,或者穿过敌军殃及友军。造成这一问题的主要原因是缺乏对友军位置信息的感知,指挥控制系统不良往往会恶化这一问题);战场空间"消除冲突"的规程不当,换言之,未能安全规划各作战单位的相关位置(若要确保炮兵火力不会穿越飞机飞行区域,这个问题尤其值得重视);以及人为因素问题,特别是压力和疲劳。

(5)条令失误:条令失误的例子包括作战单位部署距离太近(或与敌军连成一线),作战单位的目标相互冲突(导致机动路径截断),或者交战规则[1]太过散漫,容易发生误解。

(6)防护措施失效:最后,误伤原因可能是战场效应导致防护措施失效,也就是子弹击穿防弹衣或反坦克武器击穿战车装甲。本质上,这背后的原因是装甲太弱,或武器对装甲来说太过强大。虽然通过提升装甲的防御能力或使用致命性稍低的武器可以降低误伤概率,但这又势必会对其他领域的效能产生不利影响,如机动能力、拥有足以击溃敌方的火力等。

## 7.4　掌握误伤的多重成因

误伤事故很少是由单一原因造成的。在扣动扳机之前,往往存在一系列错综复杂看似无关的故障、失误或疏漏。怎样表示战斗识别问题的不同层次和成因?瑞士奶酪模型即是一个实用的高度概念化过程(Reason,1997)。这个模型提供了一个框架,可以通过查看不同组织层次来补充误伤根源分析。另外,此模型还研究了先决条件如何导致更大的人为失误倾向。

人总是会犯错误的,而且乍看之下,人通常是误伤事件的根源所在。然而,系统设计也会影响人为失误的数目和失误后果的严重程度。在一个设计较差的系统中,操作人员更有可能会因人体工效学设计不佳和工作量超负荷等因素出错。而且在操作人员犯错之前,故障安全装置和预警等防护措施也不大可能拦截错误输入。

瑞士奶酪模型背后的基本理论是,在任何组织系统中都有层层防御设置来防范错误,避免损失。这些防御层上至设定事故防范政策与策略的最高层管理流程,下至操作人员为防范事故采取的底层措施。没有任何一种单一的防御措施是完美无缺的,在每个防御层内均存在许多可能穿过防御层的"漏洞"。这些漏洞是动态的,并且随着具体作战情境而移动变化。在系统创建、实施和运行的每一阶段都会产生这些漏洞,且随着系统开发过程中每层决策而产生。这并不是说设计人员本身有错,因为设计人员不可能(或者财政上不允许)设想或防范每一种可能的情况。

大多数情况下,这些错误保持隐伏状态,它们的影响被其他防御层掩盖或牵制住;但是,在某些特定事件期间,当这些漏洞全部连在一起(如一摞瑞士奶酪)时,就有可能存在"击穿"防御层、导致失误的危害(图7.3)。

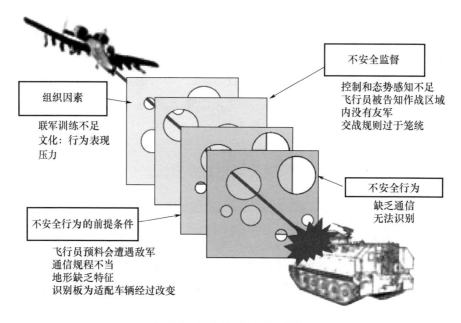

图7.3 误击的瑞士奶酪模型

雷森认为,这些漏洞内部的失误机制可能包括:

(1)潜伏状况:系统固有的但不为人知的缺陷,如设计不良、训练不足和规程欠缺等。

(2)主动失误:"第一线"系统操作人员的失误和违规行为。

这些故障机制发生在组织内的三个层面:

(1)组织因素:导致潜在状况的战略决策和组织流程。具体案例包括文化、训练政策和投入不足等。

(2)当地工作空间因素:表示组织因素在一个区域或团队内实施时,再次出现潜伏状况,并增加不安全行为概率。具体例子包括工具装备不足、时间压力过大,以及人—机接口不良等。

(3)不安全行为:是一些特殊的人为错误,如误读设备、不遵守规程和决策失误等。

不安全行为可能经常发生,但一般会被其他防御层牵制住。例如,为防止前沿空中管制员向飞行员误读网格坐标,会确立一个程序,规定飞行员复述一遍该坐标,并且要前沿空中管制员确认坐标无误后,才能发起攻击。

事故可能单纯是潜伏导致的。例如,如果飞行员在敌军目标区域作战,并且没有既定规程确保危险区内不存在友军,那么对附近友军造成的任何伤亡都有是规程欠缺使工作空间层级失误造成的,而不是飞行员的不安全行为造成的。

图7.3所示为2003年2架美军A-10攻击机误击2辆英军"斯巴达人"装甲车事件的原因。后续调查证实,有多种因素造成飞行员发起致命攻击(MoD,2004c;National Audit Office,2006;US Central Command,2003)。

在此案例中,一个关键因素是飞行员被告知作战区域内没有友军。所以,当飞行员看到装甲车上的橙色识别标记时,就认定它们是火箭炮,而没有质疑美军联络组向他们提供的信息。至此,由于机组人员与航空行动小组之间缺乏沟通,再加上关键战斗识别程序的失误,导致最终不安全行为的发生,造成人员丧生的悲剧。

这种先入为主的偏差称为确证偏差或确认偏差(Eysenck et al.,1999),已成为引发多起误伤事故的因素,而且战斗期间经历的高压情境也可能加剧这一偏差。

## 7.5　抽象层级

在进行战役建模时,实用做法是用8个抽象层级分别表示一个特定军事战役模型代表的不同流程、原因和效应层级。这些层级同时对应人为因素的聚合程度。下面描述的层级与瑞士奶酪模型的层级也存在相似之处。

### 第1级:顶层战略

顶层战略层级是组织因素发挥作用的最高层级。实质上,这一层级设定宏大的战略目标,构成组织因素的大背景。以英国为例,在该战略层面,军事部队是用于实现政府政策的各项目标。各军种参谋长在国防大臣的指示下制定战略。

第2级:战略(军事战略)

军事战略层级实际上是确定构成组织因素基础的单项政策和作战战略。在军事战略层级,对战斗识别的考量主要基于战役/行动的净结果。这种考量将注重总伤亡率(误伤、敌军行动和事故导致的总伤亡)、战役结果、达到目标花费的时间、政治结果和成本。

第3级:战役(作战)

战役是在作战层面进行规划,它介于更宽泛的军事战略考量与实际战斗(构成战术层面)考量之间。战役由联合指挥官负责。由于存在多重任务和层次,因此作战层级是组织因素和本地工作空间因素的主要所在层级。组织因素涵盖控制行动的规划与决策。本地工作空间因素涵盖计划和作战单位任务分配的具体细节。

第4级:任务(战术)

战术层级是武装部队在联合战役中参与交战的层级。决策者可能在战术层级(如他可能是火炮与迫击炮指挥官)。然而,战术指挥官也会管理下属决策者。所以,战术层级构成不安全行为与当地工作空间因素的分界线,包含二者的相关方面。

第5级:交战(近距离战术)

在近距离战术层级,将承担所有其他指挥层所做的决策以及施加的限制,与高风险的不安全行为息息相关。各作战单位关注的是能否在交战规则内达成任务目标。

第6级:系统

系统层级是装备性能建模的最高层级,也是人和系统发生交互作用的最低层级。系统级问题包括可能构成不安全行为的人机交互,这些因素也是如图7.2所示的事故原因。

第7级:组件/要素

这一层级代表各个子系统和武器系统组件的行为与性能,也可表示性格或生存本能等人类特征。

**第8级:物理**

这一层级代表物理定律模型,可被认为包含了人类行为的子要素。在很多方面,这一层级可视为从理论上提供了技术特性和人类行为特性方面的局限性。

## 7.6 分析问题的层次

前几节已经确定了可能的误伤原因分类及其表示方法,这些方法可与历史分析相结合,以确定问题范畴及其发生原因。下一步是考虑减少误伤的最有效措施。

关于战斗识别,可以提出四大问题;就解决方案比较而言,每一种方案侧重于针对某个不同的层次。这些方案内容涉及面广,涵盖从战斗识别在全局任务中重要程度的顶层评估,直至具体技术所获信息质量的专门调查。

**问题1:与其他解决方案相比,战斗识别如何帮助提高作战效能**

误伤和防止误伤的战斗识别系统对军事行动有何影响？事实上,误伤事件受到的媒体报道与关注远多于交通事故。然而,在战区内交通事故的比例远高于误伤率,因而从逻辑上说交通事故对战役伤亡的影响更大。尽管如此,社会政治维度难免放大误伤的显性影响,这就使公众对误伤的关注度远多于交通事故。这极大地扭曲了从纯粹统计学角度来解决战斗识别相关问题的各种尝试。

社会学领域有一些模型可用于探究这种影响力,不过,至少在笔者看来这种模型对于理解误伤问题的本质并没有多大的帮助。

从军事角度来看,友军误伤的负面结果如下:

(1)人员损失;

(2)装备损失(包括浪费弹药);

(3)士气受挫;

(4)打乱战斗节奏;

(5)盟友之间失去信任;

(6)助长敌军士气。

成功的战斗识别可产生若干正面效益,包括:

(1)加快交战速度;

(2)能够在更远距离交战;

(3)增加与敌交战机会(使敌军遭受更大伤亡);

(4)减少(中立方误伤[2]所致的)平民伤亡;

(5)减少友军伤亡。

另外,通过一系列其他可能的干预手段也可解决部分问题。在无需改进战斗识别系统的情况下,部署更多坦克和士兵、配备更好的枪械,也可杀伤更多的敌军;为友军士兵配备更好的传感器系统可以增加探测距离和时长[3]。这些手段均可缩减战斗时间,从而减少各种因素导致的整体伤亡。

**问题2:改进战斗识别过程的最佳方式是什么?怎样做到战斗识别各要素与作战环境[4]之间的最佳投资平衡,以提供最大程度上的性能改进**

英国定义的战斗识别包含三个要素(National Audit Office,2006),每一要素都可成为战斗识别性能改进的重点或有效干预手段,三个要素具体如下:

(1)目标识别:区分战场上特定目标隶属何方[5]的能力。目标识别系统包括敌我识别(IFF)询问系统,热识别板和热识别贴片等。

(2)态势感知:决策者感知周围环境和战术态势的能力。态势感知的定义是决策者对态势的内部(心理)认识。因而,态势感知系统包括各种指挥控制系统、蓝军跟踪系统以及更好的监视与传感器系统。

(3)战术、技术和规程:包括条令、交战规则、战术流程和训练,旨在为决策者提供进行战斗识别所需的指示和技能。

如何改进战斗识别是最难解决的问题之一,因为战斗识别各要素之间存在相互交叠的情况(例如,改进瞄准器会提升对战斗识别标记的辨识能力,同时也能增强态势感知),而战术、技术和规程则涵盖全部三大要素(目标识别和态势感知系统也有相关的训练和使用条令)。此外,这些能力的特征要从以下方面衡量:

(1)目标识别系统往往有特定的识别距离、方位精度和响应时间。

(2)态势感知系统的衡量指标往往包括覆盖范围、信息完整性、消息从发送方传递至接收方花费的时间(也称延迟时间),以及敌我位置报告中的定位误差。

(3)战术、技术和规程一般是从任务和训练效能及其对作战行动预期影响的角度衡量。另外,审视历史数据也是一种评估方法。

**问题3:引入新技术和干预手段后,能够在多大程度上提升作战效能**

如果推行新的技术或干预手段,则它会对军事结果、决策质量和作战节奏有何影响?这个问题可用于预测实施战斗识别方案的可能效益,并评估潜在的军事效益。问题2指明了应该把钱花在什么地方,问题3将评估解决方案的效用。在很多方面,问题2和问题3是最难解决的,因为系统性能指标与作战效能之间的关系极其复杂,特别是在考虑信息系统和战术、技术和规程的影响时。因此,建模工作一直侧重于这个方面。本章将在下文对此进行论述。

**问题4:某些特定干预方案实施性能如何**

鉴于问题3已经认定了某种解决方案有用,然后针对备选方案进行性能评估,确定作为军事用途应推进和采购的方案。这类问题最适合比较性能指标相似的不同方案。例如,哪种态势感知系统提供的图像最为全面,或者哪种目标识别系统的识别距离更远。

## 7.7 交战过程的模型表征类型

如图7.4所示,可采用不同模型和仿真来表示交战过程(Dean et al., 2008a,b)具体说明如下:

(1)合成与虚拟环境:虚拟环境让参与者沉浸于高清虚拟世界中,而合成环境可将这些高质可视化效果与精细物理模型相结合,为虚拟环境下的交互提供贴近现实的基础。在这样的环境中开展实验,研究人员可在受控作战情境中仔细衡量和监测个人行为。所以,这些环境非常适宜研究战斗识别和误伤。不过,合成环境的运行是一项极其耗费人力的工作,而经费约束以及对相应资质军事人员的要求在一定程度上限制了合成环境的使用。

(2)构造仿真:这是表现为多种形的战争推演。有些允许参与者在作战场景中指挥自动化部队(以单一实体或联动单位形式作战)。由于误伤涉及复杂的人类因素,仿真部队目前无法模拟误认现象[6]。因此,这些仿真仅可表示间瞄火力(如炮兵火力)导致的误伤事件,例如,向有效目标开火,但武

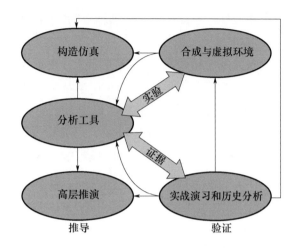

图7.4 模型类型及表述方法

器威力太大,导致给敌我都造成伤亡。利用这些工具来呈现误伤现象是极其有用的,因为一个场景就可能包含数千次交战。这种仿真推演可以提供非常丰富的数据来源,以便评估目标识别、态势感知以及战术、技术和规程解决方案的效能。

(3)分析工具:这类工具可用于分析具体的社会技术行为。分析工具非常重要,因为它们能够使各种探索和理解得以测试,之后在构造仿真和其他战争游戏中把这些东西呈现出来。这类工具的主要问题在于,必须进行充分验证和确认,以确保它们所反映的关系能够正确地表现真实世界。借助合成环境中的实验,分析工具可以深入了解和验证交战过程各个方面的运行机制。另外,这些工具还可利用实战演习提供的证据来验证工具输出。反之,利用这些工具进行的分析能够确定需要深入详查的问题领域,也可用于设置合成环境和实战演习的情景。本章后面将介绍分析工具的使用示例。

(4)高层推演:在这类推演中,参与者通过实施策略,监控其对结果的影响,在战略层面上实现作战指挥,如模拟敌方攻击①纸面想定情景演习方案

---

① 原文为"red teaming",指一种全方位、多层次的攻击模拟,旨在衡量公司人员、网络、应用程序和物理安全控制抵御现实对手攻击的能力——译者注

等即是典型例子。这些技术运用了大量的定制场景、基于判断的评估,以及博弈论等多种方法。在这些情景中,人为因素的表示至关重要,但极难(如果有可能)验证。这类推演有助于从战略层面评估误伤的影响,特别是社会政治角度的影响。

(5)实战演练:这种演习动用真实的士兵和装备,可用于研究战术、技术和规程,但是成本极高,数据采集也特别有难度。不过,想要调查恶劣战场环境(如严寒、压力和疲惫等因素)对作战人员的影响,这种演习可能是唯一途径。

(6)历史分析:作战行动报告和其他历史来源可以提供有力证据,用于编制战斗结果统计数据,分析特定现象的成因和影响。然而,如果未意识到对事后认识有所帮助,某些关键的情境证据可能没有被记载下来。实战演习和历史分析均有重要作用,可以提供验证其他模型所需的证据。

## 7.8 交战过程

本节介绍一种简单的通用过程,描述从探测到交战的整个过程。交战过程从决策者开始。决策者具有备某种人格特质(如内向或冒险精神)、军事训练经历、曾经的战斗经验,以及一定的武器系统操作熟练度。决策者将参加任务前简报会,获取相关参考文件,如前期巡逻和交战的态势报告。这些因素会促使决策者形成前期预判(他们认为在特定区域战场上很可能会遇到的情况)和行事特征(在特定态势下的行为倾向)。

另外,决策者还有一个任务目标。这一目标,再加上对行动和其他预设因素的认识,将决定一种内在确定的风险可接受度、风险/收益权衡和决策门限值[7],这些门限值关系到对敌交战任务,同时也要综合考虑交战导致的误伤后果。

在任务开始时,决策者通常会朝着实现任务目标的方向推进。在推进过程中,决策者会利用任何可用传感器开展某种形式的监视,同时采用地图和定位辅助工具监控进展情况。

监视过程会不断反复进行,一遍又一遍扫描关注区域,直至探测到潜在目标。至此,识别过程开始。决策者会从现有传感器和态势感知系统中选取信息来源,包括战术图像和第三方数据。

决策者会下意识地为每一个信息源赋予某种置信度等级,即他们所认为的这些信息源的可信程度。这个置信度等级反映了决策者在具体战术态势下对信息源的理解和信任程度,比如,对目标瞄准系统性能水平的了解程度,或者对来自指挥部信息可靠性的认识。

决策者会将来自传感器的信息与来自态势感知源(来自第三方)的信息在心理决策过程中结合在一起,然后在考虑置信度等级的基础上形成对这些来源提供的新信息的总体看法。这实际上将建立起决策者的内部态势感知。

现在,决策者将这些新信息与在任务前的情况简报信息,以及在前往当前位置途中形成的先入之见相比对。根据决策者各自的认知偏差和决策门限,决策者将决定是否接受传感器和其他来源提供的信息,判定这些信息的准确性。如本章前面所述,在谈及美国 A-10 攻击机飞行员的误伤事件时,人们极易倾向于出现一种"认知偏差",尤其在压力较大的情况下。这种现象本身表现为决策者仅接受与他们先入之见相符的信息,拒绝接受与之相矛盾的信息(Eysenck et al.,1999)。

态势感知总是会存在一定的缺陷,所以这种迭代过程会在一定程度扭曲真相,即它是基于决策者先前收到的信息,但又被其先入之见所扭曲。其实,这种态势感知代表的是决策者自己的态势看法,包括他们对所见对象的预期观念,是敌、是友、是中立方,或者"什么也没有"。虽然态势感知绝不完美,但事实上,只需要它能确保做出明智的决策即可,同时,决策者应该知晓它的局限性。当决策者在态势感知很差的情况下过度自信时,问题就会随之产生。

根据设定的决策门限,再加上自己对态势感知的置信度,决策者通常会有下列某种行为:

(1)感到高度自信,足以做出决策(从而指定身份);

(2)因为超过时间或距离门限,无法做出决策;

(3)判定风险太大,决定撤退;

(4)暂停或前进,并从其他来源获取更多信息。

在完成识别之后,决策者将采取适当措施,比如:

(5) 若是敌方,则实施交战、撤退或寻找掩护;

(6) 若是可疑平民,则截停盘查;

(7) 若是友方,则提供掩护火力。

## 7.9　对交战过程和误伤建模

如图7.5所示为一种误伤分析模型,它呈现了所需的误伤特征、度量标准(或衡量指标)和分析结果。

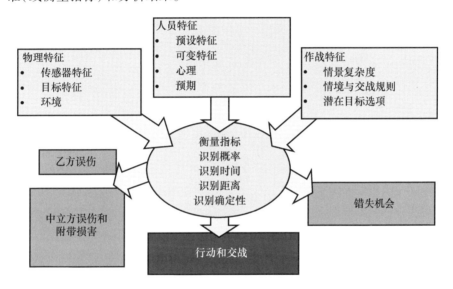

图7.5　战斗识别特征(Dean,Handley,2006)

值得关注的衡量指标如下所示:

(1) 识别概率 $P(\text{ID})$:表示赋予未知实体正确身份的次数比例。

(2) 识别所用的时间以及识别距离:衡量识别节奏,即识别过程耗费的时间多长,以及决策者在做决策时与目标相隔的距离多远。

(3) 识别的确定性:衡量决策者是否愿意采取下一步行动,比如,决策者是否有足够把握确定要交战,或传递目标报告。

识别过程的结果前面已有论述,但实际上应包括适当行动和交战(与敌交战、不误击友军),以及不当行动和交战(误伤己方、中立方,错失交战机会)。

从战斗识别和误伤角度来看,有三类特征会影响交战过程:

(1)物理特征:这些数据与传感器系统特性和决策者可用的信息源有关。它包罗一切事物的物理特征,从最基本的人类眼球到最复杂的合成孔径雷达,另外,还包括态势感知系统提供的位置、距离和速度等物理信息。这些因素需要放在作战情境中加以严格审视。

(2)人类特征:这些数据与人类的认知表现和行为有关,是迄今为止最大的一组特征,但也是可获量化数据量最少的数据集合。这些特征具体分为:

①预设特征或特质特征:表示作战人员在活动开始之前的属性特征。典型例子包括人格类型、经验水平和训练水平。

②可变特征或状态特征:表示随环境而变化的个人或团队动态特质,俗称"所处状态"。这些特征一般包括压力、疲惫和恐惧等因素。

③心理:表示人的思维过程运作机制,包括认知偏差等特征。

④预期:决策者预期会遇到什么,他们是如何产生内部态势感知的。

(3)作战特征:这与识别过程所处的作战情境相关,因此,物理特性和人员特征会在其中起作用。具体作战特征包括但不限于以下内容:

①场景复杂度:现场有多少实体,有几方人员,部队距离多远、行进速度多快?最终,复杂情景会加剧战场混乱,对快速做出决策造成压力。

②情境与交战规则:开展的哪类行动,使用致命武力的规则是什么?这对决策者将使用的决策门限值会产生特定的影响。

③潜在目标选项:哪些是未知实体?在遭遇范围内,如何有效区分两个实体的特征?实体表现出哪些行为?

在这些简单的定义背后,却隐藏着非同寻常的复杂性。可以说,物理特征是很容易理解的。一是尽管物理特征在表达形式上并不简单甚至非常复杂,却遵循了清楚明了的物理法则。二是尽管人类特征很容易理解,但很难建模,因为这些特征是从字面上定义的,不易将其归入基于统计描述的模型中。三是作战情境的影响极难预测。每场战争、每个情景都或多或少存在不同之处。战争的迷雾及其内在的不可预测性,为分析人员留下一项艰巨的任务,即梳理所需的证据,以生成模型表示法。

## 7.10 案例分析——综合战斗识别实体关系模型

2005—2008年,英国国防科技实验室开发出一个简单的人类认知模型,名为"综合战斗识别实体关系",简称INCIDER模型(Dean et al.,2006;Dean et al.,2009)。该模型采用了一种创新方法来表现人类行为的各相关方面,而且使用了若干成熟的探测模型来推导信息来源。

INCIDER模型主要是针对英国国防部的问题而开发的,因此着重考虑了战斗识别各要素(目标识别、态势感知以及战术、技术和规程)之间的投入平衡。在该模型开发之前,研究人员进行了多方面的初步调研工作,包括历史分析、军方判断和心理学文献研究。INCIDER模型的概念如图7.6所示。该模型本身由两大部分构成:

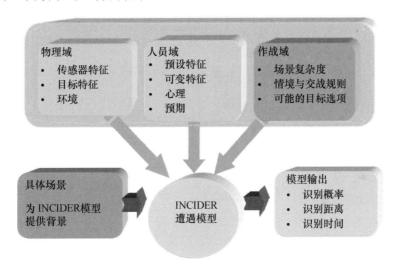

图7.6 INCIDER模型的概念

(1)INCIDER遭遇模型:它是一种分析工具,表示由单一决策者确定一个未知实体的过程。

(2)INCIDER关系模型:它是一个支撑参考数据库,提供70多种因素的定义,可用于填充和扩展遭遇模型。

建模的目的是使用若干场景来生成情境数据,并填充遭遇模型参数。

目标识别、态势感知以及战术、技术和规程解决方案也会反映在这些情境之中。然后，多次运行该模型，生成识别概率、识别距离和时间统计数据，并以此作为基准，生成各种解决方案。

要想在单一模型中纳入所有因素是不切实际的，尤其是在没有可用数据的情况下，只能通过估计、判断以及实验来生成这些数据。所以，最终做出了更为务实的决定，即运用军事判断来确定对决策过程影响最大的因素。选入遭遇模型的因素如下：

(1) 初始探测时实体之间的距离；

(2) 未知实体的真实身份；

(3) 决策者可用的传感器系统和信息来源；

(4) 决策者的人为特征(个性、经验、压力和疲惫等)；

(5) 决策者做决策所需的置信度等级；

(6) 决策者的偏见和先入之见(决策者的预判)。

INCIDER 遭遇[8]模型如图 7.7 所示(Dean et al.,2009)。该遭遇模型过程将有关未知实体的新信息(来自传感器和信息源)与决策者的先入之见(结合了基于任务前简报和个人直觉)相比较，然后利用不同信息源、并通过向未知实体靠近，不断地获取更多信息。这一过程会一直持续下去，直至决策者做出决策，或者时限已到，而决策者仍无法判定目标身份。

战场空间目标或实体的真实情况包括目标或物体的真实身份[10]、与决策者的距离和类型(人员、轮式车辆、坦克、直升机、飞机)。决策者通过代表第三方信息源的模型以及可用的传感器进行目标观测。这些模型代表了决策者拥有的，或可用的各种感知渠道，它们分别提供基于距离的识别概率(在利用传感器的情况下)，以及基于时间的识别概率(在利用信息模型代表的信息源情况下)[11]。

来自各传感器模型的信息在融合引擎内结合在一起。融合引擎与每一源内的可信度或置信度等级相关(表示决策者在经验、信任和训练基础上，对信息源的信任程度)。这一过程的输出，是在态势感知和传感器提供的新信息基础上，对战场目标身份的一种整体认定水平。

在行动之前，决策者对特定区域内探测到的任何目标身份会有一种先入之见。随着作战场景向前推进，决策者会收到新的证据，改变预期。所

# 第 7 章
## 误伤因素建模

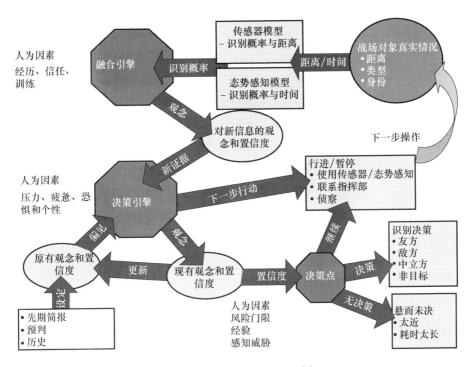

图 7.7　INCIDER 遭遇模型[9]

以,在既定时间点,可将原有观念视为起始条件,随后在转入遭遇期间,预期会发生变化。

决策引擎将新信息与原有观念进行比对。受确认偏误影响,根据决策者判断的新信息相对于原有观念的置信度等级,决策引擎要么拒绝接受新信息,要么在新信息基础上更新原有观念。

决策引擎的另一个作用是选定待执行的下一项任务。这些任务是与目标实体的简单互动,如靠近或暂停、使用传感器/信息源、联系指挥部和派人侦察等。任务的选择根据个人偏好和风险评估而定。

选择行动后,将进入迭代周期的下一个时间步骤,即随着实体与观察员之间距离缩短,时间会增加,直至满足其中一个门限值条件。这或许会产生目标身份的判定(如果决策者有足够的置信度),也可能不会产生身份判定(如果决策者时限已到[12]或距离潜在威胁太近[13])。该模型没有触及现实火力交战,因为它不包括评估战斗识别决策对任务进度或结果的影响。

类似于 INCIDER 模型对典型的遭遇分析是很有用的。不过,这些模型需要验证,这样才能确保所推导出的行为确实是对现实世界的观察结果。从根本上来说,在战争推演和构造仿真中呈现各种概念是极有助益的,因为这有助于进行大量的场景分析,并对极大数量的遭遇进行充分研究(战争推演中的每次交战均代表一次 INCIDER 遭遇)。

INCIDER 模型为许多重要的采购活动提供了支持,该模型最大的好处在于能够从其开发过程中获得认知,这在本章中得到了广泛应用。模型及其表示法的开发过程为我们提供了许多深入的见解,有助于了解战斗识别决策过程的复杂性以及决策因素之间的相互关系。

## 7.11 结　　论

本章考察了战斗识别遭遇的性质,如何对它们进行建模,以及建模的重要意义何在。此外,本章还给出了可通过建模方式在军事分析背景下解决的问题类型。介绍了可用于表示战斗识别的各类模型,阐述了其优缺点,并描述了这些模型中必须纳入的特征类型,以反映在战斗识别遭遇时人类决策的重要方面。本章通过 INCIDER 分析工具以及复杂模型表示法的构建和验证过程,说明了这一点。详细介绍了这些模型及其构建过程,了解这些模型的优点和局限性是非常重要的,有助于理解这些模型能够做些什么。在此例中,介绍了一种战斗识别相关特定模型的整个建模过程,同时说明了这一模型的使用方法。

根源分析为生成误伤统计数据和探索误伤原因奠定了基础。在调查委员会的某些最新报告中,瑞士奶酪模型等概念曾被用于误伤事件的人因评估。

使用 INCIDER 遭遇模型已影响到某个大型采购项目,其中涉及如果不解决战术、技术和规程以及人为因素的问题,系统是否仍然有用?本章提出了生成 INCIDER 模型的概念,以在结构化仿真范围内提供某些实验性数据(Dean et al.,2008 b)。

INCIDER 关系模型大大增进了人们对误伤机制及其对未来技术效用影响的认识。因此,该模型得到继续应用,以改善人们对当前和未来战斗识别技术需求的认识,同时也为评估各系统在技术演示验证中的性能提供参考标准。

## 注　释

[1] 交战规则界定英军部队在遭遇其他部队时发起和/或继续与之交战的条件与限制。
[2] 本章使用的"中立方误伤"一词是指,由于战斗识别能力差而有意瞄准平民的行为,与"附带损害"这个概念不同,后者含义更广,指在处置正当目标时造成的平民伤亡和民用建筑与基础设施损毁。这两类事件又称为"蓝—白误袭",即平民误伤。
[3] 如果战斗节奏变得足够快,那么误伤伤亡或许会增加;但由于作战效能提升,整体伤亡会下降。
[4] 作战环境分为陆地、空中、海面和海下;另外,考虑空对地和地对空等交叉环境也很重要。
[5] 在此情境中,"实体"指在作战场景中任何可能被视为目标的要素。它可以是友军、敌军、中立方,或者是可能被误认为任何一方的物体。
[6] 误伤与认知偏误及失误有关,也与理解识别发生的范围有关。生成一种可行的误认模型是一大挑战,在本书出版之时,这个问题尚未解决。
[7] 决策门限值是指决策者将观念转化为决策,并采取下一步行动的最低限度值。
[8] "遭遇"用于描述一种简单的场景,即一个决策者遇到一个未知目标。
[9] 迪恩和汉德利(Dean et al.,2006)开发的模型。
[10] 身份可能是友方、敌方、中立方或非目标(无生命物体或野生生物)。
[11] 帮助决策者建立态势感知的信息源(如蓝军跟踪系统或指挥控制系统)主要依赖于报告单位发送信息,同时还需要决策者接收信息。所以,这些信息源取决于报告单位生成报告的时间以及该报告送达决策者手上的延迟时间。如果报告单位是处于行进中,则实际上这一延时信息相

当于出现了定位误差。

[12] 错失开火机会。

[13] 表示决策者太过靠近未知实体,万一该实体为敌方,则它可能会向决策者开火。

# 第 8 章

# 装甲激战——开火决策

查尔斯·柯克

## 8.1 引　　言

想象一下装甲作战的直观画面:在方圆数平方千米的战场范围内,大量装甲车在炮兵和航空兵支援下实施机动,对敌军发起火力攻击。战斗中,每辆装甲车均由少数人员操控。这些人员要在恶劣环境下尽最大努力操作装备,并实施火力打击,加大对敌军的整体攻击力度。正是在某一地面车辆与机载武器开火的过程之中,就会发生误伤。

本章着重介绍一种特定类型的装甲车——主战坦克的内在运作机制,将其作为一种在整体战斗中与其他装备一同作战的致命战斗系统范例。以当前英国"挑战者"2 新一代坦克为例,考察坦克乘员[1]必须做些什么、影响他们行为的因素有哪些,在更广泛情境下造成人为失误的原因,以及这些原因与士兵处境的相关性,最后审视所有这些要素对开火决策有何影响。

## 8.2　走进坦克内部

当前这一代主战坦克一般有 3 至 4 名乘员,若坦克有自动装弹设备,则有 3 名乘员,若没有,则为 4 名乘员。例如,美国"艾布拉姆斯"主战坦克有 4 名乘员,与"挑战者"2 一样;而法国勒克莱尔主战坦克配备自动装弹机,只有

3名乘员(Foss,2011)。在4乘员坦克中,乘员通常包括1名驾驶员,1名炮手(负责通过自动化手段在火力控制系统中录入目标数据、开炮),1名装填手/话务员(负责装载主炮和同轴机枪,管理无线电装备),以及1名车长(总负责人,必要时可凌驾于炮手之上行动)。

按英国传统,驾驶员是坦克乘员中经验最少者,甚至可能是刚接受完初始专业训练的新兵。相对有经验者是炮手,最具经验的是装填手/话务员。这样的资历顺序看似或许有悖常理,因为炮手这个角色需要比装填手/话务员具备更大的熟练度,而且是炮手负责主炮和同轴机枪射击;但事实上,不论是否在行动,装填手/话务员在坦克中的责任更重,而且可以指望他们充当后备,或者接手车长或炮手的工作[2]。

那么,有了这些"剧中人物",他们如何在"挑战者"2中扮演各自的角色呢[3]?

驾驶员执行车长向他下达方向和速度指示[4],并在必要时准确地指示如何驾驶、注意何处。这基本上反映了一个事实:车长可以把头伸出炮塔外(这种情况称为"露头"),所处位置比驾驶员高出5英尺(约1.524千米)以上,能够看到的东西远多于驾驶员在驾驶位置上所能见到的。再者,驾驶员需要相当的技能才能保持平稳步伐、避免迅疾加速或减速、避免急转弯、防止坦克"飞"过颠簸不平之处,同时还要控制坦克速度,降低自动变速器意外换档的可能性。这些因素任何一项都有可能使坦克动作过猛,导致乘员失去平衡,破坏车长的目标截获和炮手观瞄。在战斗中,驾驶员的观察弧线始终在坦克前方,而对其他乘员来说,观察弧线中心却是他们视线所及之处。

炮手坐在炮塔中,紧挨车长的下前方,紧靠炮膛尾部。炮手的地形观测范围将受到光学仪器的视野限制(他无法将头伸出坦克之外),但他可利用昼间和热成像光学仪器,所以不论白天黑夜皆可透过战场硝烟观察外部。热成像仪是固定的,与枪炮指向同一方向,但炮手可以小幅左右旋转光学瞄准镜。然而,即使具备这个能力,炮手的视野也受限于枪炮指向的大致方向。热成像仪的输出结果要么通过瞄准镜直接显示在炮手的眼前;要么显示在屏幕上,方便相对轻松的观看,这种方式更有利于进行长时间的战场监视(与截获目标不同)。当炮手截获一个目标并得到车长授权开火时,他会通过瞄准镜瞄准目标,并启动激光测距仪。这一动作提示火制计算机工作,

## 第8章
### 装甲激战——开火决策

为弹药装填确定适当的方位和俯仰角。然后,枪炮系统(包括炮塔)会迅速调整到适当设置,准备开火。

装填手/话务员装填炮弹(弹种二选一,一种为高速实心高密度金属穿甲弹[5],一种为初速较低的高爆弹[6])和适当的发射药筒(金属穿甲弹适配的发射药筒能量较强,而高爆弹适配的发射药筒能量较弱),同时在火控计算机中输入装填弹药种类。在完成装程序后,装填手/话务员将防护罩滑动到适当位置,将自己与火炮后膛隔离开来。这个动作接通了电路,之后才能开火。在开火后,装填手/话务员会立即重装弹药。不过,除了装弹和在火力控制计算机中录入弹药数据之外,他还有别的事情要做:通过单独装在炮塔顶部的机枪瞄准并射击;通过舱口观察炮塔外部,以帮助车长监视战场;管理无线电系统,监听无线电网络,并反馈给车长,以防车长错过消息。

车长负责坦克中的一切事务。与炮手一样,他既可通过显示屏查看热成像仪输出的图像,也可使用光学瞄准镜。不过,车长的光学瞄准镜可以自由旋转,可观察任意方向。他可以借助瞄准镜瞄准目标,并可随时越过炮手,无需发出任何警告即可掌控枪炮方向和转动炮塔。车长大多数时间将头伸出坦克外面,所以能够直接看见在能见度范围内局部区域发生的一切情况。

坦克中的每个角色仅代表故事的一部分,在含义更广泛的战斗中,乘员是作为一个团队服务于一个共同目的,即在"正确的时间"向"正确的目标"发射"正确的弹药"。这一切都发生在坦克狭窄嘈杂的空间里,坦克要前进、后退、上坡、下坡,而且,对炮塔中的乘员来说,或许还会侧向行驶甚至转圈。随着坦克依随地形行进,稳定枪炮随着车身倾斜而调整,导致后膛相对于炮塔乘员上下起伏。坐在坦克里视野受限(车长和装填手/话务员除外,他们可以将头伸出车外),所以对于更大范围内的态势,乘员了解的信息主要来自车长。车长对更大范围内的态势感知主要是依靠计算机屏幕上的图形显示,而图形显示的更新数据来自作战无线电系统和无线电话音通信。装填手/话务员可通过无线电监控来辅助指挥官,但当车长将头伸出车外时,就不会看到图形显示。

总而言之,在这样的环境中人很难集中精力,在其他条件相同的情况下坦克是滋生人为失误的"沃土"。

## 8.3 人为失误和人类行为

误伤本质上包含错误：人员误射或误投炸弹，虽无意伤害友方或中立方，但确实造成伤害。不过，人非圣贤，孰能无过，在这一更广泛的议题下，误伤只是一个特例。这种普遍情况促使人们付出大量努力，试图了解人为失误的根源，以及可能助长或减轻这个问题的条件。威尔逊等在《人为因素》(Human Factors Wilson et al.，2007)一书中特别谈到了误伤相关方面的问题。他们根据相关因素分类(通信、协调与配合三类)分析了误伤事件中团队合作失败的方方面面。他们在后来的进一步研究中拓展了这一分类(Wilson et al.，2010)，增加了"为何没有进行防范"这一问题——当团队合作失败时，本该防范误伤的措施为何没有实施？

然而，在2007年之前，就出现过关于人为失误的研究[7]，如在第4章、第6章和第7章中提及的雷森瑞士奶酪模型(Reason，1990；2000)。另外，有人提出了著名的模型——HFACS模型(人因分析与分类系统)(Shappell et al.，2000；Wiegmann et al.，2003)，作为解释人为失误的基础，该模型主要涉及航空领域。继雷森之后，夏佩尔(Shappell)和卫格曼(Wiegmann)认为，"不安全行为"只是这类事件的潜在原因之一，这些行为伴随，且在很多情况下根植于长期存在的潜在条件中，即"不安全行为的先决条件"。二人发展了雷森的研究成果，提出了"奶酪漏洞"之说(Shappell et al.，2000，p.3)，借此将这些类别进一步分解成为两个分析层次。

戈登·杜邦(Gordon Dupont，1997)提出了一个补充分析框架，其中特别提及航空维护。"十二大危害"列出12项重大错误原因，包括自满、分心、疲惫、规范(不安全的惯例和实践)、压力、紧张、缺乏主见、意识缺乏、沟通不良、知识不足、资源匮乏和缺乏团队精神。这项成果或许不如雷森、夏佩尔和卫格曼的分析那样成熟完善，但它是一个很好的清单，有助于确定容易出错的情况。

另一种寻找坦克失误原因的途径是，从整体上考察影响乘员行为的潜在因素，不论是否直接涉及犯错。霍纳格尔等(Hollnagel et al.，2001)曾经指出，"错误"可以说是由人类总体行为的巨大变化引发的意外不利后果，而不

# 第8章
## 装甲激战——开火决策

是人类活动的一个单独、排他性类别。例如,在坦克中,有一些需要操作和管理的相关技术设备,这会影响乘员的行为,这些设备的设计可决定有效使用设备所需的技能水平。譬如,驾驶员要控制坦克发动机、变速器和传动装置。他的驾驶技术可能平稳高效,也可能技能不熟;或者由于设计对操作要求太高,他可能让坦克在地面行进过程中动作猛烈,导致乘员被抛来抛去,让炮手失去准头,或者让装填手/话务员难以站起来,无法准确地在后膛中装填笨重的炮弹。炮手需要使用复杂的手动控制系统来管理瞄准镜,控制测距仪并发射枪炮,同时还必须理解瞄准镜中直观的光学图像以及热成像仪输出的不太直观的图像。这些设备的设计,以及炮手与设备之间的交互方式至关重要,这关系到设备能否在使用上达到良好的效果。车长需要使用基于屏幕的作战管理系统,并且要在至少一个(通常是两个)无线电网络中通话,还要使用对讲系统指挥他的乘员。因此,装备本身对于坦克乘员的行为方式以及任务的成败有着重要影响。

所有乘员均要接受操作训练,以操作其坦克系统相应部分以及可能的其他科目操作训练(例如,在成为装填手/话务员之前,要先成为驾驶员和炮手),这样才能指望他们熟知并掌握各项任务的实际操作经验。他们会一起接受训练,培养团队默契,并与其他坦克一同参加"集训"。不过,每个人都有一些个人和集体经历,这可能会影响他们的行为——在交战一刻,他们或许会带着以往的积极和消极的记忆,而这在他们实际作战行动中可能会起到正面或负面的作用。

乘员执行任务的物理环境也是一个重要因素。这个环境几乎必然是嘈杂不堪、受震动影响、不断移动的,并且很可能过热或太冷。同理,社会环境也很可能产生影响——车长与乘员之间的工作(正式)关系与私人(非正式)关系如何,彼此之间信任度和尊重度如何,单位氛围是激励人心的还是压抑的,事故后是习惯于推卸责任,还是把犯错当作学习的经验?这是一个有凝聚力的团队,还是一个虽经训练,却临时拼凑的小组?

乘员的身心状态也对他们在战斗环境中的行为具有深远影响。例如,他们是否得到充分休息(充分休息在战斗中极为罕见)、有无信心、补给是否充足?是否因为缺乏睡眠、饮食时间受限而影响他们的表现?乘员或许还会出现恶心、受伤、受惊、亢奋、困惑、得意或愤怒等情况。这些人为因素都会影响乘员的行为和行事方式,此外,由于他们正处于性命攸关的紧要关头,其处境又多了一层紧迫感。

组织层级再往上,每位坦克乘员均属于更大范围的人员团队——坦克排、连、团等上级军队组织[8]。他们植根于其直属的军事文化,也会与英国或英联邦的特定部分具有密切联系,这些文化社会联结都将作为文化态度、预期和假设,在他们的行为中表现出来,影响他们的抱负与自我形象。柯克(2009)相对详细地探讨过英国部队单位一级的军事文化,但强调的是士兵的共同态度、预期和假设源于根深蒂固的观念、规则和行为惯例,而这些文化要素全都影响士兵在战场上的行为。例如,如果一个单位文化把审慎和责任置于最高层级,而另一个单位文化则讲求冲劲和速度,那么二者产生的行为将截然不同。这种差异将在某种程度上影响车长及其乘员的行为倾向,即是倾向于快速开火,还是在开火前复核目标身份。

除了个人状态以及作为团队成员的合作和前景,坦克的处境也比较特殊。战斗在进行中,但车长和他的乘员究竟有多了解周围发生的情况?有多清楚战友、盟友、局外人以及敌军所在的位置?在混乱战局中可能存在确定性吗?大家能够指望高级指挥控制系统提供准确及时的信息吗?

因此,不论采用哪种错误原因分析,坦克内部态势感知差都是导致各种出错泛滥的条件之一。下一节将介绍可以采取哪些措施降低致命错误的发生概率。

## 8.4 减少错误的措施

本书已经介绍不少旨在减少误伤的技术手段,在此不再详细罗列。这些措施包括:目标识别系统,帮助坦克车长采集潜在目标相关的确切信息(如当前友军车辆采用的反光板、闪光灯和车辆标记等),为决定是否开火提供依据;车辆识别训练,至少能够认定潜在目标型式;以及态势感知系统,帮助乘员充分了解潜在目标区域内发生的情况(传递计算机屏幕显示所需的战斗信息)。这些技术手段得到其他人为干预措施的支持。

其中一项重要的人为措施是正式演习和规程训练。就坦克而言,这包括一系列标准措施和实践,旨在最大限度减少失误,同时又不影响速度。例

# 第8章
## 装甲激战——开火决策

如,在英军实战演习中,车长保留对坦克内一切活动的控制权,并使用标准军语,以降低误解的可能性。例如,车长可以用一种"固定说法"表示将开火射击的责任授权给炮手,但保留选取和指定交火目标的责任。装弹命令是标准而简洁的。每个乘员都明确自身的既定任务,清楚特定的站位或坐位。所有这些标准行为除了可确保坦克内部乘员的安全外,还可促进坦克系统的高效使用,包括向确定的预定敌方目标开火。

训练可以促进各种技术设备、标准演练和规程得以准确有效地使用。所有乘员均需接受个人训练,为执行各种任务做准备。如前面所述,英国装甲兵团的新人会接受驾驶训练,在积累经验之后可以"毕业",依次成为炮手、装填手/话务员,最后成为车长。每向前一步均会涉及更多的个人正式训练。然而,虽然专项任务训练可以让士兵胜任自己的角色,但只有通过实践练习才能熟练掌握技能。士兵接受的训练越多,其驾驭能力越强。在此基础上,必须加入团队和集体训练,因为只有乘员成为一个团队之后,他们才能做到熟练而专业地操作。因此,投入训练的大量时间和资源是提高作战效能的必要条件;反之亦然,训练减少会降低个人和团队的能力。

坦克在作战时,乘员可以交战的目标选择受正式控制措施约束,该措施由上级组织规定。单位及其所属的编队均有标准作战规程,规定了特定行动和禁止的其他行动,同时还有一套动态交战规则(ROE),这是按最高层级的指示来执行的。交战规则规定,在哪些情况下可以攻击哪些目标,以及随着态势发展,哪些目标应进行相应的调整(在最高层级)。这些措施可通过与地面可识别特征链接的战术控制措施,或地图坐标进行补充,例如,任何目标一旦超过某条友军前进的界线,则允许向该目标交战。

技术、训练和控制措施是针对误伤的正式干预手段。此外,还有大量非正式影响手段作为补充,而这些手段却不容易进行定义和描述。譬如,我们已经考察过文化对行为的影响,以及个人与团体经验的影响,或许还有其他因素的影响,比如坦克车长的领导技能如何,他对造成自身及其士兵压力的原因是否敏感度,士兵们应如何管理,以及乘员的自律与组织纪律情况如何等。当然,还有一个重要因素,即乘员之间非正式关系的强度和性质,会对坦克内产生非正式影响。例如,车长值得信任吗? 车长有能力胜任吗? 车长真的会对发生的事情负责吗? 全体乘员(包括车长)彼此能够默契相处、随时配合对方吗？坦克中的这些非正式要素对乘员行为有着重大影响,但由于这些要素是非正式的,不受单位指挥链的直接控制,因而在特定条件下可能是独立存在的。

单位指挥链肩负着相当大的责任,需要通过训练、监督和观察每个坦克乘员,使这些措施得到落实、产生影响,确保在战斗中能够彼此信任。这是指挥官的责任,但指挥官当然只能通过其下属层级来行使这项职责,因为任务对于单独一个人来说都太过复杂。实施权责的军官安排士兵接受有组织的训练计划和演习,正式检查车辆状况,通过这种方式,确保下属士兵上能够胜任职能。如果士兵没有达到可接受的标准,那么上级军官有责任培养这些士兵。

这些确保军事专业技能的正式手段也辅之以非正式手段作为补充,这涉非正式要素。例如,指挥链上的成员通过各种途径来传达他们对个人和团队的印象,包括单位内部非正式网络、私下鼓励或否定个人和群组、非正式领导力、分享经验,树立个人标准并以此为榜样等。

## 8.5 开火决策

前面介绍了四乘员坦克车组(以"挑战者"2 坦克为基准情形)的角色及其工作条件,研究了人为失误的性质和加深理解的各种框架,以及乘员行为的影响因素以及减少坦克内部人为失误的方法。本节将这些内容编织在一起,汇成开火决策的背景。开火决策旨在成功推进战斗,但是始终存在一定的误伤风险。

在完美世界中,重要决策是由理性、称职的行为主体做出的,应对已知因素深思熟虑,以符合逻辑的方式处理问题,并在此基础之上做出明智判断。开火决策是一项重要决策,在这方面的一个军事范例是"OODA 环",即"观察、判断、决策、行动"[1]。这是美国空军约翰·伯伊德(John Boyd)上校反思自己在朝鲜战争中的空战成功经验时提出的(Lind,1985)。OODA 环由

---

[1] OODA 环是指军事作战中"观察—判断—决策—行动"的循环过程,OODA 即观察(Observation)、判断(Orientation)、决策(Decision)、行动(Action)四个单词的首字母组合——译者注

# 第8章
## 装甲激战——开火决策

采取任何军事行动(包括坦克开火)所需的一个逻辑序列构成。在这个模型中,首先获取潜在目标("观察");其次通过汇集和评估获得的所有目标和态势证据,分析潜在目标在局部与更大作战范围内的重要性和地位,例如,潜在目标是敌、是友或是中立方的证据,现行有效交战规则的性质,该目标相对其他潜在目标的重要性,成功打击目标的概率等,这些都构成"判断";然后根据判断结果做出"决策"并且采取"行动"(开火或不开火)。接下来再次观察目标:若已击中目标,则查验损毁情况;若仍是待打击的目标,则监测目标活动。因此,OODA 环根据需要,按逻辑顺序循环重复。

世界并不完美,尤其是在时间紧、压力大的战斗情境中。在这种情况下,人们很难以有条不紊、合乎逻辑的方式做出决策。事实上,这时候的决策是"顺其自然"做出的(Zsambok et al., 1997;另参见 Storr, 2009 对 OODA 环的解构),即参与者运用先前经验、凭着当下的态势感知,迅速而直接做出决策,而不是在搜寻和权衡相关因素之后,再得出合乎逻辑的结论。在这种情况下,涉及的关键人物是坦克车长。

坦克车长首先会通过正式命令收到态势简报,然后从不同来源获取与乘员面临的作战态势信息。这包括车长自己通过瞄准镜观察,或是(通常在白天)将头伸出坦克顶部的所见。他还会收到驾驶员的观察提示。驾驶员视野受限,所以或许能够提供的信息不多。但是,相比其他乘员驾驶员具备一个优势——他始终面向坦克的行进方向,有固定不变的参照系。装填手往往能够协助车长执行监控任务,只要足够自由将头伸出坦克外面即可。当然,炮手可以通过瞄准镜或者通过屏幕上的热成像仪图像进行观察。因此,每位乘员均可补充车长所见态势,从而形成团队观察图像。最后,除了车长自己观察到的信息和团队观察结果,坦克还可通过图形地图显示和话音无线电获取丰富的信息。

在车长根据这些信息采取任何行动之前,很有可能对这些信息的可信度及当前态势的认识有一种感觉。例如,他可以相信图形地图显示是准确及时的吗?经验表明,当大量数字化信息通过作战无线电传递时,某些图形信息在收到之前可能已经过时,这个问题称为"时延"。信息一开始(不论来源何处)的质量如何?车长可以相信自己和乘员自认为所见的情况吗,特别是在彼此存在分歧时?对于明显从其他单位或陌生人员那里采集的信息,车长可能心怀疑虑。再者,即使车长认可这些信息的正确性,能够把这些信息梳理清楚吗?或者说,一波一波涌来的信息会不会让车长应接不暇,影响他理解这些信息的能力?在车长同时操作多个无线电网络和对讲设备时,应付不过来的情况尤其严重。

图8.1展示了坦克车长及其乘员面临的复杂局面。此图仅供参考,无法反映更加复杂的现实中、影响开火决策的各个独立因素,紧急情况下尤其如此。不过,充分指明了要点。

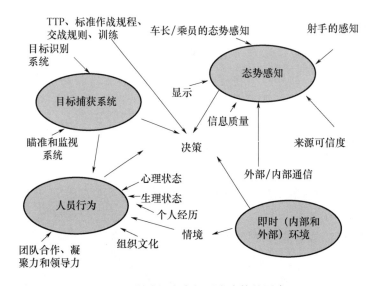

图8.1 影响坦克车长开火决策的因素

在车长做决策时,前面探讨的所有人类行为影响因素可能会影响车长。例如,车长的心理状态如何——他是否精力和信心充足?或者,这是他第三天没怎么睡觉吗?他刚才见到己方坦克被摧毁吗?他现在感到害怕或愤怒吗?他是饮食充足,还是因为脱水而导致思考能力下降(Cian et al.,2001)?他是否在交战决策方面接受过良好训练?他具备多少相关经验?他的装备是易于使用,还是在压力下难以操作而导致其分心?他所属单位的组织文化鼓励他激进行事还是谨慎行事?

回顾杜邦的"十二大危害"清单(Dupont,1997),可以看出许多危害因素直接或间接与这一情况有关。尽管我们希望车长不缺乏执行指挥职能所需

# 第 8 章
## 装甲激战——开火决策

的资源、决断力或知识,但很有可能存在其他因素的影响,例如:车长可能会掉以轻心(也可能不会);几乎会受到分心或疲惫的影响;可能已经习惯于不安全的思维和做法;受制于作战形势带来的压力;无疑会感到紧张;通过数字通信获得的态势感知图像可能过时,或同时输入的信息量过多;主导形势可能会导致团队合作失败(Wilson et al.,2010);可能存在未觉察到的不安全行为先决条件(Reason,1990;Wiegmann et al.,2003)。

因此,在一辆正在执行任务的坦克内部,其情形是存在长期持续且明显的错误威胁因素。这就意味着,针对这些出错要素(如前面所述),需要技术和人为防范措施(无论正式或非正式)达到极度健全,但这或许不可能做得到。

## 8.6 结 论

本章介绍了坦克车长和乘员面临的一些压力及其对滋生失误"沃土"的影响。透过这些压力可以看出,20 世纪战争平均误伤率为 10%~15%,要在此基础上进一步减少地面机动的误伤是不大可能的事情。事实上,这一相对较低的伤亡比例使我们对 85%~90% 免于误伤的人员致以敬意,包括他们的决心和效能,人员训练质量,以及时间与资源的投入。

这并不是说今后针对失误的任何应对措施都注定会失败,而是说未来防范措施必须全面考虑交战过程中可能出错的一切因素,不论是人员上的还是技术上的,而且必须建立在透彻认识开火决策各种影响因素及其可能造成的后果的基础之上。

## 注 释

[1] 在本章中,"士兵"指任何级别的部队成员,不论是否为军士。
[2] 当然,只有在为他的角色找到替补者后,他才能接手。
[3] 详细介绍参见福斯的著述(Foss,2011)。

[4] 在英国陆军中,坦克中部署的人员(皇家近卫骑兵团和皇家装甲兵团成员)均为男性,所以"他""他的"等词是适当的人称代词,好过"她/他"或"他们"等中性称谓。

[5] 这种致密金属弹的正式名称为"长杆式穿甲弹"。由于飞行速度非常快,它可以击穿装甲车,然后释放大量热能。这是针对敌军坦克的主要弹药类型。从技术上来说,这种弹药动能大,非常有效。

[6] 这种偏低速的炮弹可以像一团牛粪一样在接触目标时导致目标变形然后爆炸。它可用于攻击建筑物和非装甲运载工具,因为金属穿甲弹穿过这些物体时可能不会造成损伤。

[7] 关于人为失误研究史的简述,参见施特劳赫的著述(Strauch,2002)。

[8] 就装甲部队而言,连队是占主导地位的军事组织。

第三部分

# 解决误伤问题

# 第 9 章

# 防止空对地误伤

芬·莫纳军

## 9.1 引　　言

空中力量[1]在实现网络化、快节奏联合作战中发挥着至关重要的作用。除了提供精确、大规模火力之外，空中力量还可以保障、提示和促成战场部队和装备的迅速转移；同时也是指挥与控制的关键。2006 年，卡尔·艾肯伯里（Karl Eikenbury）中将曾重点强调了空中力量的重要性，他说道：

如果没有空军和太空力量，将需要 50 万至 60 万兵力才能取得 40000 名陆军士兵、海军士兵和航空兵当前在阿富汗的同等效果。空军和太空力量提供了领先于塔利班的非对称优势，所以无论他们选择在何处作战，联军部队都能在数分钟内施加压倒性火力（NATO,2008）。

但是，空中作战平台的机组人员是在一个神秘莫测的世界中工作，这是一个三维立体、需要高技术，且经常令人晕头转向的世界，在此做出是否使用致命武器的瞬间决定，可能会对战斗或战役的总体结果造成深远的影响。

装备武器的空中主战平台几乎没有供乘客使用的空间，所以记者也就不可能"挤进"这个平台，掌握第一手信息，包括飞机执行的各种任务，或分发给空中战斗力量的复杂规程。虽然有媒体从目标瞄准吊舱拍摄的视频片段中获取了攻击场景的真实瞬间，并将其公之于众，但观众依然不太了解在武器使用之前的复杂目标瞄准和决策过程。哈普·阿诺德（Hap Arnold）

将军于 1946 年提出了关于空战的观点,时至今日这种观点依然有效:

  陆军和海军士兵的观点通常是源于日常生活和直观认识,显然要受到视距的限制;他们中很少有人驾驶过飞机,或思考过空战的问题;同时也很少有大众信息来源能反映飞行员的观点(MoD,2009a)。

  由于普遍缺乏对空中力量的了解,所以有关如何进行空对地目标瞄准的荒谬想法也层出不穷,导致有人认为空中力量只是一种粗钝的战争工具,甚至使空中力量的用途也遭受质疑。本章的目的是以近期的近空支援任务为例,提供关于现代空对地作战的公正的介绍,这将有助于非航空人员理解空中力量的价值,同时也将对友军误伤事件进行探讨。

## 9.2 空对地任务的复杂性

  空中力量通常在极度复杂的环境中实施任务。在这种环境下,体能压力、高强度信息交换和与其他作战单位的协同作战都会导致"战争迷雾"的出现。下面以 2007 年在阿富汗执行的近空支援任务为例,说明空对地任务中存在的一些复杂问题。从中可以看出,实施武器打击的空中作战平台是一系列能力和过程的交联组成部分,它需要把目标探测与后续的对目标武器打击结合在一起。

  从联合空中作战中心(CAOC)打电话传达了一条简短信息"紧急起飞",紧接着是一个栅格坐标。收到信息后,"紧急起飞!紧急起飞!"传遍了作战中心,两名烦躁无聊的飞行员立即振作精神。他们一跃而起,一把抓起头盔、救生衣和作战背心,一个箭步冲出门,翻进作战助理驾驶的车辆中,向飞机的方向飞驰而去,很快就消失在夜色中。与此同时,在飞机旁边,警铃响起,表示情况紧急,借用陈年老话:"听见这个铃声就立刻全力奔跑"。穿戴整齐的工程师立刻放下手上的工作,一路快跑,将两架处于高度战备状态的战斗机编列出来。飞行员到达飞机旁;带上头盔,疾步登上梯子,打开终端开关,请求紧急清理路障,开始滑行(皇家空军的说法),然后驶出飞机掩体,进入附近跑道。GR7 和 GR9"鹞"式战斗机配备高分辨率目标瞄准吊舱,能够通过数据链与地面部队进行图像传输,并配备夜视仪、前视红外设备以及 GPS 制导弹药等系列武器。起飞后,管制处向飞行员传达最新位置和安全无线电频率,以便与地面的联合终端攻击管制员(JTAC)[2]联系。

在部分成员巡逻期间,前线作战基地(FOB)遭到塔利班的袭击。由于遭到敌人压制而且无法返回前线作战基地,地面部队寡不敌众。他们利用无线电与前线作战基地人员取得联系,后者继而提交了空中支援请求。该请求通过卫星链路传达,首先传到喀布尔,然后到达位于另一个中东国家的多国联合空中作战中心,该中心当时也正在伊拉克开展行动。随后,该请求与阿富汗发生的其他类似事件一并得到优先处理。在联合空中作战中心,前面的巨大屏幕显示出美国海军 2 架 F-18 战斗机的位置,这是为巡逻队提供高空掩护的战机。作战中心通过卫星链路联系到了战区管制处,并下令调遣 F-18 战斗机重新执行任务。空中加油机计划小组做好充分准备,随时可以将空中加油机派到 F-18 战斗机附近,以防战斗机因在空中待命的时间太长,但空中加油机的燃料不足,无法延长 F-18 战斗机的作战时间,并支撑其返回航空母舰。这时,F-18 战斗机的剩余燃料大约只能坚持 15 分钟。附近的 1 架"捕食者"无人机(UAV)受命飞往事发现场。联合空中作战中心小组重新派遣了一架驻扎在另一中东国家的 B-1B 大型轰炸机飞往现场,该轰炸机正在前往战区途中,但预计到达时间为 40 分钟。"鹞"式战斗机在地面待战状态下紧急起飞,以接替 F-18 战斗机。

"鹞"式战斗机长机切换了辅助电台频率,在主电台频率的信息不断涌入的背景声中,飞行员开始与联合终端攻击管制员联络。联合终端攻击管制员正在同时控制 2 架 F-18 战斗机和 1 架"捕食者"无人机。他通过调整飞行高度,避免战斗机和无人机发生冲撞,同时与前线作战基地的迫击炮队协调空域,确保飞机不在迫击炮射程范围内,并使飞机与地面部队可以同步投射火力。与此同时,管制处利用栅格坐标系统(在与联合终端攻击管制员联络期间仍保持工作),使即将抵达的"鹞"式战斗机与 F-18 战斗机在地理位置上避免发生冲撞。其中 1 架 F-18 战斗机向塔利班阵地投掷了 1 枚炸弹,炸弹的亮光照亮了夜空。在返回航空母舰之前,F-18 战斗机飞至空中加油机处加油。在前线作战基地外部巡逻的联军和阿富汗部队仍然在一个混乱区域受到猛烈火力攻击,附近的高墙为敌军提供了掩护,无法轻易识别。联合终端攻击管制员开始向"鹞"式战斗机长机提供"简报",以监控另外一支庞大的塔利班武装,该组织被无人机探测识别到,且正在逐渐逼近联军部队。但是,天气迅速恶化,导致"鹞"式战斗机的目标瞄准吊舱无法在指定高度使用。在无人机的帮助下,联合终端攻击管制员确认该地区没有友军或平民,于是决定请求立刻攻击塔利班武装。联合终端攻击管制员提交了标准的"九行简报",将目标坐标发送给"鹞"式战斗机长机,并被录入目标瞄准系统,然后传入 GPS 制导炸弹。之后,"鹞"式战斗机长机向僚机复述录入武器系统的坐标,僚机飞行员再次确认该坐标与联合终端攻击管制员提供的原始坐标是否一致,从而将录入系统的位置错误的可能性降到最低。"鹞式"战斗机飞行员将战斗机飞入指定的攻击航线上,这样,即使在制导系统发生故障的情况下,也能将误伤和附带损害降到最低。飞行员在云层上方投放武器,在目标被确定的几分钟之内,即可击中塔利班阵地。

"鹞"式战斗机下降穿过云层,开始利用目标瞄准吊舱为作战图提供信息。无人机探测到另外一个塔利班阵地并确认是敌军。这次请求使用火箭弹攻击而不是炸弹,因为与上次攻击相比,此次攻击距离友军和平民居住区的位置较近[3]。在火箭弹攻击结束后,地面巡逻队终于能够继续前进并完成任务。"鹞"式战斗机在空中待命并继续发挥掩护作用,直到巡逻队返回前线作战基地。与此同时,B-1B 轰炸机到达现场,由联合终端攻击管制员予以控制,以防敌军进一步攻击。

机组人员与地面陆军士兵从未见过面,并且也没有机会规划当天晚上的事件,然而,一系列不同的平台与作战分队仍被集结在一起,并在避免附带损伤的情况下,在距离友军较近的位置安全地施加了毁灭性火力打击。本次行动消除了塔利班武装的威胁,支援了地面部队执行任务。在这一连串的事件中,有很多容易出错的地方,比如,坐标录入错误,视觉简报解释错误,或武器制导错误等。然而,数年的合作训练、完善的规程,以及盟国之间的互操作性,已经使这种复杂的目标定位成为可能。事实上,多年来这种动态任务经常在阿富汗和其他战区执行,发生误伤的情况屈指而数。以"鹞"式战斗机为例,2004—2009 年,"鹞"式战斗机完成了逾 8500 次任务,在阿富汗上空飞行时长达 2200 小时(MoD,2009b),在被 GR4"狂风"战斗机接替之前,从未发生过友军火力误伤或附带损伤事件。但是,鉴于空对地武器的破坏性潜力,如果真的发生失误,则会付出极高的代价。伤亡人员的家属以及卷入友军火力事故的机组人员或管制员,都将陷入痛苦的深渊。此外,空对地误伤事件的突出特征及其所引发的媒体广泛关注,可能对行动造成极其恶劣的战略影响,降低行动的合法性,同时对空中部队与地面部队之间的关系,以及潜在的盟友关系或联军之间的关系造成巨大的压力。

2002年发生在坎大哈附近的塔纳克农场(Tarnak Farm)的一起误伤事故造成了深远的影响。当时,1名F-16战斗机飞行员误将联军训练演习认作是敌军地对空火力(CNN,2003),造成了4名加拿大陆军士兵的死亡。调查委员会发现,飞行员的"感知能力差是误伤事件的主要原因,导致线索遗漏而过早投放武器等轻率鲁莽行动"(National Defence and Canadian Armed Forces,2002,Part IV)。记者将本次死亡事件列为加拿大年度最大新闻条目(Molloy,2005),而美国媒体甚少关注,布什总统在两天后才公开确认该事故,这进一步激化了加拿大公众的愤怒情绪(Molloy,2005)。虽然美国空军的裁决书措辞强硬,但加拿大公众认为"美方有意识的不当行为直接造成了所能想象的最恶劣后果"(CBC News,2006),受害家庭觉得飞行员受到的处罚"不痛不痒",而且"表明美方拒绝承担责任"(Molloy,2005)。本次死亡事件引起公众对于加拿大参与阿富汗战争的强烈质疑,对美加两国的关系造成压力,同时还加剧了对空战人员在作战过程中漫不经心的看法[4]。但是,这起惨剧仅是近20年来数千次空对地行动中少数出错的悲剧之一,大多数行动都在避免误伤和附带损伤的情况下成功地投放了武器。

为了全面研究空对地误伤,本章考虑了目标瞄准过程,为减少误伤的技术因素、训练、战场管理,以及所需的互操作能力。

## 9.3 目标瞄准的挑战

目标瞄准过程包括是6个步骤:探测、定位、识别、决策、执行和评估(MoD,2009a)。在某些情况下,攻击平台可以执行所有上述过程,例如,在海湾战争时期,作战人员被派往特定区域执行目标搜索和攻击任务,如拦截"飞毛腿"导弹行动;或在执行紧急的近空支援任务时,地面部队没有任何人具备担任前线空中管制员或联合终端攻击管制员的资格的近空支援。但是,目标瞄准过程通常极为复杂,在此过程中,地面和空中的不同平台、传感器或人员都要为目标瞄准过程提供信息。在目标瞄准过程变得复杂的情况下,所有相关人士都有责任确保避免误伤。但是,目标瞄准过程越复杂,涉及的机构数量就越多,发生失误的可能性就越大。下面的案例同样源于阿富汗战争,它强调了在执行相对简单的任务时,目标瞄准过程所涉及的一些问题。

(1)探测。2006年,阿富汗国民军(ANA)的一辆个车队遭遇简易爆炸装置。一辆战车被毁,出现伤亡,车队不得不停止前进,为战车提供相互支援。阿富汗国民军部队在探测到敌军踪迹的几分钟后,很快就遭到轻武器和火箭弹的猛烈攻击。阿富汗国民军部队通过翻译,与大约10英里以外的前线作战基地的联合终端攻击管制员保持无线电联系。遭到伏击的阿富汗国民军很难收回战车并救助伤员,在遭到一段时间的持续攻击后,联合终端攻击管制员发出了空中支援请求。

(2)定位。两架近空支援飞机从坎大哈紧急起飞,前去支援阿富汗国民军部队。飞机抵达后,联合终端攻击管制员指示他们定位运河附近的一栋显眼建筑,该建筑的信息是之前通过翻译转述的。根据可用地面特征,利用双筒望远镜和飞机瞄准吊舱确认了位置,并将目标数据录入飞机的导航系统中。

(3)识别。在关联敌军位置后,近空支援飞机请求确认存在敌军,而且不存在友军。阿富汗国民军部队确定了对方是敌军,联合终端攻击管制员确认没有在该地区开展作战行动的友军,从而确认存在敌军但不存在友军。然后利用目标指示吊舱支持该信息,并扫描确认该地区是否存在地面部队未注意到的任何平民。

(4)决策。发起攻击的决策需遵守交战规则和战区现行特别指示。交战规则控制武器的使用及可以使用武器进攻或防御的情况。在本案例中,敌军以一栋建筑为掩护,并用作与阿富汗国民军部队交战的开火阵地。敌军构成目标。目标位置没有平民,而且附近不存在其他平民居住区。

(5)执行。近空支援飞机先低空飞过展示武力,警告敌军撤退。

(6)评估。敌军继续射击阿富汗国民军。此时,目标瞄准过程返回决策阶段,以便获取关于敌军和平民的最新信息。

(7)决策。联合终端攻击管制员下达许可,决定向敌军阵地发射一枚火箭弹。

（8）评估。进一步评估表明，敌军精确打击火力仍在持续。目标瞄准过程再次进入决策阶段。

（9）决策。决定有必要升级武器。由于新选择的武器破坏范围扩大，所以对可能的附损害和友军位置展开进一步评估，同时第3次进入执行阶段。

（10）执行。向敌军位置投放一枚1000磅激光制导炸弹。这需要输入正确的激光代码而且在武器飞行时间内需要激光准确照射。

（11）评估。针对1000磅炸弹爆炸后的影响，展开进一步评估。敌军火力停止。

不久之后，来自另外一个营地的阿富汗国民军部队探测到更多敌军火力。另外2架近空支援飞机接替先前的2架飞机，但两批战斗机之间的信息传递（先前2架飞机关于目标区域和情况的说明）无法完成，需要重复定位过程。出人意料的是，在通过话音传递定位过程时，新来的2架飞机无法关联到目标。阿富汗国民军的翻译无法准确描述目标建筑特征，反复将该建筑外形描述为像一条面包。由于目标不在联合终端攻击管制员的视线范围内，所以他也无法进一步优化这些描述。与此同时，飞行员可以看到形状可能像长面包的建筑。但是，他们仍然不确定英军飞行员与阿富汗国民军士兵对一条面包的文化解读存在的差异，而且长面包形状的建筑似乎不止一栋。为了确定具体是哪一栋建筑，飞行员采取了向联合终端攻击管制员提供描述等更多行动，但最后都是徒劳。利用目标瞄准吊舱扫描相关营地也未发现敌军的行踪，因此在决策阶段排除了使用武器的方案。所以执行阶段限于武力展示，近空支援飞机下降到低飞，以表明其存在。此时，可能是敌军遭受了上次武器打击，该营地的火力停止了。近空支援飞机在空中待命，后来被另外两架飞机接替，这两架飞机是负责掩护前线作战基地部队撤离伤员。

将空中视角和地面视角连接起来本来就比较困难，如果还涉及文化解读问题的话，目标定位过程就会变得极具挑战性。鉴于空中力量经常在联军和联合行动的接合部开展作战行动，文化和语言差异很容易引起混淆。此外，在目标定位过程的任何阶段都可能出现无心之失。有的时候，尽管存在现行所有规程，在现代战争中仍然会发生友军火力和附带损伤事故。

有必要就空对地作战特有的几个方面展开研究，以了解在误伤研究中使用规程和技术的方式。具体可以分解为技术、战场空间管理、训练和互操作性。

## 9.4 技　　术

人们对技术并没有奇迹般地解决误伤和附带损害问题感到非常沮丧。英国公共审计委员会主席爱德华·雷(Edward Leigh)提出的质疑证实了这一方面。2006年他在英国国防部审计署关于战斗识别进展情况的一份报告中,以口述证据方式记录了以下内容。

难道现在还没有一项专门的技术吗？这种技术有多先进？有没有某种工具,比如由某个美国公司制造的工具,可以为我们所有人提供庇护而且价格合理？难道没有一件这样的工具吗？我们现在发展到哪个阶段了？我们还处于纸上谈兵的阶段吗？我们到底发展到哪一步了？你们必须告诉我,在5个月、5年或者10年的时间内,我们有没有可能获得这种工具,因为这个话题我们已经谈论了很久。既然掌握着所有这种技术,尤其是对于美国人而言,他们无法推出这一件技术工具就显得匪夷所思了(House of Commons Committee of Public Accounts,2007,Ev3 Q11)。

虽然爱德华·雷对于目前没有误伤的"现成"技术方案感到沮丧,但有助于机组人员了解地面情况的现有技术的确取得了巨大的进步。近20年来,空中平台传感器的探测范围发生了巨大变化,有效增强了态势感知(SA)。20年前,英国近空支援机组人员主要依赖1∶50000比例尺的纸质地图和地面部队的视觉简报,这种情况与第二次世界大战时期相差无几。如今,英国近空支援飞机配备了高分辨率目标指示吊舱,可通过下行数据链,为前沿空中管制员或联合终端攻击管制员提供直播视频。机组人员携带稳像双筒望远镜,利用激光或GPS制导弹药,实现精确、全天候轰炸能力。现在很多飞机还配备了威力较小的炸弹,使其能够精确攻击友军附近的目标,同时不会带来那么大的误伤或附带伤害风险。"阿帕奇"武装直升机和"死神"无人机在采购配装先进传感器套件之后,英军近空支援的作用距离得到了进一步扩展。由于这类飞机与喷气式飞机相比,其飞行速度较慢,开展攻击所需的时间更长,因此需要花很多时间进行目标识别。若这类飞机能够作出快速响应,且武器装载量足以执行任务,则能在很大程度上帮助减少误伤。同时,快速喷气机能够以更大范围的武器射程,快速响应更远的地点。显然,所有上述资产的组合将使近空支援在多种情况下更为有效。

飞机和武器方面的新发展可帮助机组人员和指挥官提高对作战任务的总体意识,使其能够实现远比20年前更复杂、节奏更快的作战行动。促进该成果的机载目标定位技术值得我们一探究竟,大致可以分为可视化技术和电子技术两类。

## 9.4.1 可视化技术

识别已方部队的可视化方法包括战车上的标记、高可见度识别板或者用于日间识别的彩色烟雾。机组人员也会接受战车识别训练,以便能够识别地面战车、设备和船舶。面板和战车标记通常不易辨认,尤其是在战场执行作战行动后,战车铺满灰尘和泥土的情况下。另外,由于战场上硝烟弥漫,令人混乱不清。马修·赫尔(Matthew Hull)下士死于友军火力误伤事故,当时1架A-10攻击机由于识别错误,对其战车展开了攻击。调查委员会判定,主反光板"未引起飞行员的足够注意",而且"目前正在制定避免误伤的技术方案,同时必须加强目视识别标记研发方面的工作"(MoD, 2004c)。在上述案例中,飞行员看到了友军战车上的橙色发光板,但飞行员判定该战车属于敌军,因为他们误将发光板认为是装甲车上装载的火箭弹(来源同上)。另外,识别训练的价值限于近距离行动,因为美国陆军关于空对地识别的一份报告显示,在2000米高度,对战车的识别能力会降低至20%以下(Hicks et al.,1966)。因此,除非当时的情况和时间允许传感器把镜头拉近,否则武器平台距离太远会导致目标识别变得非常困难。

在夜间,飞机使用夜视镜和红外(IR)系统进行目标探测。联合终端攻击管制员分别使用红外闪灯和红外发光棒来显示友军部队位置并指示目标位置。此外,还可以使用成本相对较低的热识别板,它与日光下使用的可视化面板非常相似,能够发出截然不同的热信号特征,通过红外传感器识别。上述技术对于地面部队和武装直升机比较有用,对于武器投射距离很大的飞机而言,则用处不大;而且与日光面板一样,可能由于灰尘堆积而被遮盖。

### 9.4.2 电子识别手段

**1. 无线电**

通过话音通信,与空域管制员、前沿空中管制员、地面部队和其他空中平台进行联络,这是目前向机组人员传达任务分配和目标详情最常见的方法,同时也是向机组人员传达友军相关信息的主要方式。由于空对地作战非常依赖话音,所以无线电网络通常都异常繁忙,机组人员要同时使用两个或更多的频率。随着威胁等级的增加,无线电通信量也会随之增加,这反过来又会削弱机组人员对当前发生事情的感知。

规划人员面临的一项挑战就是制定全面的通信计划,既要避免过度使用信道,又要为充足信息流提供有效机制,以确保有效的战斗识别。

**2. 高分辨率目标指示吊舱和精密武器**

目标指示吊舱技术近 10 年来取得了长足发展。这些吊舱能够拉近镜头,获取清晰的图像,而且可以下传给装备精良的地面部队,为机组人员和地面部队的态势感知做出了巨大贡献。这项技术的使用,再加上制导武器(尤其是 GPS 制导武器),可提供更强的精确打击能力,使多种平台转而能够承担近空支援等任务。这样,最初为了纵深攻击设计的飞机,如"狂风"GR4 战斗机等,现在配备精良,可应对非常规城市作战的复杂性。更令人惊喜的是,得益于这项技术的发展,B-1B 和 B-52 战略轰炸机也开始用于近空支援任务。但是,在通过新的方式利用这些平台时,为了避免误伤和附带损伤,应确保进行足够有效的训练,以保证在部队附近投放武器的复杂性,这是至关重要的。尤其需要指出的是,对武器威力的了解、对陆军地面部队作战方式的了解,以及对近空支援规程的熟悉等,都是避免误伤的关键。这些知识对于接受近空支援训练的人员来说,应成为他们的第二天性,而且对于执行该任务的其他机组人员来说也应如此。

**3. 目标识别设备**

为了识别目标,地面部队使用了一系列的目标识别方法。

1) 地面目标激光指示器

地面目标激光指示器(GTLD)可从地面向目标发射编码激光束。激光束遇到地面目标会反射,然后被机载系统探测并识别。地面目标激光指示器不仅可用于识别目标位置,还可以引导激光制导武器。但是,这项成熟的技术确实有一些缺点,比如,激光束可能在操作人员与目标之间的地形上发生散射或反射,造成一个虚假目标位置的假象。因此,必须严格遵守规程,以确保机组人员将武器投射到特定目标,并关联目标,从而降低误制导的概率。显然,合作训练是确保这些规程成为地面和空中操作人员第二天性的关键。

2) 目标定位设备

目标定位设备发射激光波束,并与 GPS 系统链接,生成目标的准确坐标位置信息。这种设备不仅可为机组人员提供传感器数据,还可以为 GPS 制导武器提供数据。目标定位设备与精确制导武器相结合,使精确打击发生了革命性的变化。不过,很重要的一点是确保制定相关规程,以避免在坐标读取过程中发生错误,或误将敌军位置坐标与友军位置混淆。

3) 态势感知技术

蓝军跟踪系统技术是通过电子手段监控友军战车和部队的位置,因此该技术可以提供关于特定区域是否存在友军的宝贵信息。但是,蓝军跟踪系统的技术实施途径并没有在美军各部队之间得以协调,更不用说在北约或盟国部队之间了。在 2003 年,"以美国为首的英美联军部队在'伊拉克自由行动'中至少使用了 9 种互不兼容的友军跟踪系统,效率低下"(Larkin,2005)。正如雷声(Ratheon)公司的态势感知数据链(SADL)所显示的那样,将上述各种系统连接在一起是有问题的。态势感知数据链主要是为空中国民警卫队 F-16 战斗机和 A-10 攻击机采购的,能够实现与美国陆军的增强型定位报告系统(EPLRS)相联通,并在座舱平视显示器(HUD)和多功能显示器中提供友军指示。但是,态势感知数据链无法直接与 2003 年部署在伊拉克的美国陆军作战单位和英国作战单位的其他系统连接。

空对地作战的态势感知技术正在飞速发展。比如,2009 年 11 月,雷声公司的战场目标识别系统(BTID)被集成到 F-18 战斗机的目标指示系统中,雷声网络中心系统公司副总裁格林·雷默(Glynn Raymer)曾表示,"(该系统)在飞行员的多功能显示器上展示了清晰的战斗识别信息"(Raytheon,2010)。然而,态势感知数据链的经验已经突出表明,态势感知系统必须具有足够的互操作性和通用性,才能实现其价值。2007 年,当被问及还需要多久"美国飞机才能识别己方坦克"时(House of Commons Committee of Public Accounts,2007,Ev2 Q9),英国负责战斗识别的高级官员,皇家空军少将道尔顿(Dalton)表示,尽管各国于2000年6月签署了北约标准化协议(STANAG),但对于是否采用这项成本高昂的技术仍然犹豫不决,担心该技术变成一项冗余的技术:

  这可能只需要短短几年的时间,但是我无法直接回答这个问题,因为我不知道其他国家将会做出怎样的决定。这是它们自己才能决定的。我只能说,我们的决策过程在很大程度上是以理解美国的可能走向为基础的,以便可以将赌注押在我们认为最有用的"那匹马"身上(House of Commons Committee of Public Accounts,2007,Ev2 Answer to Qs 9 and 10)。

  因此,虽然对于空对地作战人员而言,战场目标识别系统等技术的发展前景令人振奋,但如果下错赌注,则可能导致航空部队拥有成本高昂但冗余的技术。由于这项技术至关重要,所以互操作性是人们重点关注的问题。

## 9.5 训 练

  训练是有效作战的基础。训练不仅是部队达到作战效能效的关键,而且还是消除误伤和附带损伤等的主要影响因素。部队需要有能够反映战争环境的演习训练机会。在赫尔下士的事故中,可用技术被视为一项影响因素,调查委员会的摘要指出:"在执行作战行动之前,我们应寻求与潜在的联军伙伴更多的训练机会。"(MoD,2004c)。

  为机组人员、地勤人员、前沿空中管制员和地面部队提供足够数量的现实训练至关重要,它有助于提高作战能力,包括减少误伤。目前在亚利桑那州开设了沙漠训练基地,纳入有代表性的目标集,覆盖多种可能的作战情景,从装甲车队到城市场景。该训练区域使陆军和空军分队可以在天气、地形和目标与战区高度相似的情境中开展紧前部署训练。在这样的环境下,合作训练明显有助于理顺各作战分队之间的关系,从而减少战争阻力因素。但是,战术、技术和规程必须在作战行动所有参与方之间达到统一,而且要设计合理,使其能够在联合部队内达到可遵守的最低共同标准,这一点至关重要。这有助于机组人员在整个战区开展行动，而不是在与某个单独作战单位打交道时，不得不依赖于特殊程序。

## 9.6　战场管理

战场管理（BM）是指"支持动态同步实现多项活动的适应性手段和措施"（MoD，2008a）。

通俗地说，战场管理涵盖主管一系列活动和系统的机构，它将战区中的各种作战分队和其他机构[5]紧密连接在一起。战场管理的关键参与者是联合空中作战中心、空中交通管制员、战术空域管制员（位于地面或飞机上，比如 E-3"哨兵"）和联合终端攻击管制员。战场管理不仅在提高作战效能方面发挥着重要作用，同时对于减少空对地环境下的误伤概率也非常重要。

实施战场管理最简单的方式是将作战单位的活动隔离或拆分为"独立活动"。就空中力量而言，这可能涉及指定飞机在某段空域内独立开展活动，不受到任何其他机构的干扰。由于不同类型的部队分别处于不同位置，所以规划和执行过程相对简单；但是，当飞机作为密切协同火力攻击的组成部分开展作战行动时，这种方法就无法发挥飞机的潜在作用。

根据海湾战争、巴尔干战争、阿富汗战争和加沙地区战斗的经验，结合信息技术和指挥与控制方面的最新进展，可以看出，高效的战场管理使完全"整合"活动成为可能，通过各相关单位密切合作，共同应用，从而发挥最大作用。

高效的战场管理有助于通过一种协调、"互连"的方式，利用雷达服务、话音通信、数据链和空域规程指定等各种技术馈送的信息，构建实时图像。这种互连的战场有利于部队迅速展开行动。以"铸铅行动"[6]为例，情报源称，"F-15 和 F-16 战斗机可以在数据传输后 30 秒之内识别并发射空对地导弹，消灭逃逸目标"（Eshel，2009）。另外，作战行动整合水平越高，战争迷雾导致系统故障从而引发误伤事故的风险就越大，因此需要实现两者的平衡。在时间和/或空间有限的情况下，过于谨慎的孤立活动可能无法实现，甚至可能造成危险。例如，阿富汗坎大哈省和赫尔曼德省的战场管理计划曾面临严峻挑战，这是因为在 2005—2007 年，空中平台和地面部队的数量增多,导致作战行动的复杂性加剧。尤其需要指出的是,在 2006 年春,空军第 16 突击旅到达赫尔曼德省之后,空军活动密度急剧增加。当时主要采用的是规程化和独立式避免冲突系统,无法提供足够全面的画面以促进实施有效的同步行动,以至于管制员将该地区称为"狂野西部"[7]。2006 年 10 月,皇家空军 1 号空中管制中心的部署改变了该地区的情况,并且"事实证明,这对于提供覆盖整个赫尔曼德河谷的雷达监控和空中管制方面是至关重要的,它确保在北约部队与塔利班交战的任何时候,大量聚集的空军资产能够有效协调并避免冲突"(Byford,2010)。这项能力的及时部署对于减小 2006—2009 年作战期间的空对地误伤概率肯定是有帮助的。这一时期,为支持动态地面作战行动,在较小区域内密集部署了大量空中平台,高速喷气机、无人机、武装直升机、支援直升机、情报、监视、目标捕获与侦察(ISTAR)装备以及空中加油机等。

《英国战场管理联合条令》中总结了战场管理的重要性,如下所述:

战场管理与战斗识别密切相关,提高作战效能和避免误伤对于两者都至关重要。战斗识别过程是一项战场管理措施,它有助于实现态势感知,从而支持更有效的战场管理。同样地,战场管理有助于实现态势感知,并因此增强战斗识别(MoD,2008a)。

## 9.7 互操作性

互操作性指的是不同系统一起运作的能力。在军事术语中,它表示"系统、作战单位或部队能够向其他系统、作战单位或部队提供服务,同时也能够接受来自其他系统、单位和部队服务,通过这种交换服务的方式,使它们能够有效协同工作"(Hura et al.,2000)。空中力量资产利用其航程远、速度快和无处不在的特征,可以迅速覆盖较大区域,并且可以跨广阔战区执行任务,甚至可在短时间内从一个战区转入另一战区。因此,出现了对空中平台的基本要求,即能够与各种不同的作战单位协同合作,这些作战单位可能来自多个不同的联军伙伴,可能拥有不同的设备、语言、训练制度和预算经费。互操作性对于满足这项要求至关重要。此外,尽管通常认为互操作性仅仅涉及技术,但实际上它还涉及战术、技术和规程。

北约互操作性战略的一个关键环节就是标准化。通过制定标准,北约为其成员国提供了预先规划的机会,确保在成员国之间能够实现互操作性。通过这种方式,北约希望将所有国家都整合到战斗序列中,无论其能力水平如何。事实上,这是一项巨大的挑战,要达到一项适用于所有成员国的标准可能是一个漫长曲折的过程。对于松散的联合部队,尤其是像1992年海湾战争期间那样在短时间内组织起来的联军,这更是一项严峻的挑战。不过,在探索减少友军误伤和附带损伤的过程中,建立相应的作战规程,与可用的技术形成互补,这项工作的重要性同样不容小觑。2006年,皇家空军少将道尔顿指出:"……战术、技术和规程,其中规程是绝对关键的,规程是战斗识别不可或缺的组成部分。"(House of Commons Committee of Public Accounts, 2007, Ev4 Answer to Q20)对于空中平台操作员来说尤其如此,因为他们在激烈的战斗中要与其他各种机构展开协同合作,且通常不会在事先协调。

## 9.8 结　　论

在近年的巴尔干半岛、海湾地区和阿富汗战争中,空中力量和太空力量的使用方式发生了一些明显的变化。技术和思想的进步使部队网络化水平提高,从而可以在战场上常规化地实现同步和整合活动,且空中平台在实现该活动的过程中发挥着重要作用。然而,尽管技术取得了长足进步,但误伤仍然是现代战争的一个特征,正如英国国防部在其《伊拉克自由行动的教训》(Operation Iraqi Freedom Lessons)中所强调的:"虽然我们的目标是尽量为英军部队提供最有效的战斗识别系统,但遗憾的是,不管技术有多先进,仍然没有一个系统能够万无一失。"(Operation Iraqi Freedom Lessons,2003)

尽管目前没有预防空对地误伤的"现成"解决方案,不过将误伤降到最低的关键是确保上述各个方面(战场管理、技术、训练和互操作性)得以继续改进和发展,从而将战场失误降到绝对最小值。从本章开始所述的任务可以看出,空对地活动是一种多层次活动,依赖于多个不同机构和多种不同信息源的协调,依靠大量快速发展的技术,而且与不断变化的规程密切相关。从应用的角度来说,这项活动依赖于人类在非友好环境下的精确思维和行动。

但是，读者应相信，尽管从理论上说，空对地目标指示是不分敌我的，但根据我在近空支援职业生涯中与机组人员一起工作的经验，所有的英国和盟军机组人员都是以极其专业的态度来对待空地目标的。避免误伤是一个非常严肃的问题。

## 注　释

[1] 对于现代军事组织而言，空中力量的概念有所扩展，现在还包括所谓的太空力量。空天力量指的是"从空中和太空投射力量，以影响人类行为或事件过程的能力"(MoD, 2009a)。

[2] 联合终端攻击管制员(JTAC)，指的是"有资质(经认证的)现役部队成员，他从前线阵地指导在近空支援和其他攻击性空中作战中的战斗机行动"(US Joint Chiefs of Staff, 2009)。"联合终端攻击管制员"一词起源于美国，2003年在伊拉克战争的联军部队中广泛使用，后来还用于阿富汗战争中。北约仍然正式使用一般性术语"前沿空中管制员"。

[3] 火箭弹比炸弹的杀伤威力范围更小，因此可以比炸弹更接近友军使用，而不会有误伤的危险。

[4] 加拿大公民的观点反映出了友军误伤事件对公众的影响，以及对联军造成的压力："这就是你与一群牛仔并肩战斗时得到的结果，他们会向任何移动的东西开枪"(Molloy, 2005)。

[5] 其他机构包括卷入战区的任何非军事机构，比如政府机构、非政府组织、媒体等。

[6] "铸铅行动"是以色列在加沙地带(Gaza Strip)实施的一次行动，始于2008年12月27日，持续了3个星期。

[7] 1位美国管制员在2006年春对作者所述的评论：在之前的一次任务中，1架F-15战斗机与无人机空域冲突，该空域当时正由一名联合终端攻击管制员实施管制，这期间有部队与敌军交火。

# 第 10 章

# 美军战斗识别
## ——提高作战效能和减少误伤的综合途径

阿尔·莫舍

## 10.1 引　　言

 自1775年美国陆军组建以来,美国在战场误伤方面的经历就成为士兵的噩梦。在美国历史上每一次大小冲突中,美国武装部队都力求使友军误伤风险与作战效能之间达到平衡。在本章中,我们审视了美国内战的一个历史案例研究,回顾了误伤事故的起因和影响,并从美国武装部队的角度,将其与20世纪的战争及21世纪的全球反恐战争的经验进行比较。然后,我们重点讨论了美国联合部队,尤其是美国陆军和美国海军陆战队,是如何定义战斗识别（CID[1]）的,如何采用全局观念来分析和解决误伤难点问题,最后讨论了美国联合部队建立并实施了哪些方案作为解决战斗识别问题的策略,其目标是提高作战效能并减少误伤。该策略并非围绕某一项单独的、百试百灵的完美方案,而是涉及方方面面的一系列方案,包括条令、组织、训练、装备（设备变革）、领导力、人员和设施改善等,从而找出一条协同途径,解决战斗这一人类最复杂情形中最令人烦恼的问题。

## 10.2 安提塔姆（Antietam）案例

 美国历史上日伤亡最大的战役能更好地说明美军士兵和指挥官在误伤

起因方面经历的痛苦。该战役是颇具美国特色的一起事件,发生在美国内战时期,1862 年 9 月 17 日,马里兰州夏普斯堡(Sharpsburg)附近的安提塔姆河畔。

参加安提塔姆会战的双方包括乔治·B. 麦克莱伦(George B. McClellan)少将带领的波托马克军团(Army of the Potomac)和罗伯特·爱德华·李(Robert E. Lee)将军带领的北弗吉尼亚军团(Army of Northern Virginia),共计逾 125000 名美国士兵。李攻入北方,来到夏普斯堡,9 月 17 日清晨,他将部队部署在该镇的东部、东北部和东南部,等待麦克莱伦从东部发起进攻。如李所料,麦克莱伦趁着晨雾发起了进攻。当天,数百门加农炮和数千支毛瑟枪造成浓厚的烟雾,以至于在晨雾散去后,战场仍然一片模糊。该地区地形绵延起伏,还有生长茂盛的玉米地,为双方士兵的进军和移动提供了掩护,使他们得以悄然地穿过泥地和小路。该地区植被茂密葱郁,经常能够掩盖己方和敌方的存在或身份。所有上述因素结合在一起,形成了真正意义上的战争迷雾,弥漫在数平方英里的狭窄地带,引发了持续整整一天的混战。在这恐怖的一天,当太阳终于落山时,波托马克军团有 2108 人死亡,9540 人受伤,753 人失踪,总伤亡达 12401 人,占参加作战行动人数的 25%。南方邦联伤亡人数无法准确估算,但保守估计,9 月 17 日李的损失为 1546 人死亡,7752 人受伤以及 1018 人失踪,总伤亡达 10316 人,占作战前线总人数的 31%。在持续了 12 个小时的战斗中,总伤亡达 22719 人。在本次或任何其他美国战争中没有哪一天的伤亡人数能够超越这一可怕的记录(Sears,1983)。

即使上述数据也未能反映出伤亡的准确程度,其中很多后来被俘的士兵都因伤死亡。很多受伤的士兵在几天、几个星期或者几个月之后死亡,很多报告失踪的士兵实际上已经死亡,几天后,当地居民在农场上找到了他们的尸体,并把他们当作无名尸体火化(ibid. →sear, 1983)。战斗识别问题导致的误伤增加和作战效能降低是本次战役伤亡惨重的部分原因。

在安提塔姆会战的整个过程中,态势感知的缺乏、目标识别、条令、战术、技术和规程、训练和交战规则方面的困难困扰着作战人员,降低了相关作战单位完成分配任务的能力,同时为更大概率的友军火力误伤制造了条

## 第 10 章
### 美军战斗识别——提高作战效能和减少误伤的综合途径

件。以敦克尔教堂之战为例,第 13 宾夕法尼亚预备团侧翼友邻部队的指挥官看到该团因弹药不足开始撤退,但没有看到在战场浓烟中前进的后补部队。他以为自己将要被侧翼包抄,于是迅速带领士兵撤退并退出战斗。这种混战在当天多次发生(ibid. →sear,1983)。友邻指挥官陆军上校缺乏态势感知,并将侧翼友军误认为是可能的敌军,导致他从战斗中撤离,降低了作战单位的作战效能,从而降低了相同较大区域内联邦军的作战效能。安提塔姆河对岸的联邦军炮手(包括汤普金斯炮兵连在内)由于担心击中己方士兵,所以无法向森肯路上近距离作战的人群开炮(ibid. →sear,1983)。在玉米地中,由于战场声音喧杂,没有人能听得清指令,当他们试图开枪还击时,似乎总有战友挡住前面。第 2 马萨诸塞团、第 3 威斯康星团和第 27 印第安纳团不得不忍受敌军火力而无法还击,直到在前方玉米地乱窜的一群宾夕法尼亚团新兵让开道路(ibid. →sear,1983)。陆军中尉乔治·伍德拉夫(George A. Woodruff)将美军炮兵第 1 团 1 连从东部树林移出,架好火炮后,为 6 门加农炮装上炮弹,以防止叛军追击。他报告说,尽管发出明确警告,联邦军士兵还是在大炮前奔跑。最后,炮手忍无可忍向前开炮,士兵才终于让开道路。伍德拉夫表示,他肯定当时击中了联邦军士兵,但牺牲少数人的生命总好过任由叛军俘虏炮兵(ibid. →sear,1983)。上述记录清晰地反映出了作战单位的作战效能降低并酿成无数友军误伤事件的条件。在玉米地、东部树林、米勒农场以及穆马农场地区,3 个小时内有 8000 人死亡或受伤(ibid. →sear,1983)。

由于缺乏态势感知和目标识别,士兵犹疑不决,因此错过了最佳的开火时机或发挥战术奇袭效果时机;或者由此延长了交战时间,从而造成最大程度的破坏。误伤导致己方部队伤亡增加,并且由于敌军伤亡人数更少,也使作战效能降低,这就导致敌军残留士兵人数较多,战斗力量更强,从而对联邦军队造成更大的人员伤亡。

当时由于缺乏对特定交战规则的了解,对战术、技术和规程掌握不足,并且训练水平有限,导致战斗识别的问题加剧。以第 12 团为例,当时参加战斗的有 7200 名步兵,其中有一半步兵从未在战斗中开过枪(ibid. →sear,1983)。在西部树林,第 59 纽约团第一次参加战斗行动,士兵在烟雾和混乱中陷入恐慌,朝第 15 马萨诸塞团士兵的后背齐射。没有人听到马萨诸塞团士兵的喊叫,直到萨姆纳将军命令第59团停火时,这次屠杀才停止。夹在敌军和友军火力之间,第15马萨诸塞团的伤亡人数达318人,占该团总人数的一半以上,是双方部队中伤亡最惨重的一个团(ibid. →sear,1983)。第59纽约团并不是唯一的新兵作战单位。新组建的第13新泽西团在安提塔姆会战中,士兵第一次给毛瑟枪上膛。第14康涅狄格团、第108纽约团和第130宾夕法尼亚团的新兵部队加入队伍的时间不到一个月。在能见度有限且周围环境嘈杂的情况下,这些士兵无所适从,最后朝着第1特拉华团开枪。第1特拉华团腹背受敌,最终溃不成军,四处逃窜(ibid. →sear,1983)。缺乏态势感知以及目标识别能力不足,这是导致联邦士兵选择面对己方盲目开枪或对未被识别的敌军停止射击的常见因素。第4罗德岛团在茂密如林的玉米地里也曾遇到敌我识别的难题。其前方部队的军旗与联邦军旗非常相似,所以第4罗德岛团停止开火,并派出旗手和军官探明前方作战单位的身份。当他们距离对方作战单位20英尺的时候,遭遇群射,旗手被杀。军官抓起军旗,下令第4罗德岛团继续开火。他们之前未能识别的作战单位是南方邦联的第1南卡罗来纳团。卡诺瓦师的俄亥俄团在混战中也遭遇过敌军识别难题。当南方邦联的一个旅向其进军时,俄亥俄团停止了射击。部分南方邦联士兵脱下自己的制服,并换上了哈泊斯费里俘虏的联邦士兵制服。在被包抄并被迫撤退之后,俄亥俄团才发现自己犯了错误(ibid. →sear,1983)。

上述联邦士兵的经历在战斗中非常典型。当时要维持态势感知、确定友军位置,以及确定何时能够看清作战单位都有很大的难度,而且通常很难识别目标,以向敌军发起准确、及时的攻击。

虽然在任何特定事故中起主导作用的因素往往只有一个,但美国内战时期美军士兵每次遇到的战斗识别问题和误伤事件往往是由多个因素造成的。士兵无法正确评估当前态势,不能识别目标,缺乏条令和战/技术规程,训练不足,交战规则不明确,等等,这些因素都会导致作战效能降低并增加误伤概率。但是,这些失败因素并不仅仅限于美国内战。即使技术不断发展并由此带来杀伤力的变化,20世纪和21世纪的士兵也将面临与安提塔姆会战相似的困难——战争的迷雾以及多种影响因素相结合的问题。

# 第10章
## 美军战斗识别——提高作战效能和减少误伤的综合途径

## 10.3 20世纪末和21世纪初的误伤案例统计

到20世纪,美国部队的战场误伤问题仍未得到降低。事实上,误伤最初只是涉及地球表面陆地和海洋的问题,后来随着飞机的发明,还涉及空中环境。地对地任务仍然是发生误伤问题最普遍的领域,占事故总数的58%~69%,空对地任务占事故总数比例略高于三分之一。误伤人数一般占总伤亡人数的12%~15%,但在1991年的沙漠风暴行动中,在持续大约100小时的战斗中,美军24%的伤亡人数归因于误伤(图10.1)。

| 第二次世界大战,朝鲜和越南战争 | "沙漠风暴"行动 |
|---|---|
| 地对空5% | 地对空0.5% |
| 空对地37% | 空对地30% |
| 地对地58% | 地对地69.5% |

美国主要参加的战争的误伤比例

| | | | |
|---|---|---|---|
| ——新乔治亚群岛登陆战役 | 14% | ——巴拿马战争 | 12% |
| ——布干维尔岛战役 | 12% | ——沙漠风暴行动 | 24% |
| ——第二次世界大战 | 15% | ——国家训练中心轮调 | 15% |
| ——格林纳达战争 | 13% | | |

图10.1 按任务区域整理的20世纪误伤事故(Hawkins,1994)

上述误伤人数比例增加的主要原因是:一方面现代武器的杀伤力、射程和精确度不断提高,另一方面缺乏与之相匹配的监视和态势感知能力,因而不能提供足够的目标信息。这意味着,在"沙漠风暴"行动中,对于美军作战单位而言,战场中最危险的实体就是其他美军作战单位。除了态势感知和目标识别不足之外,还存在其他影响因素,包括作战条令不完善、"交战/不交战"决策方面的战术、技术和规程及训练不足等,上述因素结合起来,为无法遵守交战规则和标准作战规程创造了条件。

上述因素在美国陆军、美国海军陆战队和美国空军中得到了普遍认可,但各军种的举措仅集中在技术和训练方面。在地面作战领域,美国陆军和海军陆战队重点关注如何改善态势感知和目标识别技术,以及直接和间接火力控制/火力支援规划训练。在空对空作战领域,美国空军、海军和海军陆战队将工作重点方向集中在敌我识别技术方面。所有军种都关注地对空敌我识别技术。在"交战/不交战"决策方面未实施条令或训练变革,而且在独立军兵种或跨军种的联合部队中,交战规则的训练或指示也极其有限。

21世纪初,"911"事件之后,美军投入了全球反恐战争。两个主要战区是伊拉克("伊拉克自由"行动)和阿富汗("持久自由"行动)。对于驻扎在这两个国家的美军部队而言,战斗识别仍然是一大挑战。鉴于这些新挑战,战斗识别定义的出现有利于解决这个复杂的问题。

根据在整个美国武装部队联合机构中采纳的定义,"战斗识别"(CID)是指在联合作战环境下,获取受探测目标(友军、敌军、中立方和未知方)准确特征的过程,以支持高置信度、及时的军事决策和武器资源调用(US Joint Staff,2005)。在发现潜在目标、识别潜在目标、确认敌军身份并立刻与之交战的过程中,通过熟练使用态势感知和目标识别能力,再加上一系列系统、训练,遵守相关条令及战术、技术和规程,以及核准交战规则等方式,可实现战斗识别。这些能力直接支持作战人员在作战环境下对探测目标作出"交战/不交战"决策,从而提高作战效能并减少误伤。与战斗识别相关的作战效能指的是,己方作战单位在为己方作战单位能够采用最有效、最高效的战斗手段和火力打击敌军或目标,以毁灭、消灭或破坏对手,同时使己方和中立方部队(包括实体、设施和设备等)的伤亡或附带损伤风险最小。作战效能的固有组成主要包括防止误伤和附带损伤(图10.2)。

美国战斗识别专家承认,目前并不存在某种百试百灵的绝招能够解决所有的战斗识别问题。指挥官和士兵必须利用一系列系统和能力,并结合训练、条令、战术、技术和规程以及交战规则,一起解决战斗识别问题。

另外,由于存在"人为因素",误伤问题不可能彻底根除。士兵通常要在几秒内做出"交战/不交战"的决策,而此时他们正顶着巨大压力,面临一片混乱的作战局面——这无疑是所有人类行动中最复杂的一项,所以有的时候出现失误也不足为奇。因此,战斗识别的宗旨是提供一种总体能力,重点是满足所有任务区中指挥官与作战人员的态势感知和目标识别需求。

# 第10章
## 美军战斗识别——提高作战效能和减少误伤的综合途径

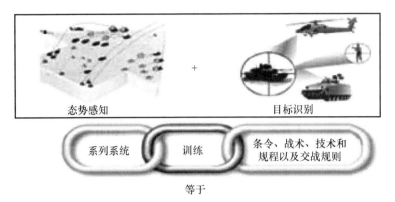

图 10.2　战斗识别的定义(美国陆军训练与条令司令部,2008)

美国实施的战斗识别综合方法中,主要涉及四个任务区域,即空对地、地对地、地对空和空对空作战任务。地对空和空对空任务区属于独立环境。而空对地和地对地任务区则拥有多个相关的领域。空对地任务涉及固定翼飞机与地面平台/士兵,旋翼机(即直升机)与地面平台/士兵,以及无人机系统(UAS)与地面平台/士兵[2]。地对地任务区有6个领域:平台对平台、平台对士兵、士兵对士兵、士兵对平台、间接火力对平台/士兵,以及和障碍物对平台/士兵。

作为战斗识别的一个组成部分,"态势感知"的正式定义是在士兵职责范围内对"动态、作战和战术态势以及战场中发生事件的总体了解"(US Joint Staff,2005)。"目标识别"指的是"将战场上被探测目标准确、及时地定性为友军、中立方或敌军。这一过程的失败将导致目标被定性为未知。在任何情况下,均不得与未知目标交战,而应继续实施目标识别过程,直到确定识别为止"(US Army,2008)。目标识别系统分为两类:协同式识别系统和非协同式识别系统。

协同式识别系统通常会向目标发送询问,而且预计会得到"友方"或"未知"的应答,这类系统只提供友军识别,而且仅提示士兵不得交战。因此,现有的协同式识别系统结合当前已知技术是无法提供全面的"敌我识别"能力的。这就是说,这类系统只能解决部分误伤问题,但也并非毫无用武之地。

在设计合理且作为系列系统组合使用的情况下,协同式识别系统可以加快目标识别过程,从而提高作战效能。协同式识别系统的实例还包括使用激光或毫米波技术来询问未知目标系统。但基于这两种技术的系统成本高昂,而且技术上还不够成熟,无法在战斗中提供的目标识别,所以预计近期内这类系统即使有部署,也是屈指可数。

非协同式识别系统不需要对方应答,因此可以同时支持友军、敌军和中立方识别。该系统包括第二代和第三代前视红外(FLIR)技术等高分辨率光学技术,大幅改善了操作人员对所视目标的精确识别能力。另外,非协同式系统还包括安装在战车两侧或顶部的热识别面板、士兵佩戴的热识别臂章和红外信号灯等。因为非协同式系统可以用于获取关于战场中任何实体(友军、敌军或中立方)的信息,所以可以帮助士兵作出交战的决策,而不是仅仅提醒士兵不得射击友军。

随着对战斗识别问题各组成部分的清楚认识,对大量战斗识别研究和评估的逐步完成,全球反恐战争及伊拉克和阿富汗战争的启动,在9年的战争过程中,美军部队的战斗识别已呈现出明显的趋势。尤其是对于美国陆军和美国海军陆战队而言,美军战斗经验涵盖战争的方方面面,包括大型作战行动、反叛乱作战行动和维稳作战行动在内。能力缺口分析表明,主要的误伤事件和误伤率正在从地对地领域向空对地领域转移。这进一步表明,对于美国陆军、美国海军陆战队、美国空军和联军伙伴而言,空对地将成为最大的战斗识别能力缺口。这与15年前美军在"沙漠风暴"行动中的经验明显不同。

美国各军种的战斗识别专家,包括美国陆军训练与条令司令部战斗识别能力主管、美国陆军训练与条令司令部部队保护指挥部、美国海军陆战队(同时也代表美国海军,因为美国海军陆战队是美国海军的一个组成部分)作战发展指挥部、美国空军空中作战指挥部战斗开发员和美国联合部队司令部 J85 等,展开了一项跨所有战斗识别任务区的广泛能力缺口分析,涵盖不同模式和误伤发生率等多个方面。误伤事故研究涉及多种类型冲突,从大型作战到维稳行动。其中,所有事件都是经过全面调查的案例,包括服役人员在行动过程中遇难和受伤,以及设备受损等事故。此外,还包括己方作战单位相互交战,但未造成损伤或损伤程度较小的事故。其中一项重要输

# 第10章
## 美军战斗识别——提高作战效能和减少误伤的综合途径

出信息就是确定发生最大伤亡人数事件的区域。为了完成分析,每起事故的所有起因都采用了涵盖条令、组织、训练、物资、领导、人员和设施(DOTMLPF)的模型分析,以确定是否存在某项特定因素或者系列影响因素而发生误伤事件。

这项能力缺口分析表明,绝大多数的事故都发生在地对地和空对地任务区。在"北方守望"行动[3]中曾发生一起空对空事故,当时2架F-15战斗机与2架UH-60直升机发生交战(欲了解关于该起事故的全面分析,参见Snook,2002);另外,在"伊拉克自由"行动中发生过两起地对空"爱国者"防空导弹交战(攻击对象是英国和美国飞机)。显然,最大的任务区缺口是空对地(主要是固定翼飞机与地面部队),占大型作战行动事故的30%,误伤总伤亡人数的58%,涉及联军伙伴的事故中总伤亡人数的99%。其次是地对地任务区,其中陆军士兵领域占误伤总伤亡人数的29%(其中,50%发生在大型作战行动中,21%发生在维稳行动中)。陆军士兵领域涉及陆军步兵或海军陆战队员的交战,具体包括士兵对士兵交战、士兵对各平台交战和平台对士兵交战。最后一个主要能力缺口是轻型平台对轻型平台,占维稳行动事故总数的40%(但仅占总伤亡人数的2%)。轻型平台包括多用途战车、轻型轮式装甲车和防地雷反伏击车等作战车辆。

DOTMLPF模型缺口分析表明,通常存在多种影响因素。调查显示,大多数事故中的常见因素:缺乏既定战斗识别条令;缺乏模拟环境中的战斗识别、射击范围、部队之间的联合演习训练,以及在交战规则下的相关训练;经常有士兵不遵守作战单位的既定交战规则和/或战术、技术和规程。违反交战规则以及战术、技术和规程的行为一般包括:在没有确定识别的情况下,向目标开火或者向不构成威胁的未知目标开火。此外,在大多数事故中,均存在缺乏态势感知或态势理解的问题。大部分友军误伤事件都涉及DOTMLPF模型中的多种影响因素或多种因素组合。

在这一分析基础上,制定了战斗识别能力缺口图,它反映出误伤问题随时间而发生的变化(图10.3)。表10.1和表10.2显示了从"沙漠风暴"行动到2007年10月期间,在地对地和空对地领域的战斗识别能力缺口。其中,"大型作战行动"表中列出了"沙漠风暴"行动和"伊拉克自由"行动Ⅰ/Ⅱ阶段的误伤事故,代表了两种不同的作战场景和时间段。

"沙漠风暴"行动包括持续 3 天的大型作战行动。当时,大规模装甲车队和机械化编队部署在空旷的沙漠中,没有配备可提供指挥与控制($C^2$)并自动报告友军态势感知的系统化作战指挥系统;部队的全球定位系统(GPS)能力有限。在此期间的作战行动涉及大量坦克对坦克、步兵对战车以及空对地交战。

另一方面"伊拉克自由"行动第一阶段包括持续 30 天的大型作战行动和 11 个月的维稳作战行动。当时,在空旷地带和城市地区混合部署了装甲、机械化和轻装乘车和步行作战部队。在此阶段,部队对"21 世纪部队旅及旅以下作战指挥系统"(FBCB2)的使用程度有限。该系统提供指挥与控制功能并自动报告战场中的友军、敌军、中立方和未知实体,提供大幅增强的态势感知功能。同时地面和空中平台以及陆军步兵都大量使用 GPS。在前线作战的所有战车和运输工具都配装了联合战斗识别标识系统(JCIMS),包括战斗识别板、热识别面板和"凤凰"发光设备。战斗识别板安装在战车的前方、两侧和后方,通过热成像和前视红外设备可以看到。热识别面板安装在战车顶部,通过机载前视红外系统从空中可以看到。"凤凰"发光设备指的是红外闪灯,可以用于地对地和空对地识别。

表 10.2 列出了"伊拉克自由"行动期间设备和/或人员遭受友军火力攻击的重要事故报告(包括误伤和侥幸脱险)。由于维稳行动的性质,大多数事故是由轻型战车武器造成的。所有事故发生都发生在"伊拉克自由"行动期间,即 2004 年 7 月至 2007 年 7 月,事故相关方涉及到美国陆军、美国海军陆战队、美国空军和联军部队(英国和加拿大部队受到美军火力误击)。

2003 年 3 月—2004 年 4 月(13 个月)"沙漠风暴"行动和"伊拉克自由"行动大型作战行动

2004 年 7 月—2007 年 10 月(39 个月)"伊拉克自由"行动维稳行动

表 10.1  2003 年 3 月—2004 年 4 月(13 个月)

"沙漠风暴"行动和"伊拉克自由"行动大型作战

| 单兵/平台 | 与 | 单兵/平台 | "沙漠风暴"行动 | "伊拉克自由"行动 |
|---|---|---|---|---|
| 地面平台 | ↔ | 地面平台 | 55% | 15% |

# 第10章
## 美军战斗识别——提高作战效能和减少误伤的综合途径

续表

| 单兵/平台 | 与 | 单兵/平台 | "沙漠风暴"行动 | "伊拉克自由"行动 |
|---|---|---|---|---|
| 地面平台 | ↔ | 地面陆军士兵/海面海军陆战队员 | 0 | 25% |
| 地面陆军士兵/海面海军陆战队员 | ↔ | 地面陆军士兵/海面海军陆战队员 | 10% | 25% |
| 地面间接火力 | → | 地面/平台陆军士兵/海军陆战队员 | 5% | 5% |
| 地面障碍 | → | 地面/平台陆军士兵/海军陆战队员 | 0 | 0 |
| 空中旋翼机 | → | 地面/平台陆军士兵/海军陆战队员 | 5% | 5% |
| 空中固定翼飞机 | → | 地面/平台陆军士兵/海军陆战队员 | 25% | 15% |

注：空对空，"北方守望"行动中发生1起事故；
地对空，"伊拉克自由"行动中发生2起事故。

表10.2　2004年7月—2007年10月（39个月）
"伊拉克自由"行动维稳行动

| 单兵/平台 | 与 | 单兵/平台 | "伊拉克自由"行动 |
|---|---|---|---|
| 维稳平台 | ↔ | 维稳平台 | 0 |
| 维稳平台 | ↔ | 陆军士兵 | 1.5% |
| 维稳平台 | ↔ | 轻型战车 | 2.6% |
| 轻型战车 | ↔ | 陆军士兵 | 6.6% |
| 轻型战车 | ↔ | 维稳平台 | 9.6% |
| 轻型战车 | ↔ | 轻型战车 | 40.8% |
| 轻型战车 | ↔ | 友军民用车辆 | 4.8% |
| 陆军士兵 | ↔ | 陆军士兵 | 3.3% |
| 陆军士兵 | ↔ | 维稳平台 | 1.5% |

续表

| 单兵/平台 | 与 | 单兵/平台 | "伊拉克自由"行动 |
|---|---|---|---|
| 陆军士兵 | ↔ | 轻型战车 | 7.0% |
| 旋翼机 | ↔ | 陆军士兵 | 1.1% |
| 固定翼飞机 | → | 维稳平台 | 0.7% |
| 其他 | → |  | 20.6% |

注：陆军士兵有关事故占21%。

资料来源：大型作战行动表摘自 CENTCOM 数据库，美国陆军和海军陆战队委员会地对地战斗识别研究；稳定作战行动表摘自多国部队伊拉克综合信息数据网络交流（Mosher，2008）。

为了确定误伤事故涉及的平台类型，将平台类别细分为维稳平台、轻型战车和友军民用车辆。维稳平台包括 M1A1/M1A2 "艾布拉姆斯"坦克、M2/M3 "布雷德利"战车、"斯特瑞克"装甲车和美国海军陆战队两栖登陆车。轻型战车包括高机动性多用途轮式车辆和配备口径为 12.7 毫米及以下武器系统的其他军用车辆（包括特种作战部队的非标准车辆）。友军民用车辆包括美国军事/安保公司人员的车辆。陆军士兵领域包括步兵和海军陆战队员；由于报告不完整或数据无法辨别的平台被归入"其他"类别。

从"沙漠风暴"行动到"伊拉克自由"行动期间发生的变化非常有趣。在"沙漠风暴"行动中，在持续时间约为 100 小时的战斗期间，有 55% 的误伤事故发生在维稳平台之间（坦克对坦克/步兵战车、步兵战车对坦克/步兵战车——均配备第一代前视红外系统）。而在"伊拉克自由"行动中，在持续时间达 30 天以上的大型作战行动中，发生在维稳平台之间的误伤事故仅占 15%（美国陆军占 9%，美国海军陆战队占 6%）；在长达 9 年的维稳行动中，未发生过误伤事故。友军误伤事故和伤亡人数占比最大的部分目前是空对地作战领域和陆军士兵领域。那么，究竟是发生了什么变化？

自"沙漠风暴"行动以来，美国陆军进行了多项装备和重要训练变革。在"伊拉克自由"行动第一阶段，"21 世纪部队旅及旅以下作战指挥系统"已经装备到了主要作战单位，使态势感知和指挥控制在平台层面有了大幅改

# 第 10 章
## 美军战斗识别——提高作战效能和减少误伤的综合途径

善。在战争史上,第一次实现了通过自动报告在战斗中平台之间达成近实时态势感知。在电子地图上,坦克指挥官既可以看到己方和周围其他友军作战单位的所在位置,也可以看到周边作战环境下的敌方、中立方和未知实体位置。FBCB2 支持文本报文和指令传输,使作战单位能够在战斗无线电联络中断时,实现快速、超视距指令发送。通过数字方式共享完全相同的图表,在很大程度上有助于规划和执行火力控制措施。此前,战车指挥官主要依赖于纸质地图,通过在醋酸纤维纸上图形叠加来绘制地图,由于存在人为绘图误差,不同纸质地图之间可能存在数千米的差别。

另外,GPS 手持设备在乘车士兵和徒步士兵部队中广泛应用。在地形特征不明显或能见度有限的情况下,即使没有 FBCB2 系统,士兵仍可定位自己所处位置,并告知附近的友军。在能见度有限、且距离较远的情况下,通过安装在坦克、步兵战车和其他战斗平台上的联合战斗识别标识板系统,可从地面和空中非常有效地识别友军战车。配备改进型光学系统和第二代前视红外系统的坦克、步兵战车、侦察车和火力支援战车的引进,显著提高了士兵对远距离车辆和人员的探测和识别能力,而且加强了联合战斗识别标识系统的有效性。

20 世纪 90 年代中后期,多军种联合部队训练中心非常重视在火力控制规划、准备和执行方面的训练。这在加利福尼亚州欧文堡国家训练中心尤为明显,训练以大规模编队机械化演习为重点,而且基本以平台为中心。同时,对旅级作战队中的各级领导进行了战术、技术和规程方面的深入培训,培训内容涵盖直接火力、间接火力、近空支援规划、准备、执行、火力控制、武器控制状态等。培训结束后,他们在部队之间实战演习环境下开展行动,并进行了大量的事后评审。一代领导人和指挥官花费多年时间在训练中心磨炼这些技能。所有上述改进措施都在很大程度上提高了作战效能,而且有助于减少误伤。

既然取得了这些明显的进步,为什么战斗识别缺口依然存在?在地对地和空对地领域,DOTMLPF 模型中存在很多缺陷。在 2004 年的《美国陆军和海军陆战队委员会地对地战斗识别研究》(US Army,2004)[4]和 2005 年的《美国联合部队司令部空对地研究》(US Joint Forces Command,2005)中,发现了相似的缺口:从未出台过关于战斗识别的新版军种条令或联合条令;从未组建过任何机构重点针对战斗识别问题；从未针对跨不同军种的热成像战车或人员作战识别，制定过任何高保真度训练项目或模型。从装备的角度来说，研究认为，为了增强态势感知，地面部队需要扩展 FBCB2 系统的使用密度并加快其部署。为了提高战斗识别态势感知能力和平台作战指挥能力，各军种需要扩展 FBCB2 系统使用密度或增多系统总数，以提供在作战区域内的数字态势感知，增强定位准确性，并提高互操作性。应加快第二代前视红外战车（主要是坦克和步兵战车）的部署，并扩展至整个美国陆军和美国海军陆战队，而不仅仅是现役[5]部队。联合战斗识别标识系统需转入备案项目[6]，并部署至所有旅，而不仅仅是战斗旅。徒步士兵部队需加快部署增强型夜视镜，并加速装备单兵和班组武器配备的轻型、中型和重型热成像设备。各军种固定翼攻击机应设法部署同一种类型的前视红外系统，而不是配装拥有不同能力的多种系统。有必要对训练模拟进行升级，比如演习和射击练习装置等。最后，各军种的射程和射击项目基本以射击技术为导向。所有目标都是敌对目标。需要对射程进行升级，纳入高保真度和真实的敌、友、中立方和未知目标，使士兵有机会在进入战场之前，通过实战演习来实践战斗识别和交战规则。

矛盾的是，GPS 和激光精确制导武器的激增是导致大型固定翼飞机空对地误伤事件数量及伤亡人数增加的主要因素。新型精确打击弹药提高了打击敌军目标时的作战效能，但意外击中友军也将造成可怕的后果。如果飞行员误认目标并发射弹药，弹药击中瞄准点的概率很高，而瞄准点通常聚集着大量战车或人员，因此会造成大量人员伤亡。联军伙伴有时会成为受害者，面临相同程度的人员伤亡。与地面事故相似，造成空对地误伤事故的原因有很多。其中有一个相同的原因是缺乏态势感知。飞行员需要在空中实现地面态势感知。这些研究和经验影响到美国武装部队看待战斗识别问题和探求潜在解决方案的态度。

由于空对地和地对地识别缺口对地面部队造成了巨大影响，根据空对地、地对地、地对空和空对空研究结果，美国陆军于 2007 年制定了一项综合战斗识别方案。美国联合部队司令部也在 2007 年底发起了一项综合性的联合战略制定行动。截至 2008 年初，美国海军陆战队采用的是一种纯装备方法。美国空军和美国海军未公布策略立场。鉴于最大的缺口是在空对地和

# 第10章
## 美军战斗识别——提高作战效能和减少误伤的综合途径

地对地领域,下节将论述美国空军的综合识别方案,该方案目前是美国部队唯一核准的战斗识别策略。

## 10.4 美国陆军综合战斗识别方案——避免安提塔姆悲剧重演

在深入分析现有作战环境下友军火力误伤的成因后,美国陆军认为,有必要在广泛战线上同步采取行动。美国陆军要求现役模块化部队应具备战斗识别能力,这是一项综合、全面的DOTMLPF措施,使射击手在交战时刻能够及时评估并作出明智的"交战/不交战"决策。这些决策应以射击手增强的态势感知能力、对各种目标(敌、友、中立方或未知实体)的识别能力,以及跨所有任务区和各领域适当调用武器(杀伤性/非杀伤性)的能力为基础。

美国陆军战斗识别专家编制了一份初始能力文件(ICD)(US Joint Staff,2008)和一份DOTMLPF变更建议(DCR)(US Army Requirements Oversight Council,2007),其中列出了所需的所有能力以及跨DOTMLPF任务区应采取的即时行动。上述两套文件文件涵盖了所有任务区(地对地、空对地、地对空和空对空)和相关领域。

在所有任务区中,需要实施的DOTMLPF变更有几处相似的地方。变更是根据《美国陆军和海军陆战队委员会地对地研究》和《美国联合部队司令部空对地战斗识别研究》(US Army,2004;US Joint Forces Command,2005)[7]所作的缺口分析来确定的。目前尚没有反映当代作战环境(COE)的顶层联合条令或各军种条令,很多美国陆军和美国海军陆战队的条令仍以冷战时期的标准为基础。"伊拉克自由"行动和"持久自由"行动反映的21世纪威胁与冷战时期截然不同。美国陆军已将战斗识别纳入33种条令手册,包括部队防护、战术和重型旅级作战队射击等方面的野战手册,这些手册都考虑了当代作战环境。条令制定了作战车辆识别标准、平台和士兵标记识别标准,以及目标识别和交战规则实施标准。个人和团队的战斗识别任务分别对映到士兵和领导人的具体任务清单中。

在组织机构方面,尚未建立任何监督结构,对跨DOTMLPF模型所有四个战斗识别任务区域实现战斗识别作战需求和管理的同步。因此,美国陆军指示训练与条令司令部为战斗识别支持者提供特许证并划拨资金,建立跨所有任务区的监督机构,并促进联合部队和联军部队的协调工作。根据这项要求2005年7月,在肯塔基州诺克斯堡的装甲兵中心设立了训练与条令司令部能力主管机构,负责平台作战指挥和战斗识别。装甲兵中心指挥官被任命为美国陆军训练与条令司令部战斗识别保障员。

一旦条令得到更新,机构训练和领导培训也必须做出相应变革,这是因为条令推动着训练。关于作战车辆的识别基础知识和技能训练已经过时,而且在各军种之间未实现标准化。由于没有标准的车辆识别训练系统,所以美国陆军建立了一种基于热成像和日间瞄准的计算机训练系统,称为作战车辆识别训练(ROC-V)系统,将其作为美国陆军标准,并推荐作为联合平台识别标准。另外,陆军还建立了其他一些训练项目作为ROC-V系统的补充,如利用热成像和前视红外技术来识别人体炸弹和简易爆炸装置,这反映出了新作战环境的变化。ROV-C系统的应用范围不断扩大,纳入了联军车辆和非标准车辆,如配备乘员武器的民用卡车等,类似于"伊拉克自由"行动和"持久自由"行动期间叛乱分子使用的车辆。

美国陆军训练与条令司令部相关院校更新了333个教学项目,纳入战斗识别和交战规程等多项任务任务,涉及机动、射击和其他相应训练和领导力培训等诸多方面。当时,大多数以武器为导向的训练(单兵武器、乘员武器和战斗平台)都集中在射击技术上,而且在靶场或模拟场景中,所有目标都被视为敌军。射击技术训练的目的是在目标出现后尽快消灭目标。这种训练战略在冷战环境下是非常有效的,事实上,时至今日射击技术仍然是需要加以训练的一项必要技能。但是,鉴于当代作战环境和战场的非对称性质,应该认识到,技能需要在"交战/不交战"决策过程的背景中进行训练和评估。部队做出了相关投资,在相关训练中纳入友军、敌军、中立方和未知目标的识别,包括个人和团队的射击技术训练、乘员靶场和模拟场景训练等,有意识地对士兵进行"交战/不交战"决策的实践训练。

在装备方面,美国陆军下令采取多项措施来增强态势感知和目标识别,并因此实施了一连串的活动。对态势感知的研究结果表明,美国陆军内部蓝军态势感知(BFSA)系统的部署数量不足,包括现役陆军和海军陆战队部队。蓝军态势感知系统数据的及时性和准确性不够,而且各军种之间和联军伙伴之间在平台层面,的蓝军态势感知互操作能力有限。美国联合参谋

## 第10章
### 美军战斗识别——提高作战效能和减少误伤的综合途径

部指出,美国海军陆战队应与美国陆军在 FBCB2 旅及旅以下平台作战指挥能力方面融合。美国陆军和美国海军陆战队共同制定了平台级联合作战指挥(JBC-P)系统要求,以解决平台作战指挥(指挥控制和态势感知)和战斗识别态势感知方面的缺陷,包括系统部署度、准确度和互操作能力等。对于联合作战指挥平台,发布的基本项包括针对整个美国陆军和美国海军陆战队的全面、部分、步兵和信标系统要求,系统部署数量从 2008 年的 30000 套增加到了 2010 年的逾 120000 套。这些变化都涉及旋翼机、无人机以及地面部队。

目标识别研究结果表明,美国陆军和美国海军陆战队除配备前视红外系统和海军陆战队目标识别系统(MCTIS)之外,没有其他在案项目。在非协同目标识别领域,有 75% 的陆军战斗平台配备的是第一代前视红外或能力更低的光学系统。美国陆军斥资为现役和预备役部队的所有 M1A1 和 M1A2 坦克配备第二代前视红外技术装备,配装数量从最初的 841 套增至 2012 年的 2029 套。全面装备第二代前视红外技术也将提高联合战斗识别标识系统的有效性。

联合战斗识别标识系统项目于 2008 年 3 月成为备案项目,且发布的基本项进行了扩展,在整个美国陆军中作为平台和步兵应用的联合标记识别标准。联合战斗识别标识系统项目扩展主要是增加了在训练方面的投入(如 ROC-V 教练车产品改进,以满足机构和作战单位的训练需求),包括对射击技术和机动训练辅助工具、设备、模拟情景和模拟器的标准化,以便作为联合训练标准。2008 年 1 月,美国陆军和美国海军陆战队开始着手联合协同式目标识别需求方面工作,主要针对地对地和空对地任务区的所有领域。

同时,在战斗识别的人员训练支持方面也需要改善。作战单位缺乏战斗识别态势感知、目标识别、条令、训练、战术、技术和规程以及交战规则方面的领域专家。训练主管应在实弹射击训练中制定、监控和实施平台识别的基础知识、技能训练及其保持、态势感知系统训练和目标识别训练,而该领域专家对于完成这一任务而言至关重要。因此,建议在现有主炮手及其同等职位上,部队专业人员增加战斗识别训练职责。同样地,建议将战斗识别/武器主炮手增加到战斗支援和战斗服务支援单位,以确保训练和评估是根据作战单位任务清单，并在"伊拉克自由"行动和"持久自由"行动累积的经验教训基础上完成的。从某种程度上说，上述目标已在兵种合成营中实现了，其中坦克和步兵战车中已经建立了相应的主炮手职责。但是，对于战斗支援和战斗服务支援作战单位而言，美国陆军尚未设立领域专家/战斗识别主炮手，这种做法并不可取，因为很多误伤和友军火力事故都是这类作战单位（包括轻型平台和徒步士兵层面）在车队行动期间发生的。

DOTMLPF 模型的最后一个组成部分是基础设施。在训练领域，比如在单兵/乘员组靶场实弹射击训练、城区和模拟设施的军事行动中，都缺乏友军/盟军/联军和中立方高分辨率目标和标准的标记识别，以支持当代作战环境下的目标识别和"交战/不交战"训练。为了弥补基础设施中的战斗识别缺口，美国陆军斥资为开发中的下一代靶场目标增加了高分辨率的友军/盟军/联军和中立方目标。同时，对机动和射击术模拟训练系统也进行了升级，在所有类型的目标中加入了高分辨率模型，包括供作战人员和平台使用的联合战斗识别标识系统。

在初始能力文件和 DOTMLPF 变更建议中，针对性地增强地对地任务区的特定战斗识别能力，作为总体战略的一部分，纳入了提高态势感知的准确性、及时性和互操作性，互操作能力涉及地面平台各系统之间和士兵层面。初始能力文件中还建议进一步改进前视红外视距传感器，包括使用第三代前向红外技术的远程目标定位/目标指示系统，同时利用改良的热制靶法和数字激励来改善探测距离。

在空对地领域，需改善座舱系统之间态势感知的准确性、及时性和互操作性，以增强空对地战斗识别。各军种需致力于确保飞机能够查验目标区域是否存在友军的技术研究。如基于地面无线电 GPS 芯片的无线电战斗识别(RBCI)和无线电态势感知(RBSA)。潜在攻击者将选定的目标区域输入系统，系统会自动检测该目标区域内是否存在友军无线电（从而确定是否有友军士兵存在）。这种技术有可能解决空对地缺口以及所有地对地领域问题，包括平台和陆军士兵领域[8]。初始能力文件还建议，利用第三代前视红外技术，继续改进前视红外目视传感器（远程目标定位/指示系统），并提供一种飞行战术和武器使用学校/课程来培训教练员，同时重点关注特遣部队战斗环境下的联合战斗识别任务整合。

# 第10章
## 美军战斗识别——提高作战效能和减少误伤的综合途径

此外,初始能力文件还指出,地对地和空对地能力都需要及时接收信息,以便在射手平台武器系统使用范围内识别友军实体,并为交战决策提供相关信息。报告还指出,态势感知能力应在扩展部署到战场上的所有友方部队,以便为所有友方平台持续提供最新安全位置信息,并在联合作战环境下快速分发友军、敌军、中立方、未知目标和地理空间实体的态势感知信息。

在做出交战决策之前,射手/目标捕获人需要对潜在目标身份进行目视确认。因此,在所有战场条件下,对扩展范围内的友军、敌军、中立方或未知实体进行及时、准确的识别,以做出是否开火的决策。建立飞行战术与武器应用学校也是必不可少的,而且应纳入最新的靶场技术,利用数字模拟和刺激等改进制靶法。

在"伊拉克自由"行动期间,发生了两起"爱国者"地对空导弹交战误伤事件,涉及英国和美国部队,对联军关系造成了重要影响。美国陆军承认,有必要发展改进地对空战斗识别能力。地对空建议方案包括,对友方空域用户、敌方和中立方目标进行可靠、及时的确定识别,并将该识别信息提供给所有综合防空反导系统的射手和指控节点。其中包括能够处理未知空中目标的识别问题,或者调用广域战斗识别多传感器来解决模糊性问题,并做出确定识别决策。

有必要改进空情图,包括完整性、准确性、共同性、清晰性、可用性和及时性,以支持部队保护、部队告警、消除空域冲突和空中作战能力等目标。现行空情图质量易造成混淆和不确定性,从而导致决策不及时,以至于战术行动延迟或实施不当。解决这个问题的最好办法,是将传感器连入电子网络,并将多个来源的信息融入单一合成空情图(SIAP)或通用作战图。这些措施有助于支持实时决策、战术交战,以及跨多传感器和多射手的传感器到射手的协同。

初始能力文件和DOTMLPF变更建议还涵盖空对空的最后一个任务区,即为联合部队机构提供陆军所需的特定能力信息。美国陆军的主要关注点在于无人机和直升机。报告指出,必须为所有空域管理员提供友方、敌方和中立方目标(包括有人机和无人机)的准确、及时、有效识别。结合地对空能力,空对空能力应有助于形成单一合成空情图,以支持所有空域管理、冲突避免、飞行服务和其他空中作战需求。

空域指控和冲突避免要求空域管理员拥有准确、完整的空情态势感知和理解。同样,有人机需要当地态势感知,以保证飞行安全和自保护;另外还有一个作用,即避免遭到敌方无人机和直升机的攻击。

友方空中目标不应导致空域识别问题复杂化,或是将自身置于误伤风险中,或者对其他空域作战行动(如友军炮兵部队、防空和反导部队保护等)造成不必要的限制。因此,所有陆军有人平台和无人平台均必须利用一种类似于标准敌我识别系统的能力进行"自标识"。"自标识"意味着有人平台(对于无人机)或者无人平台操作人员必须能够将身份信息准确、及时地输入通用空情图中。

客观来说,SIAP 包含空中目标航迹及其所有相关轨迹数据,以确保所有使用者都能理解空情图。其中应包括自报告信息(如对敌我识别系统的自动响应等)和雷达采集的信息。陆军直升机指挥官应能够确保及时向 SIAP 用户提供所有相关数据,以防止误伤和友军火力事故。

根据对所有任务区、各领域和 DOTMLPF 模型中存在的缺口及需求能力分析,截至 2009 年 9 月,美国陆军的战斗识别战略是,实施初始能力文件和 DOTMLPF 变更建议中优先列出的综合途径和建议方案。分析指出,这些措施将通过首先填补战斗识别中最大的能力缺口(空对地领域和单兵领域)来提高作战效能,并减少误伤。美国陆军将在系列系统、条令、训练、战术、技术和规程以及交战规则训练的支持下,通过增强态势感知、提升非协同目标识别能力来完成该项任务。应开发与美国海军陆战队兼容的指控系统,这将增强美国陆军和美国海军陆战队战斗识别态势感知能力。还应在战斗识别训练的支持下,继续发展联合战斗识别标识系统的非协同目标识别解决方案、第二代前视红外、战车识别训练系统等。未来,随着技术进一步成熟,该战略将解决协同式目标识别方案的其他不足。

为填补战斗识别能力缺口,美国陆军副参谋长批准了以下几项重点任务(按优先级排序):

(1)条令、战术、技术和规程训练;

(2)态势感知;

(3)非协同目标识别;

(4)解决协同式目标识别的其他能力缺口。

# 第10章
## 美军战斗识别——提高作战效能和减少误伤的综合途径

显然,空对地任务区必须列入最高优先级,其原因如前所述:空对地(主要是固定翼飞机)占大型作战行动事故的30%,误伤总伤亡人数的58%,涉及联军伙伴的事故中总伤亡人数的99%。

## 10.5 结　　论

根据从历史上和近期各类作战行动中获得的经验教训,包括大型作战行动、维稳行动、反叛乱行动和全球反恐非对称作战,尤其是从"伊拉克自由"行动和"持久自由"行动,美军确定了在战斗识别领域的发展方向。那么,美军到底是将继续重演安提塔姆事件,在混战中造成大规模误伤呢,还是在向大幅减少误伤风险的方向前进呢?

美军尤其是美国陆军已经意识到,技术方案并非唯一的答案,也不是最有效的方案。无论技术有多先进,如果士兵不具备态势感知,不遵守既定交战规则,不使用条令概念以及战术、技术和规程来制定直接和间接火力控制措施,士兵没有在友军、敌军和中立方识别方面或在开火时刻做出"开火/不开火"决策方面接受充分的训练,那么误伤事故的概率就会增加。美国的经验表明,造成误伤事故的原因通常是多方面的,需要采用全面的、综合性的方法提高作战效能并减少误伤。

另外,对于美军而言,最严重的战斗识别缺口显然是空对地任务区,主要是固定翼飞机平台对士兵和地面平台。这个问题引起了广泛关注,不仅因为空中力量拥有巨大的威力,还因为它具有较大的灵活性,会与联军成员国以及美军产生交互作用。涉及联军的空对地事故是非常敏感的政治问题。毋庸置疑,美军为了解决各任务区的误伤问题采取了大量措施,而且美国陆军的前进方向显然是要避免安提塔姆悲剧重演。但问题是,未来其他军种是否会像陆军一样采用全面的战斗识别战略,还是会选择以单一技术和装备为重点的百试百灵的方案。其他军种会选择哪条路?

战争是一种联合活动,任何军种都不能单独作战。如果其他军种坚决选择重蹈安提塔姆覆辙,那么美国陆军将不可避免地会置身于误伤的枪声之中。重蹈安提塔姆之路就在眼前,现在走到了分岔口。美军各军种应思考做出怎样的选择。

## 注 释

[1] 本章论述了美军部队处理误伤问题的方法,在本章中,美国用法中的"CID"在正文和图表中表示"战斗识别"。

[2] 在其他地方,这些系统也被称为无人机(UAV)。

[3] 1997—2003年,美国欧洲司令部特遣部队在伊拉克北部执行禁飞区行动。

[4] 这项研究认为,"'伊拉克自由'行动和'持久自由'行动清楚地表明,未来作战行动都将具有联合和联军的性质……。""美国陆军和美国海军陆战队是美国的主要地面战斗部队,因此必须具备有兼容性和互操作性的战斗识别能力……""态势感知加上目标识别等于作战效能提高,而其副产品就是减少误伤。"美国陆军和海军陆战队委员会(AMCB)针对地对地战斗识别研究投入了2.43亿美元资金,主要用于发展美国陆军战斗识别 DOTMLPF 方案。

[5] 美国陆军或美国海军陆战队现役部队,与美国陆军和美国海军陆战队预备役部队和美国陆军国民警卫队相对应。

[6] 在案项目是指符合联合部队/五角大楼/国防部公认有效要求,而且拥有五角大楼核准拨款额度的项目。21世纪部队旅及旅以下作战指挥(FB-CB2)系统和平台式联合作战指挥(JBC–P)系统属于在案项目。

[7] 美国联合部队司令部空对地战斗识别研究指出:

·使用先进吊舱的机组人员可看到地面上的清晰目标,但他们未经过识别目标的训练,或不具备相关经验。

·在地面战斗识别信息提供(通过指挥与控制,情报、监视和侦察,联合战术空中管制和蓝军跟踪系统等方式提供)方面存在较大的缺口,即按可显示/可使用的格式,将态势感知信息从拟定目标区域附近传输到攻击空中平台。

·有一个很重要的相关解决方案,即持续进行联合战斗识别标记系统的测试和开发,利用新型目视识别技术,确定现行无源地面战斗识别标记系统是否有效。

## 第10章
### 美军战斗识别——提高作战效能和减少误伤的综合途径

- 近一半的提议方案都与先进目标指示吊舱的训练和部署有关,这属于非协同目标识别类,最终由机组人员利用目视识别技术来作出确定识别决策。
- 各军种在开发现行、暂行和长期能力的过程中需解决主要问题,以确保实施地面攻击的空中平台可接收并使用相关友军地面态势感知信息,作为协助战斗识别、缩短杀伤链的一种手段。

[8] 士兵领域的交战活动涉及陆军步兵或海军陆战队员,具体包括士兵对士兵交战、士兵对各平台交战,以及平台对士兵交战。

第 11 章

# 士兵的两难选择
## ——从英国人的视角来看战斗识别

安德鲁·吉莱斯皮

## 11.1 引　言

安德鲁·吉莱斯皮作为士兵参加过军事行动(Gillespie,2001),并在其职业生涯中(包括在服役期间和退役之后)研究了英国人对于战场误伤的看法。这些都是对于一个复杂的、悲剧性军事问题的看法,同时也涉及当前为缓解这一问题所做的努力。

为了保护自身性命或有义务保护的其他人性命而选择开枪,并面临承担友军误伤后果的风险,这是参加战斗的每个人面临的一个困境。事实上,军事人员有时不得不冒险承担认友为敌、误击无辜人士的后果;否则,停止射击就会冒着死亡的风险。"蓝蓝误袭"①和"友军误伤"等术语试图缓和误伤事故对部队、家庭和联军的影响,因为这类事件造成的影响远远超过直接造成死亡或重伤的悲剧。从马尔维纳斯群岛战争、海湾战争到阿富汗作战行动,英军的伤亡总人数在逐渐下降,但其中可归咎于误伤的伤亡人数比例仍然保持在令人难以接受的高水平。"友军误伤"或"非敌方火力误伤"一词

---

① "蓝蓝误袭",即"Blue on Blue",指友军之间的误击。——译者注

# 第 11 章
## 士兵的两难选择——从英国人的视角来看战斗识别

起源于美国军方(Regan,1995),指的是由友军而不是敌军发射的火力造成的己方伤亡。英国人常常认为这个词是一种矛盾的表达方式,因而实际上并不喜欢"友军误伤"这样的表达,而是更倾向于使用不那么带感情色彩的"蓝蓝误袭"(源于北约参谋部习惯将友军描述为"蓝军",将敌军描述为"红军")。

作战本来就是一个混乱的过程,所以克劳塞维茨会提出"战争迷雾"的概念,其中每一项行动都可能受到不确定性、敌军位置和不可预知后果的影响,从而出现"阻力因素"(Von Clausewitz,1993)。战斗识别措施旨在拨开迷雾,减少阻力因素。重要决策,如是否与目标交战等,应始终以准确的信息和合理的态势感知为基础。英国军方对"战斗识别"(Combat ID)的定义是"将态势感知、目标识别、特定战术、训练和规程相结合,以提高武器系统作战效能并减少友军误伤事件的过程"(MoD,2006b)。此外,英国国防部在有关战斗识别的联合条令暂行本中(MoD,2004d)指出,战斗识别的目标是"通过在联合作战区域提供迅速、安全、可靠的平台、设备和人员识别,实现作战效能的最大化"。但这一目标已从后续审批版本中删除,说明未能获得各方的支持(MoD,2008a)。

## 11.2 英国的经验

英国人对于误伤的传统观点是战争充满危险,误伤是战斗不可避免的后果。直到最近,误伤估值占伤亡总人数的2%这一说法才获得广泛认可。而现在人们认为该数据严重低估了实际的误伤伤亡水平,实际数据要高5倍左右(Goodman et al.,1994)。但是,众所周知,历史军事统计数据一向都不可靠,这是因为历史记录常常保存不善,并且英国社会在文化上不愿承认错误,尤其是在涉及友军误伤人数方面。事实上,直到20世纪80年代中期之后,才出现了报告具体误伤事故的要求。

对于大多数英国人来说,无论是军人还是平民,英国参与现代战争始于1982年的马尔维纳斯群岛战争。这场战争的一方面受到政治野心和铤而走险的驱使,另一方面受到缺乏能力和误判的影响。这是一场领土之争,而不是意识形态之争。这是一场在核威慑时期进行的常规战争,但在很大程度上脱离了冷战时期的作战方式。这是一场名副其实的联合作战,它发生在军事大国之间,使用了大型现代武器系统。这也是英国第一次获得广泛媒体关注的战争。对于国内大部分对军事几乎一无所知的人而言,现代武器系统的威力和实效着实令人震撼。英国皇家海军舰艇"考文垂"号和"谢菲尔德"号被击中起火熊熊燃烧,士兵们从被击中的英国皇家海军辅助舰"加拉哈德爵士"号上挣扎着上岸。情形如此出人意外,大多数英国公众对此毫无心理准备。在如此惊人事件的背景下,4%的误伤率未能引起广泛关注,这也就不足为奇了。战争中的误伤事件主要包括:

(1)英国皇家海军舰艇"加的夫"号发射 1 枚"海标枪"导弹,击落英国陆军航空兵第 656 中队的"小羚羊"直升机,导致飞行员、观察员和 2 名乘员死亡(MoD,1986)。

(2)伞兵团第 3 营 A 连和 C 连之间使用重机枪和火炮进行了持续 1 小时的战斗。该误伤事件至少导致 8 人伤亡。

对这些事件的后期调查是在"精神分裂"的气氛中展开的,军种之间的冲突破坏了战役的成功和辉煌的胜利,随后暴露了英国皇家海军与英国陆军之间长期处于关系紧张状态的事实。其中两起事故与英国皇家海军和英国陆军之间的冲突有关,这使双方的关系再次陷入僵局。海军准将迈克尔·克拉普(Michael Clapp)曾目睹了第 3 突击旅近乎完美的登陆过程,他尤为不满:"我无法理解的是,……英国陆军突击旅对于联合作战竟然一无所知……而且居然几乎没有可追踪该旅的通信系统。"(Clapp et al.,1996)调查发现,事故背后存在多个原因,包括纪律涣散、缺乏沟通、两栖训练不足和不遵守联合作战条令。在第一起事故中,也就是 1982 年 6 月 5 日晚英国皇家海军舰艇"加的夫"号击落直升机事件,确定了 4 个主要因素:

(1)由于没有与英国皇家海军合作的惯例,因此英国陆军第 5 旅未设置海军联络官;

(2)第 5 旅没有向陆军少将杰里米·摩尔(Jeremy Moore)所在司令部发送飞行信号,因此英国皇家海军未获悉相关飞行任务;

(3)海军少将桑迪·伍德沃德(Sandy Woodward)没有通知摩尔或克拉普,英国皇家海军舰艇"加的夫"号准备"伏击"在夜间往返本土与马岛的阿根廷 C-130 运输机;

# 第 11 章
## 士兵的两难选择——从英国人的视角来看战斗识别

(4)"小羚羊"武装直升机关闭了敌我识别系统,因为该设备与其他机载电子设备互相干扰。"加的夫"号通过雷达发现了"小羚羊"直升机,根据速度和航向,将其判定为 C-130 运输机。舰长没有想到该区域会有友军飞机,于是下令"海标枪"导弹操作人员将其击落。

马尔维纳斯群岛战争似乎是一场在地点和时机方面都不合时宜的战争,军方主流观点认为,这是一场一次性的战争,不能代表英国应该或需要准备应对的战争。因此,很多被认定的误伤因素似乎都归因于这场战争的特殊性,而且这只强化了一种观点,即从本次战争中汲取的任何经验教训都不会对未来有任何影响,充其量也就是调整现有的规程。鉴于这种态度,战斗识别或误伤的问题并未受到关注,"蓝蓝误袭"一词没有立刻被媒体使用也就不足为奇了。

对于英国军方而言,在马岛战争结束后的短时期内,要重新回到以对抗苏联为重心的状态,同时还要平息北爱尔兰的持续暴动。英国军方认为,再次执行类似于马尔维纳斯群岛那样的作战行动,其可能性非常低。事实上,远征作战在很大程度上仅限于英国皇家海军陆战队,而且即使英国参加远征作战,其重心也是巩固北约的侧翼。但是,随着冷战的结束,1985 年米哈伊尔·戈尔巴乔夫(Mikhail Gorbachev)掌权,开始实施"公开性"政策和改革重建。1990 年,苏联处于解体边缘,英国政治家开始瓜分预期冷战结束后因削减军备等可得的"和平红利",同时英国军方的态度也从可能冲突转向了冲突可能性极低。军方削减了军事储备,同时取消或搁置了装备计划。这样一来,在 1990 年 8 月 2 日伊拉克入侵科威特时,英国军方就显得猝不及防。

由此引发的第一次海湾战争("格兰比"行动)对英国军事机构成了挑战,因为一切都与英国军方已做好的计划和装备截然相反。这次是远征作战,而不是他们预期的欧洲西北地区"本土"作战;他们将展开进攻而不是防御,而且他们将不得不延伸补给线,而不是依靠紧前部署的库存物资。讽刺的是,英军部队不得不采用与苏联突击第 3 集团军类似的战术,而突击第 3 集团军正是英军部队此前一直计划和训练对抗的部队。军事规划人员回顾了近期的军事历程,希望获得指导和帮助。不出意外,误伤似乎并不是问题。吉莱斯皮当时在第 7 装甲旅提供战前部署训练支持,然后与第 4 装甲旅一起进入战区。在德国和沙特阿拉伯训练期间,他从未听说过"误伤"一词,而且这个词也没有出现在任何作战指示或标准作战规程中。当时报告路线、密码等常见控制措施已经到位,但并未强调其对防止误伤的作用。联军牵头的美军部队在所有战车上都加上了黑色"V"形标记,但英国士兵以为这只是一种类似于诺曼底登陆时的白星标记①,而不知道这实际上是必要的识别标志。同样地,英国士兵以为,安装在装甲车顶部的橙色荧光标记板是为了让直升机飞行员能够在尘烟中看到战车,而从来没有想到这些面板可以防止飞行员对战车进行攻击。

当时英国第1装甲师的任务是"消灭敌军战术预备队,以保护V11(美国)部队的右翼"。

在第7装甲旅的带领下,英国先头部队最初顺利推进,而且提前完成了预定任务。1991年2月26日清晨,第4装甲旅在代号为"BRASS"的地区攻击了伊拉克军队1个装甲旅,同时英军皇家燧发枪手团第3战斗群(3RRF)接到了新增后续任务——扫清附近代号为"钢铁"的阵地。两次攻击都未发生事故,刚过午后,第4装甲旅就开始前往"钢铁"阵地,与英国皇家燧发枪兵团第3战斗群集结。当天非常炎热,天气晴朗,万里无云。第4装甲旅击败了强大的敌军,而且未发生任何人员伤亡。当时大家都感觉心情愉悦。就在此时,美国A-10攻击机向英国皇家燧发枪兵团第3战斗群的2辆"维京"装甲战车发起攻击,导致9人死亡,12人重伤。这次攻击对第4装甲旅造成了严重打击。虽然这并不是本次战争中英军唯一导致伤亡的误伤事件,但这次事故造成的伤亡人数与整个战争期间敌军行动导致的死亡人数相等。总的来看,英国死亡人数中有73%[1]归因于误伤,这个话题引起了媒体关注。

在第一次海湾战争结束后不久,军事机构将工作重心放在战后恢复和冷战后的裁军方面。与上次马岛战争一样,英国军方还是认为海湾战争期间的冲突是一次性的,不可能再重演,这种战争类型不在英国考虑的战备范围之内。战争充满危险,误伤不可避免,这种普遍观念仍然是军方的一个基

---

① 诺曼底登陆时盟军在其作战车辆上都加了一个简单的白星,作为己方车辆的标识。——译者注

# 第 11 章
## 士兵的两难选择——从英国人的视角来看战斗识别

本假设。误伤是一个由来已久的问题,在资源不断减少、投入可能降低的情况下,试图解决无法解决的问题似乎毫无意义,尽管新成立的英国国防研究局被政府责成研究防止误伤的技术方案。

不出所料,1998 年 7 月的《战略防御评估》(MoD,1998)指出,军方应该摒弃原来的冷战重心,转而发展规模更小、响应能力更强,在很大程度上具有更强远征性质的部队。由于军方把关注重点放在重组上,尤其是从德国撤军以及作战单位解散或合并引起的骚动,因此并未意识到另一个重要方面——公众对武装部队的看法发生了最新变化。媒体对 A-10 攻击机误击的报道,以及对亲属试图了解事情真相,或要求处罚飞行员而最终一无所获的报道,触动了很多人的心弦。对英国公众来说,他们很不情愿地接受了本国部队与敌军交战,人员伤亡不可避免这一事实;但英军人员的死亡或受伤是由己方造成的,这就让人无法接受了。然而,误伤并没有得到军方的重视,而是逐渐引起了媒体及政治家的关注。2001 年,英国下议院公共财政委员会要求英国国防部说明其在发生海湾战争误伤的悲剧之后,采取了哪些减少误伤或防止误伤的措施。次年,英国国家审计署(2002)发布了一份报告,对英国国防部的工作提出了批评意见。该报告确认了误伤因素背后的固有问题,同时还指出:

近年来,有多项因素交织在一起,提高了英国对有效战斗识别解决方案的需求。公众越来越不愿意接受与误伤问题有关的战场人员伤亡。此外,在联合作战行动中,英国的三个军种之间以及美国军队与多个盟友之间的合作日益增多,导致战场指控任务变得更加复杂。最后,战场复杂性的增加进一步说明,需要致力于战斗识别方面的工作,以提高作战效能,并解决误伤风险问题。

其中,在结论部分指出:"英国国防部尚未展开广泛分析,以评估战斗识别在联合行动和联军作战行动中的挑战。"

## 11.3　截至 2003 年英国军方的反应

作为对下议院批评报告的回应,英国国防部副参谋长(VCDS)提出,应采用"双轨并行"的方法来发展战斗识别。英国将加强工作力度,一方面通过进一步研究来寻找技术方案,另一方面设法实现"速胜"——寻求能够快速引入的低成本解决方案。这些措施将尽量以现有计划和工作为基础。其中,有两项计划已在进行之中,即"联军战斗识别先期概念技术演示",以及奎奈蒂克公司实施的系列研究,旨在探索误伤背后的人为因素。但是,由于第二次海湾战争("特里克行动")爆发,这项计划在很大程度上受到了影响。由于误伤现在被视为一项重要因素,所以英国国防部在所有英国集体训练机构中展开了战斗识别"健康检查"。其目的是向参战人员征集可以快速落实的想法,以改善地面部队的战斗识别能力。主要发现是,虽然大家理解战斗识别的必要性,但并未做出明文规定;"不要误伤己方"被当做一种假设。由于英国陆军拥有"概率均等"方面的训练经验,因此要想使之生效,误伤就必须从暗示变成明示。

在准备"特里克行动"期间,英国军方面临着更大的媒体压力。值得一提的是,陆军中校安德鲁·拉本德(Andrew Larpent)寄给《每日电讯报》的一封信。他在"格兰比"行动中担任英国皇家燧发枪兵团第3战斗群指挥官。他在信中尖锐地指责了英国国防部在战斗识别方面的失职(Smith,2003):

事实上,英国目前仍未引入任何技术保护系统,使联军飞机能够识别联军地面战车和部队,这是一个很难原谅的错误。在过去的12年中,有大把的时间可以用来寻找解决这个问题的方案。英国国防部的回答"我们正在处理"让人无法接受。

在此背景下,误伤意识有所增强,英国国防部使用了"应急作战要求"规程,以尽快购买识别设备。这些设备包括目视指示器(如荧光带和反光车灯等)以及红外标识(如热识别板等)。美国人提供了更先进的态势感知工具,即联军蓝军跟踪系统(采用美军FBCB2系统)以及战车识别训练系统(称为ROC-V)。根据奎奈蒂克公司开展的人为因素研究工作,英国军方仓促制定了误伤备忘录,并分发给海湾地区的参战人员。它的目的是让部队增强误伤意识,并提供基本的行动准则。备忘录包括两张卡片,一张涉及指挥分队,另一张涉及作出"开火/不开火"关键决策的人员,即"射手"。卡片上写着:"不要成为受害者,也不要成为加害人。熟悉任务,做好准备"。

# 第 11 章
## 士兵的两难选择——从英国人的视角来看战斗识别

## 11.4 "特里克"行动的经验

可悲的是,"特里克"行动还是没能避免误伤事件。事实上,在错误的"战斗阶段",即从入侵、进攻直至伊拉克军队投降期间,英军作战的人员伤亡中有近50%归因于误伤(MoD Boards of Inquiry reports):

(1)中士史蒂夫·罗伯茨(Steve Roberts)在路障处被一位战友误击,当时这名战友正在为其提供火力掩护(MoD,2006a);

(2)美军发射的1枚"爱国者"导弹击中了1架英国皇家空军"狂风"GR4战斗机,导致机上人员空军上尉大卫·威廉姆斯(David Williams)和空军上尉凯文·梅因(Kevin Main)死亡(MoD,2004a);

(3)英国皇家海军陆战队士兵马丁·麦迪逊(Martin Maddison)乘坐内河巡逻艇被导弹击中而身亡,当时该巡逻艇靠近法奥半岛的皇家工程兵部队,被误认为是敌军舰艇(MoD,2006c);

(4)一辆"挑战者"2主战坦克被另一辆"挑战者"2主战坦克的火力击中,导致下士史蒂夫·奥尔巴特(Steve Allbutt)和二等兵大卫·克拉克(David Clarke)死亡,另外2名乘员受伤(MoD,2004b);

(5)2架美国A-10攻击机误击英国皇家近卫骑兵团的装甲车,导致下士马迪·赫尔(Matty Hull)死亡(MoD,2004c)。

上述事故中,有两起引起了媒体的特别关注。罗伯茨中士是由于机枪近距离射击不准确而意外遇害。其遗孀指责英国国防部失职,没有为其丈夫提供能够保护他的防弹衣。副验尸官随后支持了这种观点,迫使英国国防部声明,这一事件将作为"紧急事项"来调查判决[2]。马迪·赫尔的死亡更是引起了媒体长时间的广泛关注。根据英国的审讯制度,可能需要数年的时间才会启动调查,而且启动后可能还会一再拖延,所以英国直到2007年2月才对马迪·赫尔的死因展开调查。这一事件引起媒体关注主要出于四个原因:导致一名英国士兵死亡,非常惨;涉及赫尔的一位战友,他曾表现出设法营救战友的英勇行为;赫尔的遗孀直接、清楚地表达了自己的观点;该攻击被视为美国人对正在执行任务的英国士兵的又一次攻击。美国政府拒绝提供任何证据或者披露飞行员的姓名,英国国防部最初也否认了飞机中存在飞行记录仪,这导致了媒体的关注度进一步升温。根据《太阳报》掌握的飞行录像拷贝显示,飞行员本人曾表达过对目标属性判定的疑虑。即便如此,美国人仍然拒绝全面配合调查。验尸官提出了"非法致死"和误伤的结论(Evans,2007),尤其是涉及美国空中力量,使事件本身成为公众和媒体关注的合理话题。

## 11.5 "特里克"行动后,英国军方的反应

"特里克"行动之后,英国国防部试图恢复在战前不久开始的战斗识别发展势头。此时,英国军方才真正意识到,其面临的政治和媒体监督正在日益加强;但军事环境也发生了变化。英国军事条令现在是"远征"性质和"机动"方式。指挥官的目标是,比敌人更快地做出决策,"击垮对手的集体意志,并瓦解其凝聚力"(MoD,2009c)。这就需要赋予下级指挥官实现各自任务的重要权限。这种"任务式指挥"是与标准方案和严格控制相抵触的,因此必然会造成一定程度的不确定性。英军条令还考虑到了与盟友的联合部署,这可能意味着,与语言、装备、训练标准、能力和文化不同的部队携手作战。此外,军方的重心正在从"冷战"快速转向"三街区作战"①(Krulak,1999),即在近战范围内采取不同类型的作战行动。这意味着,拥有先进致命杀伤能力的友军可能构成比敌军更大的威胁。简而言之,英军条令、联军作战和非对称战争结合在一起,使战斗识别问题更加复杂。

"特里克"行动再次引起媒体、政界和军方对误伤问题的关注。尽管做了最大努力,"特里克"行动战斗识别初始计划仍未取得绝对的成功。广为宣传的蓝军跟踪系统并未在英军部队中广泛部署,所以只能追踪较大的团队(分队及以上单位),而无法追踪较小的团队或单兵。这就意味着,该系统的效用实际上仅停留在较高的指挥层级,而未应用到战术层级。此外,系统使用英国"弓箭手"战术电台时,电子信息更新出现延迟,导致接收人常常在很长时间以后才能收到更新信息,因而造成战术态势感知严重滞后。同时,

---

① "三街区作战"(Three Block War)是一种新的城市作战理念,强调在复杂的城市环境条件下,部队必须具有很强的适应能力,随时准备完成不同作战任务。——译者注

# 第 11 章
## 士兵的两难选择——从英国人的视角来看战斗识别

虽然系统能够显示出所有运作中的 FBCB2 系统所在位置,但它无法确定某个区域是否被敌军占领,或者该区域不存在任何友军部队。

战车识别训练系统显示的图像是战车外形的热光谱特征而不是可见光谱,大部分英军士兵,包括单兵和武器系统班组在内,并未掌握热识别技术,甚至战车识别训练系统中的数据也并不可靠。例如,在"特里克"行动中,该系统将英国主战坦克描述为退役的"挑战者"1 而不是部署的"挑战者"2。虽然为各战区制定了简单、低成本的《战斗识别备忘录》,但直到战争结束,它才被分发下去。

英国国家审计署发布了第二份报告(2006),报告回顾了英国国防部自发布第一份报告以来所取得的进展。这份报告同样非常重要,它首次明确列出了由于缺乏战斗识别能力而带来的后果。这份清单较长,包括:友军在行动中发生伤亡;对民用财产和基础设施造成破坏;设备损失;友军火力误伤事故后,作战节奏暂时性放缓;中立人员伤亡;由于将敌军误认为友军而未与敌军交战;降低作战效能;作战规程受限;降低部队士气;平民伤亡;联军作战行动的压力增大。

报告再次承认:

英国国防部确定了可改善战斗识别性能的一系列领域。英国国防部在以下方面取得了进展:制定政策,编制战术、技术和规程,改进数据采集,通过新增训练课程等增强人为因素识别,以及利用为"特里克"行动部署的新设备开发解决方案。但是,英国国防部可以采取的行动不止于此。

报告提出了以下主要建议(National Audit Office,2006):

(1)当战斗识别政策的现行审核工作完成之后,英国国防部应制定一项战略,以落实修正的政策。该战略应包括所需的行动,针对该行动的责任、风险、预期效果以及相关效益,并制定如何实现效益的实际计划和简要落实时间表。该战略应鼓励战斗识别各方面能力更加协调一致,并促进利益相关方之间的更好理解。

(2)继续以主要盟友之间的一致性为重心,包括兼容技术以及战术、技术和规程的一致性,从而增强未来联军的战斗识别能力。如果盟友未及时做出决策,英国国防部应仔细考量英国专有方案可能产生的成本和效益。尤其需要指出的是,英国国防部应继续考量,使增加采购相应技术所带来的优点与在训练、战术、技术和规程相关后续工作方面的投入之间达到平衡。

（3）进一步完善对误伤数据整理和分析的管理。管理应包括规定核心责任，以监管作战行动中误伤事故可用数据和分析的研究和协调工作。以这种方式整理和分析误伤数据，应有助于为发展战斗识别能力提供信息。

在英国国防部中，联合行动（多军种）背景下（包括英国国家审计署报告的关注点），战斗识别由国防部副参谋长负责；能力管理（信息优势）办公室（联合部队中将级）现在担任高级负责人①。"特里克"行动之后，国防部副参谋长下达指示，应通过一份联合作战条令 JWP 3-62《支持联合作战行动的战斗识别》来解决一致性问题（MoD，2008b），该出版物目前仍是英国的重要正式文件。目前的政策规定，在仅限于英国军队的情况下，任何作战行动的联合指挥官（最高级别指挥官，一般位于英国）负责作战战斗识别政策，同时联合特遣部队指挥官（JTFC，战区指挥官）负责这些政策的实施。联合特遣部队指挥官还为部队指挥官（陆军、空军和海军指挥官）提供关于授权交战规则的指导，以便合法开展作战行动和使用武力。但在联军中，则由联军指挥官负责制定战斗识别政策。这对联军指挥官来说，可能是一个棘手的问题，因为联军组成部队在军事能力上可能差异很大，而指挥官必须设法在作战成功与误伤最低之间取得平衡。

战斗识别的意义并不在于这项活动本身，而是一种使能因素，即促成其他活动的实施。因此，根据 JWP 3-62 的明确说明，英国战斗识别旨在利用战斗识别实现下述目的，从而提高任务成功的概率：

（1）提高效能：战斗识别的主要目的是提高作战效能，尤其是在以联军形式作战的情况下。

（2）提高活动同步性：在正确的时间、正确的地点将各项军事活动（如交战和机动）结合起来，以达到预期的效果。

（3）提高互操作性：互操作性指的是不同部队之间无缝配合的能力。文化、语言、环境和国际及国家法律的差异会对联军成员相互配合的能力造成巨大影响。经验表明，如果联络官（LO）接受过约定牵头国的战斗识别规程

---

① 高级负责人（SRO）是英国政府项目中的一个领导职务，负责确保项目达成目标，交付预期成果并实现所需优势——译者注。

# 第11章
## 士兵的两难选择——从英国人的视角来看战斗识别

和设备相关训练,则可大幅提高联军的互操作性。但是,与重要盟友在技术和规程上达成真正的战场部署整合还需要一段时间。另外,在与电子通信技术较为落后,或存在严重文化障碍的盟友联合行动时,在合作方面存在较大的困难。事实上,只有通过创建单独的作战区域,让这些部队在该区域内行动,同时保持共同的统一目标,才能解决这些差异。就后者而言,联络官的使用至关重要。

(4) 减少意外情况的影响[4]:使用战斗识别来提高作战效能的指挥官应减少意外情况的发生率,从而减少误伤、附带损伤和任务失败率。那些进行过充分风险分析的人会降低风险,只接受必要的风险,这样最可能对战斗识别资源加以最大程度的利用。

根据国防部副参谋长的指示,英国国防部将其工作重心主要集中在发展两种方案,即建立可迅速落实且成本相对较低的快速部署措施,同时探寻中短期的技术方案。

## 11.5.1 快速部署

快速部署措施包括纯人力过程(如制定更好的误伤军事条令,改善战术、技术和规程,加强训练等)与相关技术措施(提供"友军"标记系统和改善电子态势感知)相结合。

### 1. 条令

在条令方面,必须对误伤做出明文规定,从暗示过渡到明示。在条令出版物以及战术、技术和规程中,目前已经实施了一系列措施,以提高战斗识别的意识。在高层指挥和参谋的规程中,为指挥官提供了关于预防误伤措施的额外指南,希望这些信息可逐级传递到更低层级的个人服役手册中。事实上,防止误伤作为一项重要因素,在各层级规划中加以考虑,包括从营/团级组织机构上至军种级的规划。

### 2. 战场工具:误伤伤亡人数检查表

要解决误伤问题,首先必须理解它的意义。各军种应引入一种通用的"误伤伤亡人数检查表",以搜集在训练中发生的所有误伤事件数据。这项任务现在变得比较简单,因为近年来引入了电子手段,可监控演习活动,并在演习结束后进行回放和分析。不过,这项计划的顺利实施是基于一种"不责备文化",以采集到准确的信息;同时对每起事故要进行全面事后回顾,以汲取经验教训。这两项基础条件都需要相关作战单位的所有成员接受这一制度。

对于实际误伤事故的调查表明[5],引起事故的原因常常不止一个,是多项因素结合在一起导致的特定事故,而且人为因素通常是主要影响因素。因此必须承认,人非圣贤,孰能无过。人们会疲倦、害怕、迷茫,或者会犯错。在承认这一事实的基础上,英国军方制定了四项重要的战斗识别倡议。英国的训练目前重在融合战斗识别的关键要素是态势感知、目标识别,以及战术、技术和规程。这三个方面相互交织,并受到第四个要素的影响:即人为因素。

### 3. 战术、技术和规程

技术不可能提供一个完整的战斗识别解决方案,所以任何战斗识别过程中都存在一个要素,即以战术、技术和规程形式体现的有效人为措施。大多数战术、技术和规程都会将态势感知(作战人员对于周围正在发生情况的理解)与确定的目标识别信息相结合。但就其本质而言,战术、技术和规程引入和修订的成本较低,为了使其有效,需要不断地更新和改善,以跟上技术变化,并纳入从行动和演习中获取的经验教训。战术、技术和规程必须有足够的稳健性,要考虑到战斗识别电子系统发生故障的可能性,并应设法利用敌方监视和目标捕获的漏洞。以下四项原则是顺利实施战术、技术和规程的关键:

(1)在交战之前,为了确认目标身份,如需要的话应采取何种行动?可下令交战或做出目标指示的任何第三方应承担何种识别责任?对于武器操作人员而言,这些问题不应有任何的不确定性。

(2)个体作战单位或分队对于自身的识别责任绝不应存在任何含糊不清之处。

(3)在按规定达到所需的高置信度目标身份确认之前,不得交战。

(4)在战术应用的情况下,不应将单独承担战斗识别战术、技术和规程的平台置于更大的敌方行动风险之下。

因此,至关重要的是,士兵会继续自问:"我所看到的一切是否合理?"各级指挥官都应意识到一些关键因素,这些因素单独或结合到一起,有可能减

# 第11章
## 士兵的两难选择——从英国人的视角来看战斗识别

弱人类能力(Cannon-Bowerset al.,1988)并导致误伤事件发生。其中包括以下因素:多个不同来源的信息;不完整和/或冲突性信息;迅速变化的情境;团队协调要求;不利的物质条件;迅速行动的压力、高负荷工作及敌军明显威胁造成的压力和干扰。

### 4. 标识系统

迄今为止,在快速部署原则下考虑的措施都是以人类活动为基础的。此外,还有一个技术部分。作为战术、技术和规程的补充,低成本简易系统已证明了其能力价值,因为它们能够进一步为"开火/不开火"决策提供信息。"联合战斗识别标识系统"及其后续系统"增强型联合战斗识别标识系统"(E-JCIMS)即是一套低成本、低技术的应用系统,它有助于识别潜在目标。该系统的工作频段在可见光谱、近红外光谱和热光谱范围。

目视识别的重要性不容小觑,尤其是在地面环境中。在光学、光电、电视和/或夜视辅助设备的支持下,经过良好训练的观察员可以提供对限定区域的高质量识别。对于受到密切政治控制的慢节奏作战行动,这类系统可能是唯一可以接受的识别方法。示例如下:

(1)战车标识系统:使用鲜艳的涂料在战车上绘制显眼的标识,在可见光条件下可以显示。近年来的使用实例包括"V"形标识、国旗标识和大写字母涂漆标识(如,北约在科索沃作战行动中使用的"KFOR")。这种做法在多国联合作战行动中尤其有用,因为在多国作战中,敌军可能也有同款外形的战车。

(2)化学发光棒:一种短塑料管,里面有两种液体,发生相互作用就会发光,可以持续大概8小时。发光棒有很多种颜色,可以用于各种局部标记和识别。

(3)烟火:彩色烟雾(不是红色或白色[6])、光和烟火(不是红色),可用作预先准备的信号,表示友军或作为询问应答系统的组成部分。

近红外系统需要使用适当的光源,如激光或红外搜索灯等。观察员需具备图像增强器材或其他近红外兼容设备的操作能力。以下标识(装置)已经投入使用:

(1)红外识别臂章:指的是25平方毫米的臂章,使用近红外反射材料制成,可粘贴在制服或战车上,用作无源战斗识别标识。

(2) 近红外发射器：可以发射近红外光的设备，用于将潜在目标标记为友军。包括巴德灯（BUDD）/"凤凰"发光设备、红外化学光和编码红外光束等。

远红外系统主要用于热探测而不是可见光探测，但它的分辨率不高，探测结果看起来类似于（但并非完全一样）目标的可见光图像。由于这类系统在战场上的使用日益普遍，所以是一种非常重要的辅助识别工具。这类系统的主要优势是，既可以在白天使用，也可以在夜间使用，而且可以穿透一般的战场烟雾。但其主要问题是，识别的精准度在很大程度上取决于操作人员的技术和经验，操作人员必须经过训练才能找到热成像图中有独特特征性的形状和面板，而不是更为直观的可见光图。作为标识系统部署的远红外设备主要包括以下几种：

(1) 战斗识别板（CIP）：一般尺寸为 0.6 米 × 0.8 米，通常安装在战车上，在热背景中构成对比鲜明的冷点，可通过热成像仪（TI）探测到。

(2) 热识别板（TIP）：一种尺寸为 1.75 米 × 0.6 米的织物面板，采用热反光材料涂覆。热识别板一般装在战车顶部，可以从上方探测到。热识别面板主要用于对空战斗识别。热识别板的一侧涂上与战车相同的颜色，另一侧是高能见度的亮橙色，以便在友军昼间没有使用热成像仪时也可以看到。

(3) 前线作战基地（FOB）标识：前线作战基地标识采用硬塑料薄片制造，方便携带，而且可以折叠成金字塔形，底面积约为 1.2 平方米，高 0.4 米，可置于前线作战基地和巡逻基地屋顶。前线作战基地标识通过肉眼可见，但主要为武装直升机提供热瞄准镜识别功能[7]。

### 11.5.2 中短期技术方案

尽管英国军方已将快速部署措施付诸实践，但同时也在致力于探索研究更好的技术解决方案。由于任何技术方案最少都会涉及一定的开发工作，因此这里所述的系统开发时间较长，不过某些技术可能在未来几年内实现。

#### 1. 改善态势感知

提供态势感知的目的是使指挥官能够对关注区域内正在发生的情况有最新的掌握和了解。从以往情况来看，态势感知是通过指挥链（由上而下和

# 第 11 章
## 士兵的两难选择——从英国人的视角来看战斗识别

由下而上)传递的信息来实现,或者是通过刚好与相关指挥官联系的第三方信息源(比如指挥官的炮兵顾问)来提供。因此,地面战争中的态势感知是以及时、准确地报告己方部队和其他联系人位置,掌握己方、联军和敌军位置之间的关系,以及理解现行控制措施为基础的。在"特里克"行动期间,美军 FBCB2 蓝军跟踪系统为英国部队提供了有限的自动化态势感知信息分发。从近期来看,英国的"弓箭手"战术电台将通过"态势感知模块"复现并扩展这一能力,提供自制的自动化蓝军追踪能力。

**2. 探索目标识别技术方案**

目标识别的目的是,在高置信度基础上识别作战区域内的所有个体目标。从概念上来说,目标识别与态势感知是互补的关系。态势感知是提供广域范围内的信息,而目标识别本质上是一个点对点的概念:单个平台一次识别一个友方目标或其他方目标。因此,在理想情况下,目标识别系统应能迅速地识别所有潜在目标,并区分敌、友和中立方目标。作为一项额外优势,在已知某个实体的身份之后,单个目标识别系统的输出数据可以进行融合,从而增强其所在区域的总体态势感知。对这类系统的技术要求较高,因为它们必须具备抗干扰和抗截获能力,包括抗欺骗干扰和电子欺骗措施等,防止被敌方利用;同时还必须在己方各军兵种和盟友武装军种之间自由使用。此外,还需要较高的识别概率,以减少向指挥官提供的冲突、虚假和不确定的信息数量。

20 世纪 90 年代初,美国联合部队司令部出资组建了联盟机构,目的是探索支持战斗识别的潜在技术。联盟最初包括美国、英国、法国、德国、加拿大、意大利和澳大利亚,后来,有更多的国家以正式成员国或观察员国的身份参与进来。该机构发展了一个项目,称为"联军战斗识别先期概念技术演示",其目标是实现设备整合,并探寻潜在的战斗识别技术方案,尤其是在目标识别领域。迄今为止,在该项目下已开发了四套系统,即单兵识别设备、战场目标识别系统、无线电频率标记系统以及基于无线电的战斗识别系统。其中,英国最关注的主要是战场目标识别系统和基于无线电的战斗识别系统。

战场目标识别系统是一种英国开发的平台对平台敌我识别系统。它采用毫米波体制,是一种询问应答系统,符合北约军标 STANAG 4579。该系统旨在解决地对地问题,但同时还可用于空对地环境。主战坦克等攻击平台配有询问机和应答机,没有攻击能力的平台则只配备应答机。系统工作方式:询问机使用加密信息向未知平台发出询问,如果对方是友军,则应答机会反馈"友方"的应答信号;如果对方是敌军或中立方,或者确实是友方平台,但配备的战场目标识别系统应答机被损毁或被遮挡,则询问平台的系统上都会显示"未知"。对"未知"目标不开火。

  基于无线电的战斗识别系统是为了解决更复杂且目前政治上更敏感的空对地战斗识别问题,不过在地对地环境下也有广泛应用。该系统的工作方式:空中平台/前沿空中管制员/前线观察员向空中区域发送"电台生成覆盖范围"询问信号,该区域内的任何战斗识别电台会立刻响应,且电台的位置会以圆点的形式显示在屏幕中。对于英国而言,需要对现役"弓箭手"战术电台进行软件升级。

  上述两项技术都能发挥作用,并且经过多国试验(如2005年的多国"紧急探测"演习和2007年的多国"勇敢探索"演习),以确定其为战场带来的效用。但试验结果发现,这些技术只有在广泛部署并通过综合训练和条令支持的情况下,才会真正产生效用。上述试验的目的是确定系统对于增强现有战斗识别能力的潜力,以确保未来投资能够做到适当平衡。该系统的成本和部署规模(达到有效战斗识别所需的规模)可能难以负担。此外,对于已装备的平台而言,要进行技术改造则成本尤其高昂。同样,只有当所有联军成员国部署同等能力的情况下,系统才能产生真正的效用。因此,接受这些技术并广泛部署是目前仍未消除的主要障碍。事实上,即使在英国军事机构内部,目前也尚未达成技术方案就是解决办法的普遍共识。先进技术、沙土、水和战斗是极少数人愿意接受的一种组合。事实上,正是这种过度依赖技术的想法,才导致了2003年伊拉克战争期间英国皇家空军"狂风"战斗机被"爱国者"导弹误击事件发生。另外,过于依赖于技术,可能会削弱个体作战单位作出战术选择的能力。很多人更愿意依赖于改善战术、技术和规程以及大量的训练。例如,引用《英国武装部队》主编查尔斯·海曼(Charles Heyman,1998)在《卫报》中的一段描述(Norton-Taylor,2007):"选择技术方案也许根本就是走错了方向。如果相关人员经过适当训练,尽管不可能完全消除友军误伤事件,但可以大幅减少误伤。"

# 第 11 章
## 士兵的两难选择——从英国人的视角来看战斗识别

由于成本和其他优先事项的紧迫性,目前仍未落实一种可靠的目标识别系统。众所周知,任何目标识别系统都必须在整个联军中广泛部署才能生效,所以就英国而言,任何系统都必须在美国购买之后才能实现大规模使用。美国陆军、美国陆军国民警卫队和美国海军陆战队装备的车辆总数是联军成员国中最多的,而为现役车队普遍配装战场目标识别系统的成本极高。因此,美国目前尚未采用战场目标识别系统解决方案,这也导致其他联军成员国在目标识别方面进退两难。

战场目标识别系统经过了优化,以解决地面平台对平台战斗识别问题。但是,战斗识别问题并不是一成不变的,事实上,这一问题的变化速度超过了技术的响应速度。第一次海湾战争结束后,首要任务是解决空对地问题。在尚未取得任何实质性进展的情况下,第二次海湾战争爆发,地对地平台问题成为关注重点。虽然成本较高,但战场目标识别系统能够提供平台对平台敌我识别解决方案,不过该问题已经不再是当务之急。阿富汗战争将主要问题引向了单兵对单兵的误伤。

## 11.6 现行作战行动——阿富汗

阿富汗作战是一场真正意义上的反叛乱行动。在行动过程中,英国军队不仅要为阿富汗人民的民心而战,还要为国内和其他联军成员国的民心而战。几乎每一次意外行动都会造成破坏性的后果,无论是友军士兵或无辜平民的惨死,还是房屋被毁或一头牛的误杀。阿富汗战争是一场联军作战,并且经常以最高强度密度,在最极端条件下作战。在这场战争中,语言差异、训练水平差异、交战规则差异、人员混杂(包括伪装成平民的敌方)等不利因素,再加上武器系统的精度、杀伤力日益提高,导致了战斗识别问题更为复杂。因此,阿富汗作战未能避免发生误伤的悲剧。截至 2011 年 4 月 12 日,英国军队有 363 人死亡,其中 6 人死于误伤(在下述清单中,英国国防部参考了调查委员会的公开报告)(Casualties. Org:Anon,2011):

2006 年 5 月 12 日,英国皇家海军陆战队第 45 突击队士兵乔纳森·威格利(Jonathan Wigley)被空中火力误击而身亡(MoD,2007a)。

2007 年 1 月 15 日,英国皇家海军陆战队第 45 突击队 Z 连、一等兵福特

(Ford)被轻武器火力击中而身亡(MoD,2008c)。

2007年8月23日,皇家盎格鲁团第1营二等兵艾伦·麦克卢尔(Aeron McClure)、罗伯特·福斯特(Robert Foster)、约翰·斯卢姆波尔(John Thrumble)被空投炸弹击中而身亡。

2011年2月14日,兰开斯特公爵团第2营二等兵肖恩·道森(Sean Dawson)被轻武器火力击中而身亡。

但是误伤是不分国籍的,驻阿富汗的英军部队卷入了多起涉及外国公民的误伤事故。例如:

2006年4月6日,英国车队由于误认塔利班攻击,请求美国空中支援,造成1名阿富汗警官死亡,另外13人受伤;

2007年9月26日,在两起独立事故中,英国"标枪"导弹击中丹麦步兵,分别造成丹麦皇家近卫骑兵团二等兵米克尔·索伦森(Mikkel Sorensen)和陶比·里斯(Thorbjorn Reese)死亡。

## 11.7 结 论

在北约内部及更广泛的联军伙伴之间就技术方案达成共识之前,提高感知,改善战术、技术和规程,强化训练和部署标记系统等,这些快速见效的方法仍然是英国减少误伤事故的重心。这些方法涉及英国军方内部的一场文化变革,而这必然需要一定的时间。通过使其"显性化",在初期任务规划直至任务执行的整个过程中,误伤及其组成因素都应成为军方考虑的第一要务。其目的是部署具有误伤意识的作战人员,通过完善的规程控制措施为其提供保护,并掌握态势感知和目标识别方面的确定信息。所有军事组织都面临着的一项挑战,即确保减少误伤的愿望是否会无意间帮助了敌军行动,而导致更大的伤亡——战斗识别必须起到增强而不是削弱作战效能的作用;谨慎不能成为战争的首要原则。战斗识别是一种使能器;这项活动从根本上说极其重要,但最终目的并不在于其本身。战斗识别的目的是促使其他活动能够得以顺利实施,但最终个人将面临在激烈的战斗中不得不做出艰难的决策;这些决策有可能在事后发现是错误的。至少从目前来看,"是活着接受审判,还是承担被杀的风险"仍然是士兵面临的困境。

# 第11章
## 士兵的两难选择——从英国人的视角来看战斗识别

---

## 注 释

[1] 根据英国国防科学技术实验室资料（Personal communication, Dr Paul R. Syms, 2010），在马尔维纳斯群岛战争中误伤人数占4%，"格兰比"行动中占80%，"特里克"行动中占50%。

[2] 摘自英国广播公司新闻，2006年12月18日。

[3] 源于美国海军陆战队将军查尔斯·克鲁拉克（Charles Krulak）。城市地区的士兵可能会在第一街区提供支援，在第二街区实施和平援助，在第三街区开展激烈作战。因此士兵必须能够同步开展所有三种类型的作战行动。

[4] "影响"指的是"一次或多次军事或非军事行动在战略环境中对所有层面产生的物理或认知后果"（联合条令概念中心工作定义）。在战斗识别背景下，如果后果是负面的，则"影响"被视为意外而不是非计划。

[5] 本研究的主要结果参见本书第6章。

[6] 不使用白烟的原因是，白烟有可能与建筑物燃烧引起的其他白烟混淆，或者与为模糊敌军视线或掩护友军移动发射的烟幕弹混淆。白光用于照明而不是信号发送。不使用红色烟雾和信号弹的原因是，红色烟雾和信号弹是国际上采用的平民求助信号。上述惯例可参见2010年11月出版的北约2129标准化协议（NATO STANAG 2129）"战场和作战区域的地面部队识别"。

[7] 第10章也有对美军部队使用的很多这类系统的相关描述。这表明，美国与英国在北约内部战斗识别设备方面有密切的合作关系。

# 第 12 章

# 怀疑论者的防误伤观点

乔玛·乔玛卡

## 12.1 引　言

陆战/空战误伤是一种非常不幸的事件,遗憾的是这种事件经常发生。除了遭受人员伤亡的直接痛苦之外,误伤还会造成多个后果。至少总有那么一个人,他会认为是自己的责任,并为造成误伤或险些造成误伤承受巨大的心理压力。从更广泛的意义上讲,公众对于士兵遭己方误杀的反应可能造成严重的政治影响,通常远胜于敌军造成的损失。这可能对民意造成影响,导致对战争的支持大幅减少,这在联军作战中是一种非常严重的后果。

一些非技术措施,如供作战训练、飞机和战车识别训练用的战术、技术和规程等,可以减少友军发生误伤的概率,但很多人认为,有必要采用专门的防误伤技术系统。一般来说,这类系统应包含两个独立要素;更好的态势感知系统和专用的目标识别设备,以便在攻击目标之前,提供最后时刻的判别(National Audit Office,2002,Executive Summary)。

本章所述的所有观点仅代表作者的个人观点,并不代表芬兰国防军的立场。这种毫不掩饰的怀疑论视角主要涉及目标识别设备;目前,人们在该领域已经进行了大量的研究,并在此基础上产生了若干成本高的技术方案。这种观点是基于一种既定的惯例,即军队装备应该有能力应对特定威胁,并为分配任务提供最大的军事胜算。因此,任何不能提供最大胜算的设备投

# 第 12 章
## 怀疑论者的防误伤观点

资都是浪费。就芬兰而言，首要任务是保卫国土不被侵犯，而且笔者认为，芬兰是欧洲极少数坚持这一观点的国家之一。例如，很多西欧国家在冷战结束后，就认为武装入侵的威胁已消失，而把重心转移到了其他任务上，比如通过选择战争捍卫国家海外利益，或参加人道主义援助行动。

本章内容是专门针对地面目标易受攻击的陆战/空战。空战环境（以飞机为目标）有所不同：从军事角度来说，通过敌我识别系统来防止空中误伤是至关重要的，因为飞机代表了现代战场中少数威力巨大且成本高昂的装备；同时安全、可靠的敌我识别系统目前已经投入使用。相比之下，对于保护地面目标的识别系统而言，其开发工作进展较慢，系统仍在不断改进之中。

近 20 年来出现了"人道主义战争"这一新概念。在这种战争中，武装部队被视为一种道德力量，发起的行动不会流血，或几乎不会流血。这是一种西方的主流概念，目的是在保护无辜者，同时也捍卫或巩固国家利益。参与这种战争的目的可能仅仅是表示在政治上的支持（如北约等大型组织），并且参与者可能会被一种观点误导，即作战行动可以凭借先进技术避免流血。但事实上，当出现一种能够有效反击对手的方法时，"不流血的战争"很容易转变为一场血战，如同 2006 年以来，北约在阿富汗战争付出的代价一样。因此，为维和部队提供最好的保护无疑是一种明智的做法，即使是对于开战就能确保获胜的战争亦是如此。但目标识别设备是否属于在这种情况下实施有效保护的优选呢？

另外一种情况可想而知：某个国家需要外部援助来捍卫国土。在这种情况下，如果援助方拥有昂贵的目标识别系统，那么作为援助的一个条件，他们可能要求受援国也拥有同样的系统。但是这种设备可能与本国对威胁的认知或理解并不兼容。研究芬兰的重大威胁情景，与其他国家已知存在的误伤风险相比较可以看出，芬兰的案例似乎并没有较高的误伤风险。在这种情况下，投入大量的时间和资金购买目标识别系统纯属浪费，这些资源可以投入到其他更合适的地方。因此，笔者认为，芬兰国防军目前在发展目标识别能力的工作方面，其出发点更多的是希望成为北约团队成员，而不是为了国土防御作战。

态势感知的案例比目标识别更有说服力。态势感知不仅有利于减少误伤,同时其本身在开展军事作战的过程中也非常重要。事实上,蓝军跟踪系统是当前全球"网络中心战"范例(在作战指挥控制中使用通信网络和组网计算机)的关键组成部分,同时也必将随着技术发展而得以持续改进。

## 12.2 目标识别系统的实例分析

用信号和标志来表示友军的做法在战争史上由来已久。在历史上,这项战术的代表是佩戴帽徽或说出号令或战斗口号为代表。然而,在现代战场上,这些系统在很大程度上只是一种万不得已的手段:随着技术发展,武器有效射程不断提高,所以需要在远距离上识别目标,远远超过肉眼可见范围和话音可以传播的距离。但是,在伊拉克战争中,美国和英国为了识别目标,在坦克上贴上了可视和红外徽章。徽章分为两种:用于空对地和地对地交战时目标识别的徽章。前者的作用距离相对较短(比常规空中武器投射的距离更短),后者则给敌军提供了欺骗的机会,在敌军可以看到徽章的情况下,为其提供确定的识别。有的时候,徽章会被灰尘遮住,所以在很大程度上并不可靠。使用红外光的话效果较好,但很容易被敌军模仿。上述经验表明,在邻近作战行动时,临时采用的低端技术,对于技术能力相当的敌军来说,并不是一种解决办法,尽管它对一些技术上不发达的对手可能有效。无线电频率标签似乎能够提供更好的选择,但其成本相对较高,而且有时也容易受到电子欺骗干扰。

战斗武器效果模拟器通常包括"询问—应答"系统,使作战人员能够使用激光波束相互"发射"询问信号,并记录结果。类似技术可以为步兵提供目标识别系统:在发射子弹之前,当系统收到激光脉冲发射的"询问"时,会自动触发友军设备产生射频应答。这些设备可以供友军部队单兵之间进行的识别。事实上,为支持单兵未来作战,很多国家都在开发并配备这种主动目标识别设备。然而,这一概念存在一些困难。例如,需要一种可靠的能量源,这就要求携带备用电池,而这些电池本身会增加重量(要与武器、弹药和水等所有其他战斗设备一并携带,而这些东西都非常笨重),似乎又会限制它们的使用。或许要等到轻质燃油电池成为一项成熟技术时,才能装备应用。另外,技术先进的敌军可能对这一系统实施电子欺骗,或利用该系统提

# 第 12 章
## 怀疑论者的防误伤观点

供关于友军的主动确认。

无论采用何种设计,任何目标识别系统都不可能做到无懈可击。系统可能会发出虚警;在发生故障时,将无法收到友军应答,这种情况在激战阶段可能会导致认友为敌的事故。在第一次海湾战争期间,即使使用先进、成熟的防空敌我识别系统也出现过类似情况,导致飞机被误认。对于混乱、喧嚣的单兵作战环境而言,这并不是一种优选的目标识别系统。

如果能够开发出一种实用且稳定的目标识别系统系统,有可能获得普遍采购。例如,在美国国防部的一份报告(US DoD,1996)中列出了很多情况,表明这些系统能够促进作战行动的顺利实施。其中包括:运动战,此时敌我双方目标进行快速机动作战;使用超视距武器作战;友方部队具有压倒性优势的作战行动(导致少量敌军混杂于友军目标中,需要从友军目标中识别出来);涉及大量平民的战区,以及双方拥有同款装备的情况。

如果国土守卫方的军事力量较弱,而攻击方占有明显优势,这种特殊情况又将怎样呢?抛开是非问题不谈,我认为:

(1)守卫方必须集中力量,在攻击过程中造成敌军损失,以获取军事优势;

(2)误伤对守卫方的士气并不会造成重要影响,因为这是一场关乎国家存亡的战争;

(3)无论如何,在这种情况下,误伤事件造成的伤亡都会低于多国部队攻击造成的伤亡。

让我们从第一个观点开始讨论。防御型和进攻型军事立场的一个主要差别在于:在防御型情境中,战争并不是实现政治目的的手段,而是一项需要避免的危险行动。因此,外交是最理想的冲突解决手段,而拥有足够强大的军事力量是必要的,因为只有这样,才能使进攻方意识到,它将付出巨大代价,而这种代价可能超过其预期的潜在利益。然而,如果进攻方拥有明显的军事优势,则守卫方倾尽资源也无法战胜。此外,守卫方可以通过另外两种方式"获胜":进攻方在常规战争阶段取得最终胜利之前,决定停止攻击;或者进攻方赢得了这一阶段的胜利,但随后发现无法控制被占领的国家。

有多种方法可以让守卫方产生第一种结果,而在大多数方法中,让进攻方损失更惨重似乎是一项重要因素。芬兰国防军通过数学仿真对守卫方伤亡进行了估计(Peltomäki,2007)。仿真假设,在低烈度战斗中,一个营在一次交战中的伤亡将达1%~5%,在常规战斗中为5%~10%,在激烈战斗中为10%~20%,在主要突破方向的战斗中为20%以上。此外,还有较小比例的疾病减员(起点低于1%)以及与战斗无关的原因造成的伤亡(0.5%)。其中部分伤亡可能归因于误伤。误伤可能占总伤亡人数的5%~15%(Steinweg,1994)。

从守卫方的角度来说,很难弄清在哪种条件下误伤会成为决定性因素。在关乎国家存亡的关键时刻,成败似乎远比"蓝蓝误袭"事故更加重要。战役的成败才是关注重点:战斗胜利会对守卫方造成积极的心理影响,失败则会降低防御意愿。此外,在守卫方发布信息的过程中,可能会封锁关于误伤事故的信息。这是因为为了维持士气,官方会控制信息;同时可能还存在不希望传播负面信息的非官方倾向。

## 12.3　芬兰配备目标识别系统的必要性分析

就芬兰的具体情况而言,是否需要采购陆战/空战目标识别系统?一些因素表明,这种需求的确存在。尽管这种系统在友军拥有完善态势感知的情况下显得冗余(因为友军已经获悉所有部队和平民的位置),但目前尚未达到这种水平,而且很多因素都可能导致战场态势更加混乱,从而增大误伤率。例如,如果做出射击决策的时间很短,并且战斗机动性高,那么技术系统提供的态势感知信息可能滞后于实际情况,从而造成"延迟"。事实上,在"网络中心战"中,提倡通过快速、可靠的通信来支持"基于效果作战",至少从理论上来说,这为开展难以追踪和理解的高机动作战创造了理想条件。同样,在为地面部队提供近空支援而实施空袭任务时,迫切需要高度准确地掌握友军位置;但实际上更复杂的问题是,这类任务通常是紧急下达的并且要求迅速执行,因而导致决策时间非常仓促。

另外,对目标识别系统的迫切需求在很大程度上是源于友军处于明显优势地位的情况。如果敌军反击能力有限,友军伤亡很大的比例可能就会来自误伤,比如第一次海湾战争。如果是为了政治目的而在境外作战的情况,那么过多的人员伤亡,尤其是误伤造成的伤亡,会降低国内民意对作战

# 第 12 章
## 怀疑论者的防误伤观点

行动的支持,因此降低误伤概率至关重要。这可能是发展有效目标识别系统的一个强大动力。

芬兰提供了一个有趣案例,在此案例中,投资发展目标识别系统的需求并不明确。虽然芬兰不是北约成员国,但它是欧盟成员国。芬兰国土辽阔,较大部分边界邻国都是欧盟国家,但由于人口仅有 500 万人左右而被称为"小国"。目前,其主要威胁情景是战略打击,但大规模的地面攻击仍被视为一项重要威胁。同时芬兰还积极参与维和作战行动,为欧盟战斗群做出贡献,因此,芬兰国防部队也为境外危机管理国际合作做好了准备。

芬兰在国土防御概念上是作为一个独立的行动者。欧盟国家之间的合作并未涉及联合防御方面的规定,而且芬兰只有少数人支持加入北约。作战理念被称为"网络使能防御"。少数拥有较强打击能力的高机动旅与大量负责国土防御的低机动单位协作,从而根据芬兰的具体情况,在作战上将国土防御的旧理念与新兴的网络中心概念结合起来。低机动部队的目标是减缓攻击者的移动速度,以便让装备精良的高机动旅实施还击。

限制芬兰军事装备发展的一个主要因素是,尽管事实上国防装备成本每 7 年就翻 1 倍,但军费预算在国家预算中所占的比例并未增加。要大量投入到目标识别系统,只有在具备充分的作战理由时才能调整经费。那么是否存在这种理由?

### 1. 不同威胁情景对目标识别系统的需求

以下情况是源于芬兰官方设定的威胁场景,但并不完全相同。

在第一种场景中,存在大规模攻击情况,而且守卫方没有盟友。假设敌方的地面部队只有在其空军扫清空域之后才会发起进攻。一般来说,入侵是指在大型、野外战场上,坦克与坦克交火,而步兵跟随坦克之后,为坦克提供防护,类似于第二次世界大战时期的情景。虽然这种场景在训练应征士兵时比较有用,但这种战争观可能已经比较过时了,而且在任何情况下,作战形式都将取决于地形是否允许开展大规模武装交战。在这种情况下,地对地误伤问题明显受到交战距离的影响,而交战距离又在很大程度上取决于地形和战术。交战距离较远,可能导致通过视觉手段实施的目标识别比较困难;对于守卫方而言,最好的战术可能是尽可能长时间隐蔽,然后展开局部反击,从而使视觉目标识别相对简单。当然,可能还存在其他实际问题:小国通常是从多个来源购买装备,敌我双方使用类似装备的可能性非常高,这就使得在射击的那一刻弄清敌我之间的区别变得非常困难。但是,即使在这些困难情况下,从守卫方的角度来看,在没有任何其他技术手段的情况下,通过态势感知和完善的战术、技术和规程是完全有可能防止误伤的。在芬兰的地形中还可以假设,敌方坦克在行进过程中将使用公路,因为除此之外几乎别无他选,而这将使敌我目标识别变得更加简单。

就步兵而言,在这种情况下入侵部队可能比防御方更需要目标识别系统,因为攻击方将受制于引发最大程度混乱的伏击战术。城市作战的情况可能不同,但同样地,这个问题对于入侵部队来说比对防御方更加紧迫。另外,如果入侵方在识别过程中被防御方加以利用,则目标识别系统反而会为防御方提供机会。如果配备有效目标识别系统的步枪被守卫方窃取,就可利用它找到入侵方士兵的位置。

在第二种场景中,守卫方的实力相当或拥有强大的盟友支持,即便如此,入侵方还是发起了进攻。如果守卫方的盟友使用目标识别系统而守卫方本身没有,或者两者使用的系统不兼容,那么对这些系统的所有投资都毫无意义。他们将不得不通过长期、审慎的军事装备规划才能避免误伤。例如,必须明确划分不同的作战区域,使双方保持距离;还需要在不同作战区域交汇处实施谨慎的控制措施。实际上,在这种情况下构建联合态势感知,并确保指控系统(人为和技术)能够互通互联运作,要远比采购目标识别系统的效果更好。

像芬兰这样的小国可能参加维和作战行动,这就产生了第三种场景。就芬兰而言,维和部队可能会在达成停火协议之后抵达,如果协议失败就会离开,所以不太可能卷入旷日持久的暴力作战行动中。在这种情况下,依靠充分的通信和态势感知就足以避免误伤。一种在这一场景下作为指挥控制技术方案已成功应用的概念是"可部署商用现货(COTS)网络"技术,目前芬兰国防军已经开发出了该网络的一个版本,它的一项输出功能即是提供合理的态势感知。系统由商业采购组件构成,将它们结合在一起,可向上级司令部和本国提供整个当地区域以及更大范围内的可靠通信。这一概念对于

# 第 12 章
## 怀疑论者的防误伤观点

维和行动所处的大部分地形而言,已经足够;而且至少从理论上来说,它可以在不利环境下扩展或增强通信。

因此,在所有这些情况下,对目标识别系统的投资都是不合理的。

### 2. 对态势感知系统的需要

然而,这并不意味着芬兰反对所有防误伤技术系统的思路。虽然芬兰不是北约成员国,但芬兰议会已决定继续申请加入北约,并且同意构建相应能力,以便在需要时能够获得外部援助。因此,芬兰国防部已做出了选择,即芬兰国防军最重要的发展任务是与北约行动保持一致。这一点完全可以理解:从军事的角度来说,与盟友一起保卫国家比孤军奋战更加轻松;从政治的角度来说,欧洲正在统一并构建联合防御能力,这在很大程度上要依赖北约。因此,满足北约标准化协议的要求是政策的重要部分。但是,实现与北约的全面互操作性可能需要几年甚至 20 年。

在这种情况下,芬兰更关注的是态势感知而不是目标识别,这项决策源于国土防御的作战需求。芬兰优先发展态势感知的主要原因是,无论态势感知能力是否能够减少误伤性伤亡,它都与有效指挥控制密切相关;并且态势感知也是"网络使能防御"这一新概念的核心。其中包括开发旨在将无法相互沟通的各种现行系统统一起来的新指挥与控制系统。其中一项功能将是提供联合战术图,使各方均可接入,并可利用它获取重要的态势感知信息。

另外,即使这样的关键系统也存在局限性,而且并非无懈可击,所以态势感知(以及通过态势感知防止误伤)不可能尽善尽美。态势感知一般包括态势探测、态势理解以及态势变化预测三个层面。"探测"在很大程度上依赖使用远程监视设备来获取信息,而且大多数监视设备都容易受到攻击,除星基传感器外。从目前来看,星基传感器防御能力较强,但芬兰等小国并未掌握该技术。态势"理解"很容易受到攻击。如果情境本身就很混乱,那么无论如何都会难以理解。如果敌方隐藏在平民中间,那么将敌军从非战斗人员中区分出来可能会非常困难。通信和计算机网络都可能会遭到攻击。态势预测只有在采集到足够线索、使相关人员能够准确预测未来的情况下,才有可能实施,而事实上并非总是能采集到足够的线索。

## 12.4 结 论

与美国相比,欧洲的军事预算较少。美国每年在国防方面的支出约为5000亿欧元,而24个欧盟国家的总支出约为1600亿欧元。预算限制造成了技术差距,而这些在军事技术领域是非常明显的。新一轮预算更加严格,不允许对每项能力都进行开发,并且每个国家的新系统开发必须由主要威胁情景或该国的政治立场决定。对于美国而言,打击恐怖分子和流氓国家的非对称战争是其主要威胁情景,而欧洲小国认为国土防御是主要任务,战略打击是最直接的威胁情景。在这种情况下,专用于增强战斗识别的系统,尤其是目标识别系统,很难成为军事开支的重点项目。

参加海外联合军事作战的能力可能带来政治优势。如果政府认为参加这类作战行动符合国家利益,就有可能迫切需要制定减少误伤的措施。即便如此,与增强态势感知的系统相比,战斗识别仍是一项不被看好的投资选择;而且在任何情况下,改善指挥控制系统本身就可以加强态势感知,所以并不需要专门的战斗识别系统。随着民用通信技术、信息技术和显示设备的不断发展,更先进的指挥控制系统终将问世。因此,从一个小国的角度来说,由可部署的商用现货网络提供的设施似乎是对于指挥控制系统最好的投资,而且将以副产品的形式——通过提高态势感知来降低误伤。因此,对减少误伤专用系统的任何投资都是浪费资源。

# 第 13 章

# 总结与展望

查尔斯·柯克

本章从对本书整体的一般理解谈起,即防止误伤措施(战斗识别)有两种不同的技术形式,如第 1 章所述。具体而言,它包括提升态势感知(SA)和提升目标识别(Target ID)能力,这两种方式都是以旨在减少误伤的战术、技术和规程为基础的。但是,这些内容对增进我们对于战斗识别的理解有何作用,有什么启示?

本书希望读者对两大重要主题引起关注:一是关注人为因素对于误伤与防止误伤两方面的影响;二是历史感。本书充分说明了这两个主题的重要性。毋庸置疑,这两个主题是本人关于未来评估的重心。再次强调这两个主题的重要性是因为它们很容易被人们忽视,尤其是当这两个主题看起来似乎与态势感知和目标识别组成部分的硬件和软件并无明显关联时。诚然,在笔者逾 30 年直接或间接参与这一问题的过程中,通过个人观察发现,始终存在一种倾向,即把这一主题置于幕后,而把工程解决方案推到前台。深入研究表明,这一主题无论是对于理解误伤还是制定防止或减少误伤的措施来说,都是极其重要的考虑因素。

一般情况下,一旦发射或投放致命武器,总会牵涉一些人。事实上,误伤几乎都是有意的、错误的人为行为。由此可见,在理解误伤方面很重要的一点是,必须对人类和影响人类行为的所有因素、尤其是人为失误因素进行深入研究和全面理解。这一点在前面几个章节中已反映出来,尤其是德尔莫特·鲁尼(第 5 章)、克莱尔·奥特里奇等(第 6 章)和大卫·迪恩(第 7

章)撰写的章节以及本人撰写的章节(第8章)等。

要想全面理解误伤及避免误伤方面的人为因素,就必须考虑到心理、生理和社会等人类状态的所有方面,包括心理学、人体工程学、生理学和社会科学等人文科学。这些理解必须通过大量的知识予以支撑,包括以往经验对压力下自我意识行为(包括训练在内)的影响、人类理解自身所处环境的方式(包括错误认知理解)、组织结构的影响、人类与技术之间的接口以及国家和组织文化对决策的影响等。由于人类是误伤中恒常存在的因素,所以这些理解对于评估实战中的真实误伤事都同样有用,无论是公元前424年的德里昂灾难事件,还是当下模拟战斗中的误伤事件,或是当前阿富汗战争中的误伤事件。这项知识应是未来任何误伤预防措施的核心影响因素。

本书多位作者谈及的另外一个方面,是在很长一段时间内,误伤事故中的人为因素条件可能会继续发展。如约翰·艾什在第4章中所述,对于每次事故而言,都存在"机会轨迹"(危险造成影响所遵循的因果路径)。枪炮误击或炸弹误投是一连串事件中的最终结果。这在本书相关章节中进行了说明,如克莱尔·奥特里奇等撰写的章节,引用雷森瑞士奶酪模型(1990)的章节,以及夏佩尔和卫格曼的 HFACS 模型(2000)等章节中。误伤的先决条件可能会追溯到多年以前,而卷入误伤事故的人毫不知情。比如,有一个相关案例就是罗伯茨军士遇袭死亡事件(MoD,2006):多年以前制造的武器系统设计不合理,导致子弹误击罗伯茨军士。这些先决条件可能潜伏多年,所以任何能够将这些先决条件公诸于众的措施都将有利于减少误伤。就此而言,从演习过程中的惊险事故和误伤事故中汲取经验教训,可能会是非常有用的措施。不言而喻,只有在"不责备"的氛围下搜集这些教训,没有人认为有必要掩盖真相或扭曲事件顺序的理解来逃避责任,才能做到全面地汲取经验教训。

历史为我们提供了宝贵的经验,这对于理解类似于误伤这种复杂的现象是至关重要的。在本书中,阿尔·莫舍和安德鲁·吉莱斯皮回顾了历史经验,在此基础上审视了当下,并提出了关于未来的展望;保罗·西姆斯则为我们提供了跨不同时期的误伤全景视角。从这一全景视角,我们可以看出,误伤问题自有记录以来一直存在,而且继续发生误伤的风险非常大。西姆斯提出了一个很有说服力的观察结果:如果对数据实施标准化处理,误伤

# 第13章
## 总结与展望

事故的比率在 20 世纪下半叶(以及此前有充足可用数据的时期)是相对稳定的。另外,西姆斯关于造成这种明显连续性的可能原因也是很有说服力的。他指出,随着高新技术的发展,武器射程和杀伤力不断提升,可能同时也带来更大的误伤危险性,但造成误伤的第一个最根本原因很可能是压力情景中人类思维和决策模式。关于这两个方面,笔者在第 8 章中有过论述;这也是大卫·迪恩在交战过程中人为因素建模一章中提到的重要考虑因素。

如果历史经验(包括近年的经验在内)很重要,那么应如何从历史中洞察当下(行动期间)、近中期(作战规划)以及远期(设备以及战术、技术和规程开发)发展?当然,现有的一些系统是从近期事件以及历史事件中汲取了经验教训,但这些系统擅长确定和记录事件本身而不是学习。从战斗和训练中已经涌现出大量的信息(而且将继续涌现),这些信息的确可以通过电子方式加以分类和储存,但这并不一定意味着,这些信息将被用作未来的学习工具。事实上,潜在教训的数量如此庞大,似乎难以消化,以至于从目前来看,要通过任何连贯、持久的方式从中学习似乎是不可能的。

那么未来又该如何?首先,我认为误伤事故必然还会继续发生,不管是在某个国家的武装部队内部,还是以盟友身份并肩作战的不同国家之间。还有一点可以肯定的是,至少在西方民主国家,媒体将继续对误伤事故予以特别关注,如约翰·艾什在第 4 章所述,误伤从本质上来说具备"可怕的风险"特征(Slovic,1987)。这不仅将增加(或至少维持)公众对该主题的关注度,还将使误伤成为一个政治和军事问题。这反过来会增加军方的压力,迫使他们证明正在为此所做的工作;从英国国家审计署关于英国国防部战斗识别处理意见的两份报告中可以出这一过程(National Audit Office,MoD,2002;2006)。

如果正如本书所指出的那样,人为因素在误伤事故中占主导位置,那么是否还应该继续致力于技术方案的探研工作?毋庸置疑,技术在防范误伤方面将继续发挥重要作用。某些过时的技术手段对于减少现今的误伤几乎毫无用处,这一点从近年海湾战争中一些失败案例中就可以识别。比如,在坦克和对地攻击机的典型射程范围内,某些战车的身份标识无法识别。老式的无线电通信不可能提供态势感知信息,因为这需要快速的数据传输速率,并在战车屏幕上予以显示。没有人在习惯使用 GPS 之后,愿意回到使用地图和罗盘导航的年代(尤其是在无法使用磁罗盘的钢铁装甲战车中,或者是在地图非常不准确的地形环境中)。

  这就意味着,对态势感知和目标识别技术方面的投资仍是颇具吸引力的。用保罗·西姆斯的话来说,如果我们停止开发技术方案,那么随着武器射程和杀伤力的提高,误伤的危险性将日益增大,我们防止误伤的手段就可能无法保持同步。但是,在两者之间,应如何决定投资的优先顺序呢?在第 10 章中,乔玛·乔玛卡提出,在必须做出选择的情况下,坚决反对目标识别系统,而是支持通过增强指挥控制和通信来提高态势感知。鉴于协同式目标识别系统中很多方面都可能出错(如本人在第 3 章中所述),所以他的观点有很多可圈可点之处。然而,是否应该因此而放弃对未来非协同目标识别系统的研究呢?事实上,即使在考虑到第 3 章所述的局限性情况下,这些系统仍然有望提供巨大的优势,尤其是在只有射手需要配备这些系统的情况下。完全放弃这种想法似乎会矫枉过正。或许我们最多可以说,在资金紧缺的情况下,选择目标识别不如选择增强态势感知更有吸引力。

  完善的态势感知和目标识别(假设可能实现的话)是否能够独立地提供完整的战斗识别系统呢?一方面,如果我们可以想象出完善的态势感知和绝对准确的目标识别,就有充分理由认为误伤问题已经得到解决。人们不会对着自己人开枪,因为他们始终知道友军的位置;即使友军粗心大意,将武器瞄准了己方目标,也能通过目标识别系统确认潜在目标的友军性质。另一方面,在战斗压力下,我们能否完全确信,即便是采用理想的态势感知信息,且目标识别能够提供最终检查,处于压力之下的人们就绝对不会出现失误?如我们所知,人为失误因素是战争中的恒常特征,同时还存在于战争的前兆之中,如克莱尔·奥特里奇等在第 6 章中所述。

  在防止误伤方面仅靠技术是不太可能取得全面效果的。要使技术发挥效果,就必须结合关于战争中人为因素的更好理解。另外还应正确理解人与技术之间的相互作用,而且这种理解必须充分纳入技术系统的设计中。就此而言,应将人视为系统的组成部分而不是附属部分并相信技术系统实际上是人类-技术系统。这样就不会出现这种情况:识别系统(或任何其他军事)技术先进,但使用者无法妥善操作。若果真如此,则说明该系统水平

# 第 13 章
## 总结与展望

较低。总之,从设计之初就必须意识到,不要对处于极端作战条件的军事人员期望过高。

为了改善战斗识别,就技术系统而言,需要以使用系统的人为第一重心展开系统设计,其次才是技术提供的能力。比如,就态势感知而言,德尔莫特·鲁尼关于"误伤组织"的章节提供了指挥与控制结构的部分重要信息,它是态势感知的重要成分。西方国家在不减少信息处理与传输人数的情况下,设法通过改善数字技术来拓宽指挥与控制网络范围,这种做法是否正确?就目标识别而言,面向决策人的直观信息展示,其水平如何?如何通过明确无误的方式传递信息?

就降低误伤相关系统的改进建设而言,在态势感知方面的投资将优先于目标识别。某些低成本目标识别系统,如战车标识等,不太可能废弃,同时会改进战车识别训练,主要原因是这些系统和训练很容易在短时间内达成联军各国之间共享。

我们绝不应该忽视战术、技术和规程,这些人为规则为技术系统的使用提供支持,而且它们的应用绝对不能脱离系统。这一点在第 9 章中有明确论述。费恩·莫纳汉展示出了在避免伤害平民和己方的同时,开展近空支援任务过程中涉及的复杂规程网络,所有这些任务通过指挥与控制和通信方面的技术进步以及监视和目标探测才成为可能。战术、技术和规程现在和未来都是有效的干预措施,因为与技术系统相比,其开发和投入使用的成本相对较低。但是,无论采用何种形式,战术、技术和规程都需要考虑到人类的优点和弱点,以确保在战斗条件下保持稳健性。战术、技术和规程必须避免依赖人类凭借记忆保留重要信息的情况,因为短期记忆在睡眠不足的情况下尤其会受到影响(Krueger,1991)。在任何情况下,战术、技术和规程都应与相关人员面临的作战条件相适应。

最后,在战术、技术和规程进一步发展和掌握改善人类—技术系统的同时,有必要确保所有相关人士在类似战斗条件中充分练习使用这些系统。这一目标只能通过渐进性、系统性和频繁的训练实现。为了节省资金,很可能会减少训练,但这一方面可能增加误伤概率(此外还可能涉及作战效能的其他负面后果),另一方面会降低各种防误伤措施投资(如改善战术、技术和规程等)的价值。

在开展所有上述活动的同时,当务之急是建立汲取关于误伤方面经验教训的综合系统。这可能需要从根本上彻底摒弃获取和储存经验教训的现行结构,而且将经验教训视为未来研究的一个重要领域。

如果在伤亡人数相对较少的情况下,误伤仍被视为一个非常严重的事件(用本书前言中丹纳特勋爵的话来说,对于部署军事人员而言,这是"痛彻心扉"的事件),而且被媒体披露,引发了强烈的公众关注,造成忧虑风险,那么未来措施还可能包括误伤可能性评估的常规过程,如约翰·艾什在第4章中所述。各系统究竟是在哪些位置未能防止错误,从而导致了误伤的发生?这一过程至少将提高我们确定这些位置的概率,从而妥善地对风险进行评估,并在可能的情况下,通过某种方式予以降低。当然,尽管目前在制定作战计划以及在向最低层级分发作战指令的过程中,都考虑了误伤危险,但第4章提出的系统方法可能比迄今为止使用的任何方法更加具有直观明显性和参考性。

本书很多章节的主要重心都是避免或减少友军对友军伤亡。但是,正如第3章中所述,误伤大于 10%~15% 的双方造成己方伤亡比例。同时还存在未知人数的平民伤亡以及对没有军事参与的非政府组织和其他方面构成的平行危险,也就是现行误伤水平等于"10% 到 15% + $x$ 名平民"中的 $x$。费恩·莫纳汉在第9章中列出了一些谨慎、系统性措施,以避免或至少限制近空支援中的 $x$,但仍有很多报告均反映出,在当前和近期战争中存在平民伤亡(Rogers et al. 2011; United Nations Assistance Mission to Afghanistan, 2010)。尤其是在暴动(以阿富汗现状为例)中,政府或盟军对本国平民以及为其提供帮助的非政府组织的任何误杀都可能会减少国际社会对合法政体的同情。鉴于这些考虑因素,斯坦利·麦克里斯特尔(Stanley McChrystal)将军于2009年在阿富汗提出了"勇气克制"政策(Mallinson, 2010)。因此,需要为平民和非政府组织提供有效保护,使其免遭友军火力,在此方面可能应加大投资。这样一来,能够发挥实效的现行目标识别系统就屈指可数(若有),而对于态势感知识别而言,只有在指挥与控制系统是为此目的而建的情况下才能发挥作用。

另外,还有一个只能在终章中提出的重要问题,因为它涉及多个不同领域的工作。本书每章都论述了具体的问题,并提出了相关的个人总结,但仍

# 第13章
## 总结与展望

然存在一个更大的问题。本书论述了很多不同的系统以及系统组件,其中一些进行了综合考量,比如将技术与人类能力和局限性进行整合等。但是,在减少盟军内部和盟军之间误伤且不伤及平民的单一全面母系统中,难道不应该把所有方方面面都纳入其中吗?虽然我们单独地论述了各种方法,但或许这种论述方法也限制了我们制定一种统一方案的能力。

总而言之,如果以后我们要解决战场误伤问题,更加有效的(本国和盟国)误伤预防能力就应包括将引发误伤的所有条件纳入考量,从而提供一致、强关联的系统之系统方法。该总体系统中的元素将包括:为更好理解战场人为因素而开展的深入研究;虽然非协作目标识别系统方面的长期投资也可能存在优势,但因对人类—技术系统的进一步投资、优先开发态势感知;关于误伤风险的系统性和直观性分析应纳入标准作战人员流程;更好理解关于司令部可以巩固或促进准确信息流的组织因素;汲取经验教训的综合系统;进一步开发战术、技术和规程;全面且实际的训练制度;以及将平民纳入误伤预防措施中。

上述方面明显源于本书前面各章节,反映出了学术研究和军事经验。但第3章末尾还提到了另外一个因素,该因素隐藏在关于采取措施减少误伤的所有讨论的背景中。尤其是在军事预算减少的时候,对预防误伤实施多少投资比较合理?是否有必要削减国防其他方面的预算并降低军事能力(因为肯定无法获得额外可用资金)以便为更好的误伤预防系统之系统买单?如果是,那么降低作战实效的可接受代价是什么?上述问题将在未来继续予以讨论,不在本书论述范围内。重要投资问题和作战重点任务不可能通过一个人或一本书解决。如绪论中所述,上述问题在可预见的未来不太可能达成明确共识。但我们希望本书所述观点可以在未来讨论中成为专业意见。

# 术语表

| 英文 | 译文 | 释义 |
|---|---|---|
| Afghan National Army, ANA | 阿富汗国民军 | |
| asset | 资产 | 作战资产意义上的军事资源,比如坦克、火炮、战车和飞机等 |
| aviation, avn | 航空 | |
| brigade, bde | 旅 | |
| Blue Force Situational Awareness, BFSA | 蓝军态势感知 | |
| Blue Force Tracking, BFT | 蓝军跟踪系统 | 参见 21 世纪部队旅及旅以下作战指挥系统 |
| Battlegroup, BG | 战斗群 | 若干分队(如中队和连(参见连))组建,隶属部队级指挥部 |
| blue force | 蓝军 | 友军,用于建模/战争推演背景中 |
| blue on blue | 蓝蓝误袭 | 友军对友军的误伤攻击 |
| blue on white | 蓝白误袭 | 友军对平民的攻击,有时也表达为"蓝灰误袭"(blue on grey) |
| brigade | 旅 | 若干战斗群组建,隶属一星司令部(即由准将指挥) |
| Battlefield Target Identification System, BTIS | 战场目标识别系统 | 一种英国平台对平台敌我识别系统,使用的是符合北约标准化协议(4570 协议)的毫米波收发系统 |
| Command and Control, $C^2$ | 指挥与控制 | |

续表

| 英文 | 译文 | 释义 |
| --- | --- | --- |
| Command, Control and Communications, $C^3$ | 指挥、控制和通信 | |
| Close Air Support, CAS | 近空支援 | 指的是飞机与地面部队提供火力支援,弹药将投射在受支援部队附近 |
| Combat Identification, CID | 战斗识别 | 提供战区人员身份信息的总体系统概念,从概念上来说包括态势感知系统和目标识别 |
| Combat Identification Panel, CIP | 战斗识别板 | 一种配备在战车上,通过制造热成像仪可视的人工冷点进行识别的设备 |
| Contemporary Operating Environment, COE | 当代作战环境 | |
| Combat ID | 战斗识别 | 英国用法的"战斗识别",与美军术语"战斗识别"(CID)等同 |
| Commander, comd | 指挥官 | |
| Company, coy | 连 | 一般包括连部下的3个排,由少校指挥 |
| Command Post, CP | 指挥所 | |
| Command Post Exercise, CPX | 指挥所演习 | 一种只涉及指挥分队的军事演习,下属编队由"下级管制员"而不是部署部队代表 |
| DOTMLPF Change Recommendation, DCR | DOTMLPF 变更建议 | 指的是根据 DOTMLPF 分析变更美国国防领域的建议 |
| Doctrine Organization Training Materiel Leadership Personnel and Facilities, DOTMLPF | 条令、组织、训练、物资、领导、人员和设施 | 一种由美国国防部开发的用作分析框架的模型,包括条令、组织、训练、物资、领导、人员和设施 |

续表

| 英文 | 译文 | 释义 |
| --- | --- | --- |
| drone | 无人机 | 严格来说,这种无人机不是遥控飞行,而是按预设的航线飞行。但是,在常见用法(尤其是媒体)中,无人机日益成为无人驾驶飞行器的同义词 |
| Defence science and technology laboratory, Dstl | 国防科学技术实验室 | 是英国国防部下属的英国组织,提供国防研究、国防咨询和国防评估方面的服务 |
| entity | 实体 | 在建模中指的是战区的任何对象。在本书中,实体指可能被视为目标的任何情景要素。它可以是友军、敌军、中立方或者只是可能被误认为任何一方的对象 |
| Electronic Warfare, EW | 电子战 | |
| Forward Air Controller, FAC | 前沿空中管制员 | 负责引导向地面目标提供近空支援(参见 CAS)飞机的人员 |
| Force XXI Battle Command Brigade and Below, FBCB2 | 21 世纪部队旅及旅以下作战指挥系统 | 指的是迅速传达战场相关信息以便在屏幕上展示的指挥、控制和通信系统。其优势是可以提供持续更新的通用作战图,所以对于使用者而言是一种"实时"系统 |
| Fratricide Causal Analysis Schema, FCAS | 误伤因果分析模式 | |
| Forward Looking Infrared, FLIR | 前视红外 | 前视红外系统利用热波段生成场景热图像,参见采用相同原则的热成像仪 |
| Forward Operating Base, FOB | 前线作战基地 | 军队可以用于长时间作战的安全战术阵地 |
| Global Positioning System, GPS | 全球定位系统 | 基于接收卫星网络信号的全球定位系统。全球定位系统可以提供准确的位置信息 |

续表

| 英文 | 译文 | 释义 |
| --- | --- | --- |
| Ground Target Laser Designator, GTLD | 地面目标激光指示器 | 一种落地安装设备,可以发射激光束,机载激光接收器(装在炸弹上或飞机内)可以识别激光束的反光。这有助于飞行员或弹药识别目标身份 |
| head out | 露头 | 装甲车中可供乘员坐下或站立并将头伸出装甲车外的位置。与装甲车潜望镜相比,这样可以获得周边区域的更直观、更广阔的视野,但会增加乘员受到敌军攻击的风险 |
| Human Factors, HF | 人为因素,人因 | |
| Human Factors Analysis and Classification System, HFACS | 人因分析与分类系统 | 人因分析与分类系统是一种旨在识别航空事故原因的分类法,由夏佩尔和卫格曼(2000)提出 |
| Headquarters, HQ | 司令部 | |
| Initial Capabilities Document, ICD | 初始能力文件 | 2008年由美国陆军编制,列出了需要的战斗识别能力 |
| Identification Friend or Foe, IFF | 敌我识别 | 敌我识别通常依赖询问应答程序。潜在目标受到询问时,应作出相应的回答。从最简单的形式上来说,这只是一种密码的口头交换;而敌我识别一词现在明确涉及空战,在空战中飞机会受到询问,并通过电子的方式应答 |
| Image Intensification or Image Intensifier, II | 图像增强/图像增强器 | 这种技术可增强外围和周边的红外线和可见光,以便操作人员在环境较暗的情况下看到明亮的黑白图像 |
| Infrared, IR | 红外 | |
| Intelligence, Surveillance and Reconnaissance, ISR | 情报、监视和侦察 | |

续表

| 英文 | 译文 | 释义 |
|---|---|---|
| Joint Combat ID Marking System, JCIMS | 联合战斗识别标识系统 | 包括按不同波长显示的面板（以适应不同监视和目标识别设备）和近红外闪光（参见"凤凰"发光设备） |
| United States Joint Forces Command, JFCOM | 美国联合部队司令部 | |
| Joint Operations | 联合行动 | 包括多个武装部队的成员，由单一司令部予以指挥的行动 |
| Joint Terminal Attack Controller, JTAC | 联合终端攻击管制员 | 指的是"在前沿位置指导参与近空支援和其他攻击性空中作战的战斗机行动的合格（有资质）部队成员"（US Joint Chiefs of Staff, 2009, p. GL15）。联合终端攻击管制员一词起源于美国，2003年在伊拉克联军部队中广泛使用，后来还用于阿富汗战争中。北约仍然正式使用一般性术语"前沿空中管制员"（参见FAC） |
| Ministry of Defence, MoD | 英国国防部 | |
| Operation ENDURING FREEDOM | "持久自由"行动 | 美军在阿富汗境内2001年及后续作战的代号 |
| Operation GRANBY | "格兰比"行动 | 英军1990—1991年海湾战争的代号 |
| Operation IRAQI FREEDOM | "伊拉克自由"行动 | 美军在伊拉克境内2003年海湾战争及后续作战的代号 |
| Operation TELIC | "特里克"行动 | 英军在伊拉克境内2003年海湾战争及后续作战的代号 |
| Phoenix Lights | "凤凰"发光设备 | 肉眼不可见但图像增强器可以轻易识别的红外闪光 |
| Platoon, pl | 排 | 正规部队编制（士兵人数一般在30人左右），由初级军官指挥 |

续表

| 英文 | 译文 | 释义 |
|---|---|---|
| platform | 平台 | 任何空中、海上装备或地面军车或装置 |
| Question and Answer, Q&A | 询问-应答 | |
| Radio Based Combat ID, RBCI | 基于无线电的战斗识别 | 一种对现代战斗无线电设备有内置 GPS 芯片的事实加以利用的系统。潜在攻击者调查选定目标区域并接收关于该区域任何友军无线电(以及相关的士兵)的信息 |
| Radio Based Situational Awareness, RBSA | 基于无线电的态势感知 | 利用与无线电战斗识别类似的技术传达关于有内置 GPS 芯片的无线电设备位置的信息 |
| reconnaissance, recce | 侦察 | |
| red force | 红军 | 敌军(通常用于建模/战争推演) |
| Recognition of Combat Vehicles, ROC-V | 战车识别训练 | 一种为了识别战车的基于计算机的多媒体培训项目,通过热成像和日光成像模拟场景 |
| Rules of Engagement, ROE | 交战规则 | 定义武装部队可以使用武器(包括致命武器在内)的情形的正式规则。按照惯例,交战规则包括完整规则列表,由战区最高级别相关人士予以控制,应正式公布在确定时间内在确定区域生效的明确列表 |
| Rocket Propelled Grenade, RPG | 火箭助推榴弹 | |
| Situational Awareness, SA | 态势感知 | |
| Synthetic Envirionment, SE | 合成环境 | 一种电子建模工具,将虚拟环境(参见)与详细物理模型结合,从而提供虚拟环境内部相互作用的现实依据 |
| Single Integrated Air Picture, SIAP | 单一合成空情图 | |
| Subject Matter Expert, SME | 主题专家 | |

续表

| 英文 | 译文 | 释义 |
|---|---|---|
| Standard Operating Procedures/Standing Operating Procedures, SOP | 标准作战规程/固定作战规程 | 指的是所有军事人员都应遵守的一系列永久性规则或指示 |
| NATO Standardization Agreement, STANAG | 北约标准化协议 | |
| Target Identification, Target ID | 目标识别 | 有时简称 TID，是指提供目标身份相关信息，通常在交战之前使用 |
| Tactical Engagement Simulation, TES | 战术交战模拟 | 一种军事演习系统，该系统利用对人眼无害的激光表示射击，从而模拟武器效果 |
| Theatre Level | 战区级 | 代表该作战区域内的最高级别；"战区级司令部"指国家层面部署的高级司令部 |
| Thermal Imaging or Thermal Imager, TI | 热成像/热成像仪 | 热成像仪一般会显示由现场热成像构成的黑白图像。它们无论在白天还是晚上都能"看清"，而且可以穿透战场浓烟和其他障碍物，但无法穿透浓雾 |
| Thermal Identification Panels, TIP | 热识别面板 | 用相当于冷点的热膜覆盖的布板，利用热成像设备可见。热识别面板还有橙黄色的一面，在可见光波段可见（换言之，肉眼或通过传统放大镜可见） |
| US Army Training and Doctrine Command, TRADOC | 美国陆军训练与条令司令部 | |
| The Technical Cooperation Program, TTCP | 技术合作计划 | 一种国防科学和技术问题合作讨论会，其成员包括澳大利亚、加拿大、新西兰、英国和美国 |
| Tactics, Techniques and Procedures, TTP | 战术、技术和规程 | 战斗训练等由军事群体共同展开的任何形式的标准化活动 |

续表

| 英文 | 译文 | 释义 |
| --- | --- | --- |
| Unmanned Aerial System, UAS | 无人航空系统 | |
| Unmanned Aerial Vehicle, UAV | 无人机 | 无人驾驶飞行器通过某种方式受到遥控,而且与控制站之间存在电子连接。在越来越多的常见用法中无人机(参见)等同于无人驾驶飞行器。(为了避免性别敏感问题,有时也称为无驾驶员飞行器) |
| United States Army Air Force, USA AF | 美国陆军航空兵 | |
| United States Air Force, USAF | 美国空军 | |
| United States Marine Corps, USMC | 美国海军陆战队 | |
| United States Navy, USN | 美国海军 | |
| Virtual Environment, VE | 虚拟环境 | 使参与者沉浸在一种高分辨率虚拟世界中的电子建模工具 |
| Wound Data and Munitions Effectiveness Team, WDMET | 战伤数据与弹药实效团队 | |
| white (also grey) | 白方/灰方 | 非政府组织的地方平民或成员(通常用于建模/战争推演中) |

# 参考文献

Adair, J. (1973) Action – Centred Leadership Maidenhead: McGraw – Hill.

Allen, T. (1987) War Games: Inside the Secret World of the Men Who Play at World War III. London: Heinemann – Mandarin.

Allspaw, J. and Cook, R. (2010) 'How Complex Systems Fail', in Allspaw, J. and Robbins, J. (eds) Web Operations: Keeping the Data on Time. Sebastopol, CA: O'Reilly Media, pp. 107 – 16.

American Psychological Association (2001) Publication Manual of the American Psychological Association (5th edn). Washington, DC: American Psychological Association.

Andrews, D., Herz, R. and Wolf, M. (eds) (2010) Human Factors in Combat Identification. Farnham: Ashgate Publishing.

Anon (2007) 'Leading Article: Four Years of Most Grievous Suffering', The Independent, 20 March 2007. www. independent. co. uk/opinion/leading – articles/leading – article – four – years – of – the – most – grievous – suffering – 440951. html.

—(2010) 'Donkeys Led by Lions', British Army Review (150), Winter, 55 – 9.

—(2011) 'Operation Enduring Freedom'. http://icasualties. org/OEF/Nationality. aspx? hndQry = UK.

Ayers, W. (1993) 'Fratricide: Can It Be Stopped'. Annapolis, MD: Naval War College. www. globalsecurity. org/military/library/report/1993/AWH. htm.

Barnett, C. D. (1974) Marlborough. London: Eyre Methuen.

Barry, J. (1992) 'Sea of Lies', Newsweek, 13 July.

Bartholomew, W., Malden, C., Irwin, N., Watson, D. and Holden, W. (1940) 'Final Report of the Bartholomew Committee on Lessons to Be Learnt from the Operations in Flanders', PRO CAB 106/220.

BBC (2008) 'Afghanistan Death "Friendly Fire"'. http://news. bbc. co. uk/1/hi/uk/7562994. stm.

—(2009) 'Grid Mix – Up' before Afghanistan "Friendly Fire" Deaths'. http://

news. bbc. co. uk/1/hi/8414406. stm.

Bernstein, P. (1996) Against the Gods: The Remarkable Story of Risk. New York: John Wiley.

Bloem, W. (1916) The Advance from Mons, translated by G. C. Wynne (1930). Solihull: Helion & Company.

Boatner, M. (1993) 'Analyzing the Tactical Risk: Does the Commander Need Help with Versatility?' Fort Leavenworth, KS: School of Advanced Military Studies, United States Army Command and General Staff College. www. dtic. mil/cgi – bin/GetTRDoc? Location = U2&doc = GetTRDoc. pdf&AD = ADA288930.

Bowhers, V. (1996) 'If It Flies, It Dies'. Newport, RI: Naval War College. www. dtic. mil/cgi – bin/GetTRDoc? Location = U2&doc = GetTRDoc. pdf&AD = ADA307619.

Box, E. and Draper, N. (1987) Empirical Model – Building and Response Surfaces. Chichester: Wiley.

Brighton, T. (2004) Hell Riders: The Truth about the Charge of the Light Brigade. London: Viking Books.

Brown, D. (1995) Warship Losses of World War Two (rev. edn). London: Arms & Armour.

Browning, R. (1980) The Loss Rate Concept in Safety Engineering. New York: Marcel Dekker.

Bundy, G. (1994) 'Not So Friendly Fire: Considerations for Reducing the Risk of Fratricide'. Newport, RI: Naval War College. www. dtic. mil/cgi – bin/GetTRDoc? Location = U2&doc = GetTRDoc. pdf&AD = ADA283501.

Byford, A. (2010) 'Networked Enabled Capability, Air Power and Irregular Warfare: The Israeli Air Force Experience in the Lebanon and Gaza, 2006 – 2009', RAF Air Power Review 13(1), Spring, 1 – 12.

Candler, W. and Freedman, M. (2002) 'Military Medical Operations in Cold Environments', in Pandoff, K. and Burr, R. (eds) Medical Aspects of Harsh Environments, Volume 1. Department of the Army, pp. 553 – 66.

Cannon – Bowers, J. A. and Salas, E. (eds) (1988) Making Decisions Under Stress: Implications for Individual and Team Training. Washington, DC: American Psychological Association.

CBC News (2006) 'US Air Force Verdict', 6 July. www. cbc. ca/news/background/friendlyfire/verdict. html.

Cian, C., Barraud, B., Melin, B. and Raphel, C. (2001) 'Effects of Fluid Ingestion on Cognitive Function after Heat Stress or Exercise – Induced Dehydration', International Journal of Psychophysiology 42(3), November, 243 – 51.

Clapp, M. and Southby – Tailyour, E. (1996) Amphibious Assault Falklands: The Battle of San Carlos Water. London: Orion.

CNN (2003) "Friendly Fire" Pilots: Air Force Pushes "Go Pills", 2 January www. acftv. com/news/article. asp? news_id = 63.

Cook, R. I. , O'Connor, M. , Render, M. and Woods, D. (2004) 'Operating at the Sharp End: The Human Factors of Complex Technical Work and Its Implications for Patient Safety', in Manuel, B. M. and Nora, P. F. (eds) Surgical Patient Safety: Essential Information for Surgeons in Today's Environment. American College of Surgeons, Nora Institute for Patient Safety, pp. 19 – 30.

Cook, R. I. and Woods, D. D. (1994) 'Operating at the Sharp End: The Complexity of Human Error', in Bogner, M. S. (ed.) Human Error in Medicine. Hillsdale, NJ: Lawrence Erlbaum, pp. 255 – 310.

Crenshaw, D. (2008) The Myth of Multitasking: How 'Doing it All' Gets Nothing Done. San Francisco: Jossey – Bass.

Cruz, E. (1996) 'Fratricide in Air – Land Operations'. California: Naval Postgraduate School. www. dtic. mil/cgi – bin/GetTRDoc? AD = ADA325228 &Location = U2&doc = GetTRDoc. pdf.

Dean, D. and Handley, A. (2006) 'Representing the Human Decision Maker in Combat Identification', 11th US DOD International Command and ControlResearch and Technology Symposium (11th ICCRT), San Diego, CA, June. www. dodccrp. org/events/2006_CCRTS/html/presentations/025. pdf.

Dean, D. , Vincent, A. , Mistry, B. , Hossain, A. and Spaans, M. (2009) 'Representing a Combat ID Analysis Tool within an Agent Based Constructive Simulation', 9th Bi – Annual International Conference on Naturalistic Decision Making (NDM9), British Computer Society, 23 – 26 June. www. bcs. org/content/conWebDoc/26820.

Dean, D. , Vincent, A. , Mistry, B. , Hossain, A. , Spaans, M. and Petiet, P. (2008a) 'Representing the Human Decision Maker in Combat Identification within an Agent Based Constructive Simulation', The International C2 Journal 2(2), 1 – 32.

Dean, D. , Vincent, A. , Mistry, B. , Spaans, M. and Petiet, P. (2008b) 'A Process for Placing the Human at the Centre of the Constructive Simulation', 13th International Command and Control Research and Technology Conference Seattle, WA, 17 – 19 June. www. dodccrp. org/events/13th_iccrts_2008/presentations/218. pdf.

Doton, L. (1996) 'Integrating Technology to Reduce Fratricide'. Fort Belvoir, VA: Defense Systems Management College. www. dtic. mil/cgi – bin/GetTRDoc? Loca tion = U2&doc = GetTR-Doc. pdf&AD = ADA487939.

Douglas, M. and Wildavsky, A. (1982) Risk and Culture: An Essay on the Selection of Technical and Environmental Dangers. Los Angeles: University of California Press.

Dunnigan, J. (1982) How to Make War: A Comprehensive Guide to Modern Warfare. London: Arms and Armour Press.

Dupont, G. (1997) 'The Dirty Dozen Errors in Maintenance', Proceedings of the Eleventh Federal Aviation Administration Meeting on Human Factors Issues in Aircraft Maintenance and Inspection: Human Error in Aviation Maintenance. Washington, DC, pp. 45 – 9.

Dupuy, T. (1979) Numbers, Predictions and War: Using History to Evaluate Combat Factors and Predict the Outcome of Battles. London: Macdonald and Jane's.

—(1990) Attrition: Forecasting Battle Casualties and Equipment Losses in Modern War. Fairfax, VA: Hero Books.

Dyer, G. (1985) War. London: The Bodley Head.

Ellis, J. (1980) The Sharp End of War: The Fighting Man in World War II. London: Book Club Associates.

Embrey, D. (1986) 'SHERPA: A Systematic Human Error Reduction and Prediction Approach', International Meeting on Advances in Nuclear Power Systems, Knoxville, TN.

Endsley, M. (1988) 'Design and Evaluation for Situation Awareness Enhancement', Human Factors Society, 32nd Annual Meeting. Santa Monica, CA, pp. 97 – 101.

Eshel, D. (2009) 'New Tactics Yield Solid Victory in Gaza', Aviation Week, 11 March. www. aviationweek. com/aw/generic/stor y _ channel. jsp? channel = defense& id = news/GAZA031109. xml&headline = New%20Tactics%20Yield%20Solid%20Victory%20in%20Gaza&prev = 10.

Evans, M. (2007) 'Friendly – Fire Killing of Matty Hull Was Criminal and Unlawful Says Coroner', The Times, 17 March. www. timesonline. co. uk/tol/news/uk/article1527822. ece.

Eysenck, M. and Keane, M. T. (1999) Cognitive Psychology, a Student's Handbook (3rd edn). Hove, UK: Psychology Press.

Foss, C. (2011) Jane's Armour and Artillery 2011 – 2012. Coulsdon: IHS Jane's.

Frost, J. (1983) 2 Para Falklands: The Battalion at War. London: Buchan & Enright. Gadsden, J. and Outteridge, C. (2006) 'What Value Analysis? The Historical Record of fratricide', 23rd International Symposium on Military Operational Research, Shrivenham, 29 August – 1 September. http://ismor.cds.cranfield.ac.uk/ISMOR/2006/JGadsden.pdf.

Gardiner, R. (ed.) (1997) Nelson against Napoleon: From the Nile to Copenhagen, 1798 – 1801. London: Chatham Publishing.

Garrett, W. (1992) 'Report A066262 Fratricide: Doctrine's Role in Reducing Friendly Fire'. Fort Leavenworth, KS: School Of Advanced Military Studies, Army Command and General Staff College, December.

Garrison, W. B. (1999) Friendly Fire in the Civil War. Nashville, TN: Rutledge Hill Press.

Gelpi, C., Feaver, P. and Reifler, J. (2005) 'Success Matters: Casualty Sensitivity and the War in Iraq', International Security 30(3), Winter, 7 – 46.

Gibson, D. (2003) 'Casualty Estimation in Modern Warfare'. www.almc.army.mil/alog/issues/NovDec03/Casualty_Estimation_Warfare.htm.

Gillespie, A. (2001) Desert Fire: The Diary of a Gulf War Gunner. London: Leo Cooper. Goodall, J. (1986) The Chimpanzees of Gombe: Patterns of Behavior. Cambridge, MA: Belknap Press.

Goodman, R., Visco, E., Harding, J. and Richardson, H. (1994) 'Friendly Fire', MoD Directorate of Science (Land).

Grabski, M. (1999) 'Assessing the Effectiveness of the Battlefield Combat Identification System'. Monterey, CA: Naval Postgraduate School,

Granholm, J. (2000) The Day We Bombed Switzerland. Shrewsbury: Airlife Publishing.

Greitzer, F. and Andrews, D. (2010) 'Training Strategies to Mitigate Expectancy – Induced Response – Bias in Combat Identification: A Research Agenda', in Andrews, D., Herz, R. and Wolf, M. (eds) Human Factors in Combat Identification. Farnham: Ashgate Publishing, pp. 173 – 89.

Grossman, D. (2004) On Combat. Millstadt, IL: PPCT Research Publications.

Gudmundsson, B. I. (1993) On Artillery. Westport: Praeger.

Halley, E. (1693) 'An Estimate of the Degrees of Mortality of Mankind, Drawn from the Curious Tables of the Births and Funerals at the city of Breslaw, with an Attempt to Ascertain the Price of Annuities on Lives', Philosophical Transactions 17, 596 – 610.

Hamilton, I. (2010) A Staff Officer's Scrap – Book During the Russo – Japanese War. Charleston, SC: Nabu Press.

Harding, T., Coghlan, T. and Simpson, A. (2007) 'Outcry as "Friendly Fire" Kills Three UK Soldiers', The Telegraph, 25 August. www.telegraph.co.uk/news/uknews/1561313/Outcry – as – friendly – fire – kills – three – UK – soldiers.html.

Harmeyer, G. and Antal, J. (1992) 'Fire Discipline and Fratricide', Army Magazine 42 (3), March, 26–8.

Hawkins, C. (1994) 'Friendly Fire: Facts, Myths and Misconceptions', Proceedings 120 (6), June, 54–9.

Heyman, C. (ed.) (1998) Armed Forces of the United Kingdom. Barnsley: Pen and Sword Books.

Hicks, S. and Moler, C. (1966) 'A Field Survey of Air – to – Ground TargetDetection Problems'. Aberdeen Proving Ground, MD: Human Engineering Laboratories. www.dtic.mil/cgi-bin/GetTRDoc? Location = U2&doc = GetTRDoc.pdf&AD = AD0631361.

Hobson, C. (1999) 'Blue on Blue: A Preliminary Study of Air – to – Air Fratricide Incidents Involving the Royal Air Force during the Second World War', RAF Air Power Review 2 (2), 38–59.

Hogg, M. A. and Vaughan, G. M. (2005) Social Psychology (4 edn). London: Pearson Education.

Hollnagel, E. and Amalberti, R. (2001) 'The Emperor's New Clothes, or Whatever Happened to "Human Error"?' 4th International Workshop on Human Error, Safety and System Development, Linkoping, 11–12 June. www.ida.liu.se/~eriho/HumanError_M.htm.

House of Commons Committee of Public Accounts (2007) 'Progress in Combat Identification: Twenty – First Report of Session 2006–07'. London: The Stationery Office Limited, 23 April. www.publications.parliament.uk/pa/cm200607/cmselect/cmpubacc/486/486.pdf.

Hura, M., McLeod, G., Larson, E., Schneider, J., Gonzales, D., Norton, D., Jacobs, J., O'Connell, K., Mesic, R. and Jamison, L. (2000) Interoperability: A Continuing Challenge in Coalition Air Operations. Santa Monica, CA: RAND.

Hyde, C. (2000) 'Casualty Aversion: Implications for Policy Makers and Senior Military Officers', Aerospace Power Journal Summer, 7–27.

Jary, S. (2003) 18 Platoon. Winchester: The Light Infantry. Jones, T. (undated) 'Saints', SPQN.com, http://saints.spqn.com.

Judd, T. (2007) 'Army Officer Criticised at Friendly – Fire Inquest', The Independent, 13 July. www.independent.co.uk/news/uk/crime/army-officer-criticised-at-friendlyfire-inquest-457043.html.

Keegan, J., Holmes, R. and Gau, J. (1985) Soldiers: A History of Men in Battle. London: Hamish Hamilton.

Kemp, P. (1995) Friend or Foe: Friendly Fire at Sea 1939 – 1945. London: Leo Cooper.

Kemp, R. and Hughes, C. (2010) Attack State Red. London: Penguin Books.

Kirke, C. (2009) Red Coat Green Machine: Continuity in Change in the British Army 1700 to 2000. London: Continuum.

Kirke, W. M. StG. , Armitage, C. C. , Bartholowmew, A. W. , Fisher, B. D. and Howard – Vyse, R. G. H. (1932) 'Report of the Committee on the lessons of the Great War' (reprinted as a British Army Review special edition in April 2001).

Klarevas, L. , Gelpi, C. and Reifler, J. (2006) 'Casualties, Polls and the Iraq War', International al Security 31(2), Fall, 186 – 98.

Klein, G. , Moon, B. and Hoffman, R. (2006) 'Making Sense of Sensemaking: Alternative Perspectives', IEEE Intelligent Systems 21(4), 70 – 3.

Krueger, G. (1991) 'Sustained Military Performance in Continuous Operations: Combatant Fatigue, Rest and Sleep Needs', in Gal, R. and Mangelsdorff, A. (eds) Handbook of Military Psychology. Chichester: John Wiley & Sons, pp. 255 – 77.

Krulak, C. (1999) 'The Strategic Corporal: Leadership in the Three Block War', US Marine Corps Magazine, January. www. au. af. mil/au/awc/awcgate/usmc/strategic_corporal. htm.

Larkin, S. (2005) 'Air – to – Ground Fratricide Reduction Technology: An Analysis'. Quantico, VA: United States Marine Corps, Command Staff College Marine Corps University. www. dtic. mil/cgi – bin/GetTRDoc? Location = U2&doc = GetTR Doc. pdf&AD = ADA506423.

Lauren, M. , McIntosh, G. , Perry, N. and Moffat, J. (2007) 'Art of War Hidden in Kolmogorov's Equations', CHAOS 17 March.

Lee, J. and See, K. (2004) 'Trust in Automation: Designing for Appropriate Reliance', Human Factors 46(1), 50 – 80.

Liddell – Hart, B. H. (1944) Thoughts on War. London: Faber & Faber.

Lind, W. (1985) Manoeuvre Warfare Handbook. London: Westview Press.

Lok, J. (1998) 'NATO to Standardize on Q&A Combat ID Systems', Jane's International Defence Review 32(4), 66.

Macintyre, D. (1957) Jutland. London: Evans Brothers.

Mallinson, A. (2010) 'Brain – Power Trumps Fire – Power in the War', The Times 13 February.

Masys, A. J. (2006), 'Understanding Fratricide: Insights from Actor Network Theory and Complexity Theory', Proceedings of the International System Safety Conference (ISSC), New

Mexico, USA, 31 July – 4 August.

Mehr, R. and Hedges, R. (1963) Risk Management in the Business Enterprise. Homewood, IL: Richard D Irwin.

Meyerson, D., Weick, K. E. and Kramer, R. M. (1996) 'Swift Trust in Temporary Groups', in Kramer, R. M. and Tyler, T. R (eds) Trust in Organizations: Frontiers of Theory and Research. Thousand Oaks, CA: Sage, pp. 166 – 95.

MoD (1986) 'Report of Board of Inquiry into Loss of an Army Air Corps Gazelle over the Falkland Islands on 6 June 1982', Naval Command HQ, 6 November. www. mod. uk/NR/rdonlyres/EF248AAE – 5B25 – 4CB4 – BE90 – EE096980354B/0/boi_loss_gazellexx377. pdf.

—(1998) 'The Strategic Defence Review – 1998 (CM3999)', July. www. mod. uk/N R/rdonly res/65F3D7AC 434 0 4119 93A 2 – 2082584 8E50E/0/sdr19 98_complete. pdf.

—(2003) 'OperationsinIraq: LessonsfortheFuture', DirectorateGeneralCorporate Communications, December 2003. www. mod. uk/NR/rdonlyres/734920BA – 6 – ADE – 461F – A809 – 7E5A754990D7/0/opsiniraq_lessons_dec03. pdf.

—(2004a) 'Aircraft Accident to Royal Air Force Tornado GR Mk4A ZG710', May. www. iwar. org. uk/news – archive/2004/pdf/maaszg710. pdf.

—(2004b) 'Board of Inquiry Report into the Challenger 2 Incident – 25 Mar 03', www. mod. uk/NR/rdonlyres/C2384518 – 7EBA – 4CFF – B127 – E87871E41B51/0/boi_challenger2_25mar03. pdf.

—(2004c) 'Board of Inquiry Report into the Death of the Late 25035018 Lance Corporal of Horse Matthew Richard Hull, the Blues and Royals (Royal Horse Guards and 1st Dragoons) Household Cavalry Regiment', 27 May. www. mod. uk/NR/rdonlyres/887DE696 – 1DB9 – 4512 – AF8E – 2ECFED455356/0/boi_lcpl_hull. pdf.

—(2004d) 'Interim Joint Doctrine Publication 3 – 62: Combat Identification in Support of Joint Operations'. Shrivenham: Joint Doctrine and Concepts Centre.

—(2006a) 'Board of Inquiry into the Death of Sgt Roberts', 31 July. www. mod. uk/NR/rdonlyres/D5015226 – A05C – 44B3 – A A22 – F3C2345A5C26/0/boi_sgt_roberts. pdf.

—(2006b) 'Joint Doctrine Publication 0 – 01. 1: United Kingdom Glossary of Joint and Multinational Terms and Definitions'. Shrivenham: Joint Doctrine and Concepts Centre, June. www. mod. uk/NR/rdonlyres/E8750509 – B7D1 – 4BC6 – 8AEE – 8A4868E2DA21/0/JDP0011Ed7. pdf.

—(2006c) 'Summary of Board of Inquiry Report into the Circumstances Surrounding the Death of Marine Maddison during the Iraq Conflict 30 March 2003', 1 February. www.mod.uk/NR/rdonlyres/36FA94E1-EE88-4394-997A-5D11EE 487A0D/0/boi_marine_maddison.pdf.

——(2007a)'Board of Inquiry into the Death of P060782 Mne Jonathan Wigley'. Portsmouth: Fleet HQ, 25 June. www.mod.uk/NR/rdonlyres/F3ADA0B9-D275-4F57-8A6B-5FA16FAFC0C5/0/boi_marine_wigley.pdf.

——(2007b)'BoardofInquiryReportintotheDeathoftheLateLanceCorporal of Horse Matthew Richard Hull', 7 February. www.mod.uk/NR/rdonlyres/887DE696-1-DB9-4512-AF8E-2ECFED455356/0/boi_lcpl_hull.pdf.

——(2008a)'Joint Doctrine Publication 3-70:"Battlespace Management"'. Shrivenham:Joint Doctrine Development, Concepts and Doctrine Centre, June. www.mod.uk/NR/rdonlyres/28667C10-BAF6-48AB-B368-00963972BD4F/0/20080704_jdp3_70_U_DCDCIMAPPS.pdf.

——(2008b)'Joint Warfare Publication 3-62 "Combat Identification in Support of Joint Operations"'. Shrivenham:Development,Concepts and Doctrine Centre,

——(2008c)'Recommendations from the Board of Inquiry (BOI) into the Death of Lance Corporal Ford'. Northwood, Middlesex: Royal Navy Fleet Command, 15 May. http://news.bbc.co.uk/1/shared/bsp/hi/pdfs/15_08_08lancecpl_ford.pdf.

——(2009a)'British Air and Space Power Doctrine:AP3000,Fourth Edition', Air Staff,Ministry of Defence. www.raf.mod.uk/rafcms/mediafiles/9E435312_5056_A318_A88F14CF6F4FC6CE.pdf.

——(2009b)'Harrier Heroes Leave Afghanistan', Defence News, 26 June. Republished at www.modoracle.com/news/Harrier-Heroes-Leave-Afghanistan_18319.html.

——(2009c)'Joint Doctrine Publication 3-00 (JDP 3-00), "Campaign Execution" (3rd Edition)'. Shrivenham:The Development, Concepts and Doctrine Centre. www.mod.uk/DefenceInternet/MicroSite/DCDC/OurPublications/JDWP/Jdp300CampaignExecution.htm.

——(2010)'Soldiers Arriving in Helmand Undertake Final Preparations',Defence News,4 April. www.mod.uk/DefenceInternet/DefenceNews/TrainingAndAdventure/SoldiersArrivingInHelmandUndertakeFinalPreparations.htm.

Molloy,P. (2005)'Killing Canadians (II):The International Politics of the Accident'. Topia Canadian Journal of Cultural Studies 14(Fall),5-21.

Mosher,A. (2008)'Combat Identification Conference Brief, TRADOC Capability Manager for Platform Battle Command and Combat Identification. "Army Marine Corps Board Ground to

Ground CID Study, CENTCOM data base, 2004 and Multinational Force Iraq Combined Information Data Network Exchange, 2007"'. Fort Knox, KY: United States Army Armor School, January.

Murray, L. (in press) 'Corporal's War: Psychology and Tactics in Close Combat'. A sample chapter is available at www.wapentakes.com/military/combat.

Musselman, D. A. (2008) 'Joint Fires Battlespace Deconfliction: Doctrinal Emphasis to Eliminate Airborne Fratricide', Air Command and Staff College, US Air University. http://docs.google.com/viewer? a = v&q = cache: 1hpYJGHjpMI J: https://www.afresearch.org/skins/rims/.

Nagl, J. (2002) Learning to Eat Soup with a Knife: Counterinsurgency Lessons from Malaya and Vietnam. Chicago: University of Chicago Press.

National Audit Office (2002) 'Combat Identification: Comptroller and Auditor General's Report HC 661, Session 2001 – 2002', 7 March. www.nao.org.uk/publications/0102/mod_combat_identification.aspx.

—(2006) 'Ministry of Defence: Progress in Combat Identification. Report by the Comptroller and Auditor General, HC 936 Session 2005 – 2006', 3 March. www.nao.org.uk/publications/0506/ministry_of_defence_progress.aspx.

National Defence and Canadian Armed Forces (2002) 'Board of Inquiry – Tarnak Farm 2002', Ottawa. www.vcds.forces.gc.ca/boi – cde/tf – ft/fr – rf – eng.asp.

NATO (2002) 'Code of Best Practice for C2 Assessment', October 2002. www.dodccrp.org/files/NATO_COBP.pdf.

—(2008) 'NATO's Future Joint Air & Space Power', The Joint Air Power Competence Center (JAPCC), www.japcc.de/fileadmin/user_upload/projects/cafjaso/080424_NFJASP_Final.pdf.

Nofi, A. (2000) 'Defining and Measuring Shared Situation Awareness, Research Memorandum D0002895'. Alexandria, VA: Center for Naval Analyses. www.cna.org/documents/D0002895.A1.pdf.

Norton – Taylor, R. (2007) 'Blue on Blue Deaths Raise Tough Questions for MoD', The Guardian, 25 August. www.guardian.co.uk/world/2007/aug/25/military.iraq.

Norton – Taylor, R. (2008) 'Poor Training, Confusion and Friendly Fire, the Real Story Behind Brave Apache Rescue', The Guardian, 16 August. www.guardian.co.uk/uk/2008/aug/16/military.afghanistan.

O'Boyle, E. (1990) The Battle of the Boyne. Navan: Duleek Historical Society.

Oswald, M. and Grosjean, S. (2004) 'Confirmation Bias', in Pohl, R. (ed.) Cognitive Illusions: A Handbook on Fallacies and Biases in Thinking, Judgement and Memory. Hove: Psychology Press, pp. 79 – 96.

Palazzo, A. (2008) 'No Casualties Please, We're Soldiers', Australian Army Journal V(3), 65 – 78.

Parker, J. (1997) SBS: The Inside Story of the Special Boat Service. London: Headline Book Publishing.

Payne, S. (2007a) 'Damning Verdict on Friendly Fire Officer. Coroner Says Attack on Tank in Basra was "Completely Avoidable"', Daily Telegraph, 13 July.

—(2007b) 'Killing of British soldier by US Pilot "criminal"', Daily Telegraph, 17 March.

Peltomäki, J. (2007) 'Possibilities of Realizing Telemedicine in a Battlefield' (in Finnish). Helsinki: National Defence University.

Pengelly, R. (1997) 'International Digitizers Wrestle with Reality'. Jane's International Defence Review 30(9), 38 – 55.

Percin, A. (1921) Le Massacre de Notre Infanterie 1914 – 1918. Paris: Michel Albin.

Pharaon, J. (2010) 'Mitigating Friendly Fire Casualties through Enhanced Battle Command Capabilities', in Andrews, D., Herz, R. and Wolf, M. (eds) Human Factors in Combat Identification. Farnham: Ashgate Publishing, pp. 327 – 53.

Pritchard, P. (2000) Environmental Risk Management. London: Earthscan Publications.

Rasmussen, J. (2000) 'Human Factors in a Dynamic Information Society: Where Are We Heading?' San Diego: IEA Congress.

Rasmussen, R. (2007) 'The Wrong Target: The Problem of Mistargeting Resulting in Fratricide and Civilian Casualties'. Norfolk, VA: Joint Forces Staff College, June. http://dodreports.com/pdf/ada468785.pdf.

Raytheon (2010) 'Raytheon Demos Air – to Ground Target Verification', www.defencetalk.com/raytheon – air – to – ground – target – verification – 23774/.

Raytheon (undated) 'SADL – EPLRS Joint Combat ID through Situation Awareness', www.raytheon.com/capabilities/products/sadl/.

Reason, J. (1990) Human Error. Cambridge: Cambridge University Press.

—(1997) Managing the Risks of Organizational Accidents. Aldershot: Ashgate Publishing.

—(2000) 'Human Error: Models and Management', British Medical Journal, 320, 18 March,

768 – 70.

Redus, K. (2007), 'How Statisticians Speak Risk', Waste Management Conference, Tucson, AZ, 25 February – 1 March. www. wmsym. org/archives/2007/pdfs/7429. pdf.

Regan, G. (1995) Back Fire: The Tragic Story of Friendly Fire in Warfare from Ancient Times to the Gulf War. London: Robson Books.

Richter, D. (1992) Chemical Soldiers. Lawrence: University Press of Kansas.

Rogers, S. and Sedghi, A. (2011) 'Afghanistan Civilian Casualties: Year by Year, Month by Month', The Guardian Datablog, 10 March. www. guardian. co. uk/news/datablog/2010/aug/10/afghanistan – civilian – casualties – statistics.

Rommel, E. (1937) Infanterie Greift an: Erlebnisse und Erfahrungen, translated by G. E. Kidde as Infantry Attacks. London: Greenhill Books, 1990.

Royle, T. (2008) The Argyll and Sutherland Highlanders: A Concise History. Edinburgh: Mainstream.

Russell, W. H. (1966) Despatches from the Crimea 1854 – 1856, edited by N. Bentley. London: André Deutsch.

Sanders, M. and McCormick, E. (1993) Human Factors in Engineering and Design. New York: McGraw Hill.

Sears, S. (1983) Landscape Turned Red: The Battle of Antietam. Norwalk, CT: The Easton Press.

Shanahan, P. (2001) 'Frameworks for Analysing the Role of Human and Organisational Factors in Incidents of Fratricide and Civilian Harm (Working Paper)'. Gregory – Harland.

—(2002) 'The Psychology of Fratricide – Understanding Root Causes (Working Paper)', Gregory – Harland.

Shappell, S. and Wiegmann, D. (2000) 'The Human Factors Analysis and Classification System HFACS'. Washington DC: Office of Aviation Medicine. www. hf. faa. gov/docs/508/docs/cami/00_07. pdf.

Shrader, C. (1992) 'Friendly Fire: The Inevitable Price', Parameters: The Journal of the U. S. Army War College 22(3), Autumn, 29 – 44.

Shrader, C. R. (1982) 'Amicicide: The Problem of Friendly Fire in Modern War: US Command & General Staff College Fort Leavenworth KS Combat Studies Institute Research Survey No. 1'. www. cgsc. edu/carl/resources/csi/shrader/shrader. asp.

Slovic, P. (1987) 'Perception of Risk', Science 236(4799), 280 – 5.

Smith, K. (1996) Environmental Hazards: Assessing Risk and Reducing Disaster (2nd edn). London: Routledge.

Smith, M. (2003) 'Friendly Fire Threat to Gulf Troops', The Daily Telegraph, 6 January. www.telegraph.co.uk/news/uknews/1418003/Friendly-fire-threat-to-Gulf-troops.html.

Snook, S. A. (2002) Friendly Fire: The Accidental Shootdown of U. S. Black Hawks over Northern Iraq. Princeton, NJ: Princeton University Press.

Stanton, N., Jenkins, D., Salmon, P., Walker, G. R., Evell, K. and Rafferty, L. (2009) Digitising Command and Control: A Human Factors and Ergonomics Analysis of Mission Planning and Battlespace Management. Farnham: Ashgate Publishing.

Stein, F. and Fjellstedt, A. (2006), 'Network Centric Warfare in Western Iraq', CRP Conference, San Diego, CA. Presentation PowerPoint available at www.dodccrp.org/events/2006_CCRTS/html/presentations/026.pdf.

Steinweg, K. K. (1994) 'Piercing the Fog of War Surrounding Fratricide: The Synergy of History, Technology, and Behavioural Research'. Pennsylvania: US Army War College, 27 April. www.dtic.mil/cgi-bin/GetTRDoc? AD = ADA27953 6&Location = U2&doc = GetTRDoc.pdf.

—(1995) 'Dealing Realistically with Fratricide'. Parameters (Spring), 4–29.

Stevenson, R. (2006) 'The Human Dimension of the Hardened and Networked Army: The Lessons of Friendly Fire', Working Paper No. 130. Duntroon: Land Warfare Studies Centre (Australia).

Storr, J. (2009) The Human Face of War. London: Continuum.

Strauch, B. (2002) Investigating Human Error: Incidents, Accidents, and Complex Systems. Farnham: Ashgate Publishing.

Stricoff, R. (1996) 'Safety Risk Analysis and Process Safety Management: Principles and Practices', in Kolluru, R. (ed.) Risk Assessment and Management Handbook for Environmental, Health, and Safety Professionals. Boston: McGraw-Hill, pp. 8.3–8.53.

Sweeney, C. (2007) 'Widow to Sue over Black Watch Death', The Times, 16 July.

Syms, P. R. (2007), 'Friendly Fire: Learning Lessons from History', NATO JCAS Conference, 4 September.

Terraine, J. (1960) Mons: The Retreat to Victory. London: Batsford.

Thucydides (1977) The History of the Peloponnesian War, translated by R. Crawley. Ware: Wordsworth Classics.

Townshend Bickers, R. L. (1994) Friendly Fire. London: Leo Cooper.

Tran, M. (2007) 'US Friendly Fire Kills British Soldiers in Afghanistan', The Guardian, 24 August. www.guardian.co.uk/world/2007/aug/24/afghanistan.military.

Trotter, W. R. (1991) A Frozen Hell: The Russo-Finnish Winter War of 1939-40. Chapel Hill: Algonquin Books of Chapel Hill.

United Nations Assistance Mission to Afghanistan (2010) 'Afghanistan, Annual Report on Protection of Civilians in Armed Conflict, 2009'. Kabul: UNAMA, Human Rights Kabul, January. http://unama.unmissions.org/Portals/UNAMA/human%20right s/Protect ion%20of%20Civ ilian%2020 09%20 report%20English.pdf.

US Army (1987) FM 101-10-1/2 Staff Officers' Field Manual: Organizational, Technical, And Logistical Data Planning Factors (Volume 2). Washington, DC: Headquarters, Department of the Army.

—(1993) Department of the Army Field Manual FM 90-10-1, An Infantryman's Guide to Combat in Built-up Areas: Section III, 1-14 Fratricide Avoidance. Washington, DC: Headquarters, Department of the Army.

—(1998) FM 100-14 Field Manual: Risk Management. Washington, DC: Headquarters, Department of the Army.

—(2003) Department of the Army Field Manual FM 3-21.21 The Stryker Brigade Combat Team Infantry Battalion: Appendix E, Risk Management and Fratricide Avoidance. Washington, DC: Headquarters, Department of the Army.

—(2004) 'US Army Marine Corps Board Ground to Ground CID Study'. Washington DC: Headquarters, Department of the Army, 27 August.

—(2008) 'FM3-10 Protection'. Washington, DC: Headquarters, Department of the Army.

US Army Center for Army Lessons Learned (CALL) (1992) 'Fratricide: Reducing Self-Inflicted Losses, CALL Newsletter No. 92'. Fort Leavenworth, KA: US Army Combined Arms Command, April.

US Army Center of Military History (2009) 'African American World War II Medal of Honor Recipients'. Washington, DC: Fort Lesley J. McNair. Updated 3 August. www.history.army.mil/html/moh/mohb.html.

US Army Requirements Oversight Council (2007) 'DOTMLPF Change Recommendation (DCR)'. Washington, DC: Headquarters, Department of the Army, 3 August.

US Army Training and Doctrine Command (TRADOC) (1993) 'Operations-Field Manual

100 – 5', Fort Monroe, VA. www. fprado. com/armorsite/US – Field – Manuals/FM – 100 – 5 – Operations. pdf.

(2008)'Combat Identification Conference Brief, TRADOC Capability Manager Platform Battle Command and Combat Identification'. Fort Knox, KY: United States Army Armor School, January.

US Central Command (2003)'Investigation of Suspected Friendly Fire Incident Involving an A – 10 and a United Kingdom (UK) Reconnaissance Patrol Near Ad – Dayr, Iraq, Operation Iraqi Freedom, 28 March 2003'. Florida: Mac Dill Air Force Base, 8 October. www. mod. uk/DefenceInternet/About Defence/Corporate Publications/Boards Of Inquiry/ReportOfInvestigation28th March2003FriendlyFireIncidentAddayrIraq. htm.

US Department of Defense (USDoD) (1991)'Military Probes Friendly Fire Incidents'. Washington, DC: Office of Assistance Secretary of Defense (Public Affairs), news release, 13 August.

(1996)'Report of the Defense Science Board Task Force on Combat Identification'. Washington, DC: Office of the Under Secretary of State of Defense for Acquisition & Technology, May. www. dtic. mil/cgi – bin/GetTRDoc ? Location = U2&doc = GetTRDoc. pdf&AD = ADA316956.

(2005)'Report of the Defense Science Board Task Force on Patriot System Performance, Report Summary'. Washington, DC: Office of the Under Secretary of Defense for Acquisition, Technology, and Logistics, January. www. acq. osd. mil/dsb/reports/ADA435837. pdf.

US Joint Chiefs of Staff (2009)'Joint Publication 3 – 09. 3 "Close Air Support"', 8 July. www. fas. org/irp/doddir/dod/jp3_09_3. pdf.

US Joint Forces Command (2005)'Joint Air – to – Ground Combat Identification Study'. Norfolk, VA: United States Joint Forces Command, 1 December.

US Joint Staff (2005)'Combat Identification Mission Area Initial Capabilities Document'. Washington, DC: Headquarters, Joint Staff, 15 December.

(2008)'Combat Identification Initial Capabilities Document'. Washington, DC: Headquarters, Joint Staff, 7 April.

Vaughan, E. and Vaughan, T. (1996) Fundamentals of Risk and Insurance. New York: John Wiley and Sons.

Visco, E. P. (1995),'Friendly Fire Data and Analysis', 12th International Symposium on Military Operational Research (12 ISMOR), 4 – 8 September.

Von Clausewitz, C. (1993) On War, edited and translated by Michael Howard and Peter Paret (originally published 1832). London: David Campbell.

Wang, L. (2007) 'Factors Influencing the Reliance on Combat Identification Systems', Report CEL 07 – 03. University of Toronto: Cognitive Engineering Laboratory, Department of Mechanical and Industrial Engineering. http://cel.mie.utoronto.ca/publications/files/tech_reports/CEL0 7 – 03.pdf.

Warner, G. (2005) Bristol Blenheim: A Complete History (2nd edn). Manchester: Crécy Publishing.

Waterman, D. (1997) 'Fratricide: Incorporating Desert Storm lessons Learned'. Newport, RI: Naval War College. http://dodreports.com/pdf/ada312216.pdf.

Webb, C. and Hewett, K. (2010) 'An Analysis of U.S. Army Fratricide Incidents dur – ing the Global War on Terror (11 September 2001 – 31 March 2008)'. Alabama: United States Army Aeromedical Research Laboratory. www.dtic.mil/cgi – bin/G etTRDoc? Location = U2&doc = GetTRDoc.pdf&AD = ADA517325.

Webster, G. (1969) The Roman Imperial Army. London: A. and C. Black.

Weick, K. and Sutcliffe, K. (2001) Managing the Unexpected: Assuring High Performance in an Age of Complexity. San Francisco: Jossey Bass.

Westlake, R. A. (1996) British Regiments at Gallipoli. London: Leo Cooper.

Wiegmann, D. and Shappell, S. (2003) A Human Error Approach to Aviation Accident Analysis: The Human Factors Analysis and Classification System. Aldershot: Ashgate Publishing.

Wild, D. A. (1997) 'Fratricide and the Operational Commander: An Appraisal of Losses to Friendly Fire'. Newport, RI: Naval War College.

Wilson, K., Salas, E. and Andrews, D. (2010) 'Preventing Errors in the Heat of Battle: Formal and Informal Learning Strategies to Prevent Teamwork Breakdowns', in Andrews, D., Herz, R. and Wolf, M. (eds) Human Factors in Combat Identification. Farnham: Ashgate Publishing, pp. 1 – 30.

Wilson, K., Salas, E., Priest, H. and Andrews, D. (2007) 'Errors in the Heat of Battle: Taking a Closer Look at Shared Cognition Breakdowns through Teamwork'. Human Factors 49, 243 – 56.

Wittnam, D. (2003) 'Fratricide Prevention: An Opportunity to Develop a Joint Solution'. Newport, RI: Naval War College. www.dtic.mil/cgi – bin/GetTRDoc? L ocation = U2&doc = GetTRDoc.pdf&AD = ADA503116.

Yeoman, F. (2007) 'Coroner Attacks Tank Officer over Soldiers' Deaths in Friendly Fire', The Times, 13 July.

Zaloga, S. J. (1980) Blitzkrieg Armour Camouflage and Markings, 1939 – 40. London: Arms & Armour Press.

Zsambok, C. and Klein, G. (eds) (1997) Naturalistic Decision Making. Mahwah, NJ: Lawrence Erlbaum Associates.